Ferdinand Klein

Bewegung, Spiel und Rhythmik

Drei unverzichtbare Elemente in der inklusiven Kita-Praxis

Abbildung 1: Mit offenen Händen einander begegnen

Ferdinand Klein

Bewegung, Spiel und Rhythmik

Drei unverzichtbare Elemente in der inklusiven Kita-Praxis

Unser Buch-Shop im Internet
www.verlag-modernes-lernen.de

Externe Links
Der Verlag weist ausdrücklich darauf hin, dass eventuell im Text enthaltene externe Links vom Verlag nur bis zum Zeitpunkt der Buchveröffentlichung eingesehen werden konnten. Auf spätere Veränderungen hat der Verlag keinerlei Einfluss. Eine Haftung des Verlages ist daher ausgeschlossen.

Veröffentlicht in der Edition:
verlag modernes lernen Borgmann GmbH & Co. KG • Schleefstraße 14 • D-44287 Dortmund

Coverfoto: © Tom Bayer – stock.adobe.com
Gesamtherstellung in Deutschland: Löer Druck GmbH, Dortmund

Bestell-Nr. 1330 ISBN 978-3-8080-0901-7

Inhalt

Geleitwort von Prof. h.c. Dr. Dr. h.c. Armin Krenz

Kinder wachsen nicht nur zum heutigen Zeitpunkt in einem Umfeld auf, in dem es ihnen durch zunehmend eingeschränkte Lebensräume, zerrissene Zeiten und aufgeteilte Welten nicht immer leicht gemacht wird, sich selbst nach eigenen, psycho-sozialen Grundbedürfnissen zu entwickeln, sich selbst dabei mit Ruhe wahrzunehmen, um ihren individuellen Platz in ihrem Umfeld zu entdecken und sich dabei als unverwechselbare Persönlichkeit zu stabilisieren sowie in kommunikationsfreundlichen und beziehungsorientierten Bindungserlebnissen ihre Existenz als ein „Willkommen in der Welt“ zu verstehen.

Wenn wir uns in diesem Zusammenhang mit dem „Übereinkommen über die Rechte des Kindes“, das am 20. November 1989 von der Vollversammlung der Vereinten Nationen verabschiedet wurde und diese Konvention in der Bundesrepublik Deutschland am 05. April 1992 mit der Hinterlegung der Ratifizierungsurkunde beim Generalsekretär der Vereinten Nationen in Kraft getreten ist, denken viele Menschen sicherlich vor allem an die Verletzung von Kinderrechten in Kriegs- und Krisengebieten, fernab von Deutschland. Doch wäre dies eine eingeschränkte Sicht! Vielmehr muss es darum gehen, zunächst immer erst vor der eigenen Haustür zu kehren und die Sichtweise auf das eigene, direkte Lebensumfeld eines jeden Kindes in der Familie, in einer Kita und auch in seiner Schulzeit zu lenken. Und dabei ist es angebracht, den Fokus *auch* auf die *alltäglichen*, vielleicht im ersten Moment unscheinbaren Gegebenheiten zu richten, die uns Erwachsenen aus dem Blickfeld geraten sind. So heißt es beispielsweise in der UN-Kinderrechtskonvention in Artikel 2 (1), dass die Vertragsstaaten „jedem /.../ Kind die festgelegten Rechte ohne jede Diskriminierung unabhängig von /.../ der Hautfarbe, dem Geschlecht, der Sprache, der Religion, der politischen und sonstigen Anschauung, der nationalen, ethischen oder sozialen Herkunft, /.../ einer Behinderung, der Geburt oder des sonstigen Status des Kindes /.../“ gewährleisten. In Artikel 3 (1) ist zu lesen, dass „bei allen Maßnahmen, die die Kinder betreffen, /.../ das Wohl des Kindes ein Gesichtspunkt [ist], der vorrangig zu berücksichtigen ist. In Artikel 12 (1) wird dem Kind zugesichert, seine „Meinung in allen das Kind berührenden Angelegenheiten frei zu äußern“ und seine Meinung „angemessen und entsprechend seinem Alter und seiner Reife“ zu berücksichtigen. Und in Artikel 31 (1 + 2) wird das „Recht des Kindes auf Ruhe und Freizeit, auf Spiel und altersgemäße aktive Erholung sowie auf freie Teilnahme am kulturellen und künstlerischen Leben“ hervorgehoben. Daraus abgeleitet ergeben sich sowohl für die Aufgaben einer inklusiven Kita-Praxis als auch für die Schwerpunktsetzung unverzichtbare Eckwerte, die es genauer zu erfassen gilt. Und genau hier beginnt der Autor mit seinen Ausführungen.

Mit seiner neuesten Veröffentlichung legt Prof. em. Dr. Dr. et Prof. h.c. Ferdinand Klein, ein international anerkannter und geachteter Wissenschaftler und zugleich Nestor der humanistisch orientierten Heilpädagogik, ein weiteres und gleichzeitig sehr bedeutsames Werk für das Arbeitsfeld einer „inklusiven Pädagogik“ vor, in dem er fachkundig und engagiert auf drei unverzichtbare Eckwerte im Rahmen einer aktiven und förderlichen Entwicklungsbegleitung von Kindern eingeht. Im ersten Teil seiner Publikation fordert Prof. Klein eine deutliche Rückbesinnung auf die elementar vorhandenen Grundbedürfnisse eines jeden Kindes und bringt diese als eine notwendige Orientierung für die Gestaltung der Elementarpädagogik und als eine basale Herausforderung für alle Fachkräfte auf den Punkt, wobei die Trinität von „Bewegung, Spiel und Rhythmik“ ins Zentrum der pädagogischen Beziehungsarbeit gerückt wird. Dieser „Dreiklang“ kommt in vielen elementarpädagogischen Einrichtungen häufig zu kurz, weil durch manche politisch gesetzte Schwerpunkte (z.B. durch die vielerorts übermächtig eingesetzte Digitalisierung und eine funktional gestaltete naturwissenschaftliche Bildung), wirtschaftlich initiierte, durch manche Stiftungen und Wirtschaftsverbände ins Leben gerufene Förderprogramme der unterschiedlichsten Art elementare Kinder- und Kindheitsbedürfnisse beiseite geschoben werden, für längere Zeit im Abseits liegen bleiben und schließlich Erwachsenenbedürfnisse und deren Wünsche die Richtung sowie die Ausgestaltung der Pädagogik vorgeben.

Im zweiten Teil „Praxis der inklusiven Pädagogik“ geht der Autor der Frage nach, was es beispielsweise bedeutet, ein Kind zu verstehen, seine Ausdrucksformen fachkompetent wahrzunehmen und deren Bedeutungsformen sachorientiert zu deuten (1), entwicklungsgefährdete, verhaltensirritierte und traumatisierte Kinder nicht zu stigmatisieren sondern im Sinne einer inklusiven Alltagspraxis durch besondere humane Beziehungsangebote bei ihrer Weiterentwicklung aktiv zu unterstützen (2), Kinder und deren lebensnotwendige Bedürfnisse zu sehen, aufzugreifen und in partizipatorischer Weise in die beziehungsorientierte Arbeitsumsetzung zu integrieren (3), Bildung als eine zweiseitige, stets gleichzeitige Aufgabe für Kinder und die Fachkräfte zu verstehen (4), das Spiel mit seinen unterschiedlichen Formen weitaus mehr zu schätzen als es in dieser funktionsorientierten Zeit und in häufig funktional gestalteten Räumen der Fall ist (5), Rhythmik als eine entwicklungsnotwendige, im Menschen angelegte Urkraft immer wieder aufs Neue zu entdecken und in Gestaltungsprozessen erlebbar zu machen (6) und Bewegung in seinen vielfältigen Ausdrucksformen als eine Ausgangslage für jegliches Lernen zu begreifen, um mit Kindern das Leben lebendig zu erfahren (7).

Prof. Klein greift diese und weitere Schwerpunkte auf, führt immer wieder Hintergründe für seine Aussagen auf und gibt dabei sehr hilfreiche Praxisimpulse, die sich auf die Selbstbetrachtung der eigenen Person, eine kritische Reflexion des bisherigen Arbeitsverständnisses sowie der Arbeitsgestaltung und auf eine möglicherweise notwendige Neuorientierung beziehen. In allen Ausführungen sind neben seiner Wissenschaftsorientierung auch immer seine Praxiserfahrung sowie sein inneres Engagement zu spüren: eine Kombination, die das Lesen zu einem Erlebnis werden lässt.

Vorwort

Abbildung 2: Ein fröhliches Kind

Dieses Buch verdankt sein Entstehen den Erfahrungen mit Kindern und Erwachsenen, die mir in der pädagogischen Arbeit begegnet sind. Gerade die Kinder haben mich gelehrt wie sie geliebt, begleitet und geleitet werden wollen. Diese Erfahrungen stelle ich für die inklusive Erziehung in der Kita praxisnah dar. Mit inklusiv drücke ich aus, dass jedes Kind mit und ohne Behinderung von vornherein an allen Aktivitäten teilhaben soll, denn es ist Teil des Ganzen. Teilhabe (Partizipation) heißt: dabei sein, dazu gehören, mitgestalten, mitentscheiden und mitverantworten.

Es geht bei der inklusiven Erziehung um die Achtung des individuellen Menschen. Darauf macht uns Fredi Saal, ein körperbehinderter Mensch, aufmerksam:
„Warum sollte ich jemand anders sein wollen? […] Der ‚so geboren' Behinderte könnte sich selbstverständlich ‚normal' fühlen, wie er es ja ursprünglich auch spontan tut, ehe ihm die Umwelt mit ihren abwertenden Sprüchen die Normalitätsgewissheit gehörig austreibt. […] Jeder Mensch hat seinen Wert in sich, unabhängig davon, ob er dieses oder jenes instrumentell im Sinne des Herstellens verrichten kann. Entscheidend ist die Tatsache seines individuellen Menschseins […]" (Saal, 1992, S. 86).

Die Achtung des individuellen Menschen liegt Josef Fragner, Vater eines Sohnes, ein Kind mit schwerer Behinderung, ehemaliger Professor für Sonderpädagogik, Chefredakteur der Fachzeitschrift „behinderte **menschen**" (seit 2020: „**Menschen**. Zeitschrift für gemeinsames Leben, Lernen und Arbeiten") am Herzen. Fragner schreibt dem „guten Pädagogen" ins Stammbuch:
„Für Eltern ist ihr Kind nicht ein wahrnehmungsgestörtes, verhaltensgestörtes, aggressives, sprachloses oder defizitäres Wesen. Für Eltern besteht ihr Kind nicht aus typischen Syndromen. Für uns Eltern ist ihr behindertes Kind unser Kind. Ein Kind, das uns anlächelt, ein Kind, das uns Freude bereitet, ein Kind mit leuchtenden Augen, ein Kind mit seidigen Haaren. Ein Kind, das wir versuchen, in seiner positiven Entwicklung zu sehen" (Fragner, 1989, S. 232).

Achtsame Haltung dem „individuellen Menschsein“ gegenüber und Wahrnehmung des behinderten Kindes „in seiner positiven Entwicklung“ leiten das Praxisbuch, das auf folgende Frage antwortet: ***Wie*** kann die pädagogische Fachkraft durch situationsorientiertes Handeln, das besonders Bewegung, Spiel und Rhythmik beachtet, die Gruppe als Erziehungs-, Bildungs- und Betreuungsraum zum Ermöglichungsraum für alle Kinder wandeln?
Anfragen von Erzieherinnen zu Kita-Seminaren haben die Achtung des individuellen Kindes im Blick. Offenbar wird eine ermutigende Antwort gesucht, die ich dem fühlenden Denken der kleinen Kinder verdanke. Sie wollen aus ihrem ursprünglichen Bedürfnis heraus gerade durch Bewegung, Spiel und Rhythmik zeigen, dass sie stark und immun (abwehrbereit, widerstandsfähig) gegen drohende Gefährdungen und Krankheiten sind. Ihr Herz-Denken ist in der Praxis (wieder) gefragt, das Janusz Korczak pflegte. Sein Werk war ein Kampf für eine unterdrückte Klasse, für das „Proletariat auf kleinen Füßen“.

Bleiben Sie, liebe Leserin und lieber Leser, meinen Worten gegenüber kritisch und folgen Sie bitte Ihren eigenen Wegen in der Praxis. Mit dieser Haltung zu sich selbst versuchen Sie meine Einsichten und Erkenntnisse aus Ihrer Arbeit heraus zu gestalten und zu wandeln.

Dem international bekannten Wissenschaftsdozenten und Kindheitspädagogen Prof. h.c. Dr. Dr. h.c. Armin Krenz danke ich für das wertschätzende und fachkundige Geleitwort. Ich danke meiner Frau Hanka, die mit ihrem Spürsinn darum bemüht war die kleinsten Tippfehler zu tilgen. Nicht zuletzt danke ich Frau Brigitte Balke-Schmidt vom Lektorat des Verlages für die wunderbare Zusammenarbeit.

Ferdinand Klein

Erster Teil

Geboten ist der klare Blick für eine gute Praxis

Kita-Erziehung in schwierigen Zeiten sucht Antworten auf neue Herausforderungen. Inklusive Praxis hat danach zu fragen, ***wie*** wir Erziehung heute verstehen und realisieren können. Darum geht es im ersten Teil.

1. Einführung

1.1 Zum Grundauftrag der Kindertageseinrichtung

Die Kita hat einen eigenständigen Grundauftrag für Bildung, Erziehung und Betreuung des Kindes. Der Auftrag ist im Kinder- und Jugendhilfegesetz und in den Gesetzen über die Kindertagesstäten der Bundesländer dokumentiert. Übereinstimmend heißt es: Aufgabe der Kindertageseinrichtungen ist die Leitung und Begleitung der Entwicklung jedes Kindes zu einer eigenverantwortlichen und gemeinschaftsfähigen Persönlichkeit, die sich auf drei Kernbereiche bezieht: Bildung, Erziehung und Betreuung, die in der praktischen Arbeit untrennbar miteinander vernetzt sind und sich nur theoretisch voneinander unterscheiden lassen. Gleichwohl sind diese Bereiche in ihrer Eigenständigkeit zu erfassen, denn nur so können daraus fachliche und personelle Konsequenzen gezogen und die pädagogischen Aufgaben formuliert werden, die Armin Krenz näher erläutert und im Lehrbuch „Inklusive Erziehungs- und Bildungsarbeit in der Kita“ (Klein, 2019, S. 198 ff.) beschrieben werden. Zusammenfassend geht es um folgende pädagogische Aufgaben:

- Beim **eigenständigen Bildungsauftrag** geht es vor allem um das Ermöglichen einer wert- und sinnbezogenen ganzheitlichen Unterstützung der Persönlichkeitsentwicklung des Kindes, damit es sich soweit wie möglich seine Lebenswelt selbst aneignen und die gemeinsame Lebenswelt mitgestalten kann. Durch diese persönlichkeitsbildende Entwicklungsunterstützung kann es seine personalen und sozialen Handlungsmöglichkeiten entdecken, erproben und verinnerlichen. Bei dieser durch die Erzieherin[1] ermöglichten Selbstbildung entdeckt das Kind seine eigenen Entwicklungsressourcen. Es kann sich ein Bild von sich selbst machen, indem es sich in den vielfältigen Beziehungen mit der personalen Mitwelt und der gegenständlichen Umwelt als handelnde Persönlichkeit erfährt, die selbst etwas bewirken kann. Es lernt sich in der Gemeinschaft mit anderen als „Akteur seiner Entwicklung“ zu verstehen.

- Beim **eigenständigen Erziehungsauftrag** geht es vor allem um Orientierung, um Begleiten und Unterstützen, um Verarbeiten von Erlebnissen und Erfahrungen aus dem Alltag, damit das wissbegierige und lernfreudige Kind seine Individualität weiter entwickeln kann. Erziehung heißt daher immer wieder mit dem Kind

[1] Um den Lesefluss nicht zu beeinträchtigen, wähle ich die weibliche Sprachform. Auch die neutrale Form „pädagogische Fachkraft“ bietet sich an. Wird auf einen Text Bezug genommen, der die männliche Sprachform wählt, dann wird dieser entsprochen. Stets dürfen sich alle Geschlechter verschiedener Professionen (Erzieher, Eltern, Heil- und Sonderpädagogen, Therapeuten, Pflege- und Betreuungskräfte, Assistenten, Studenten oder Schüler) angesprochen fühlen.

tätig zu sein, vielfältige Erfahrungen gemeinsam zu erleben, zu reflektieren und zu verantworten.
Die Erzieherin ist bemüht, eine Beziehung herzustellen, die es dem Kind ermöglicht, seine Fähigkeit in sich selbst zu entdecken. Und sie gibt dem Kind inneren Halt, fördert seine Neugierde, sein Interesse und seine Lernfreude. Hier kommt das Kind immer stärker in die Lage, seine Identität selbst zu erfahren und weiter auszubauen. Und es kann jene Kompetenzen entwickeln, mit denen es seine gegenwärtige und zukünftige Lebenssituation weitestgehend autonom gestalten kann.

- Beim **eigenständigen Betreuungsauftrag** geht es vor allem um zuverlässige und respektvolle Pflege und Versorgung, um eine gesunde Ernährung, feste Schlafzeiten und Hygieneregeln, um Schutz und Sicherheit, damit sich das Kind körperlich gesund entwickeln und seine Beziehungen und Bindungen weiter auf- und ausbauen kann.
  Die Erzieherin hat bei ihrem Handeln vor allem auch das im Sinn, das im Wort Betreuung enthalten ist: Treue. Treue meint „treu sein". Sie hat also Treue, Vertrauen, verlässliche Nähe und damit jene Beziehungsqualität zu pflegen, die dem Kind einen festen Boden für seine Entwicklung gibt. Hier begleitet sie das Kind beim Aufbau fester und verlässlicher Beziehungen. Das Kind kann so bei der eigenen Lebens- und Lerngestaltung ein Gefühl der Sicherheit und Zuversicht aufbauen.

1.2 Von Kindern lernen

Aufmerksam auf Kinder schauen
Stellen nicht gerade kleine Kinder viele weise (kluge, geistreiche) Fragen, über die wir staunen können. Sollten wir nicht aufmerksam auf sie schauen. Fragen können helfen, gute Lernprozesse anzustoßen. Wie das geschehen kann, das zeigt das Beispiel vom Großvater und seinem Enkel, das wir den Gebrüdern Grimm verdanken. Der alte Mann verschüttete mit seinen zitternden Händen immer wieder Suppe. Deshalb schob sein Sohn ihn vom Tisch ins Abseits, in eine Ecke hinter dem Ofen und gab ihm kaum mehr das Nötigste zum Leben. Als ihm der Suppenteller herunterfiel und zerbrach, bekam er eine Holzschüssel. Das berührte das Herz des Enkels. Er baute einen kleinen hölzernen Trog. „Wozu?", fragten die Eltern. „Für euch, wenn ihr alt seid", sagte das Kind. Das öffnete allen die Augen. Nun saß der Großvater wieder am gemeinsamen Tisch.
Das kleine Kind ist selbstwirksam tätig. Es folgt seinem Herzen, mag sich selbst und kann den Anderen nicht verletzten. Es tut Gutes. Durch dieses Tun kann die Welt im Kleinen zum Guten gewandelt werden.

Was Kinder von Anfang an brauchen
Kleine Kinder brauchen keine einseitigen Fördertipps. So wird zum Beispiel schon für Säuglinge ein Hörprogramm, ein so genanntes Easy-Listening-Programm an-

geboten, mit dem sie stressresistent, kommunikativ und globalisierungskompetent gemacht werden sollen (Klein, 2012, S. 6).
Ich nehme den alarmierenden Befund der systemischen Familienberaterin Felicitas Römer „Arme Superkinder. Wie unsere Kinder der Wirtschaft geopfert werden“ (2011) sehr ernst und wende mich gegen den zunehmend stärker werdenden Leistungsdruck, unter dem viele Kinder leiden und ihre Seelen zerbrechen. Ihr Recht auf Kindsein droht der Machbarkeit zu weichen – und das veranlagte Selbstwirksam-sein-wollen verkümmert.
Kinder brauchen von Anfang an gleichwürdige und glaubwürdige fühlende Beziehungen zu Erwachsenen, die ihnen bei der „schweren Wachstumsarbeit“ (Montessori) hilfreich zur Seite stehen. Nur so können sie den eigenen Weg finden, selbstwirksam und mit Freude lernen (entdecken, forschen). Ihrem Grundbedürfnis nach Beziehung (Verbundenheit) und Wachsen (autonome Entwicklung) hat die Erzieherin situationsorientiert zu entsprechen.

1.3 Bescheidenheit in Wissenschaft und Praxis

Meine Position beachtet den international geschätzten österreichisch-englischen Freiheits- und Friedensforscher Karl R. Popper. Popper sagte bei einem Vortrag an der Universität Zürich: „Ich bin heute der glücklichste Mensch, den ich kenne“ (Popper, 1994, S. 113). Er findet das Leben unbeschreiblich wundervoll, hat Furchtbares und Schreckliches erlebt, viele seiner Verwandten sind zum Opfer von Hitler geworden. Popper war dem Verzweifeln nahe und hatte schwerste Sorgen zu ertragen. Dem widerstand er mit der „Trotzmacht des Geistes“, die der Arzt und Logotherapeut Viktor Frankl als Resilienz des geistigen Menschen erkannte (Neuhäuser/Klein, 2019, S. 118 ff.). „Trotz allem [...] bin ich glücklich“, sagte Popper (Popper, 1994, S. 113). Er zog gegen die Zunftsprache seiner Kollegen zu Felde, die Lebenszusammenhänge mit imponierenden Begriffen überwölben und dadurch ihren hehren Theorien genügen. Hier führen die Begriffe ein Eigenleben und die lebendige Praxis bleibt weitgehend auf der Strecke.
Mit dieser persönlichen und wissenschaftlichen Haltung erkannte der Philosoph und Rationalist Popper, dass wir Menschen nur Vermutungen haben und kein sicheres Wissen. Er fühlte sich dem Suchen nach Wahrheit – und nicht nach Sicherheit – verpflichtet. Dieses Auf-dem-Weg-sein ist ein angeborenes Bedürfnis des Menschen wie der Menschheit: Jeder Mensch will sich von Anfang an ausdrücken, er will mit dem Anderen kommunizieren, er will durch Versuche und Irrtum lernen und sich nach seinen Kräften entwickeln. Kinder suchen auf diesem Weg Erwachsene, die Vorbilder und Führer sind.
Auf diesem Weg, den Kinder gehen, sind eben auch Wissenschaftler unterwegs, die Neues suchen und finden. Ihr Weg ist von Intuitionen, von Versuch und Irrtum geleitet, was wir „auch heute noch immer nicht begreifen. Ohne Intuitionen geht es nicht, obwohl die meisten unserer Intuitionen sich schließlich als falsch erweisen“ (ebd., S.151).
Deshalb sollen Wissenschaftler „bescheidener werden und vor allem weniger dogmatisch“ eine Position vertreten (ebd., S. 125). Doch wir beobachten in vielen Fach-

büchern das Gegenteil, nämlich einen Expertenstil, der mit großen und eindrucksvollen Worten Sicherheit vermitteln will. Dieser Stil zerstört aber den „gesunden Menschenverstand". Wissenschaft und Praxis sind auf dem Weg der Wahrheitssuche – und nicht der Sicherheitssuche (ebd., S. 116).
Lebens- und Erziehungszusammenhänge dürfen nicht hinter komplizierten Begriffen verschwinden: Dieses „grausame Spiel" (ebd., S. 125) zeigt sich dann, wenn die Intellektuellen versuchen, sich ihren Mitmenschen gegenüber als Wissende und Propheten aufzuspielen. Auf dem Weg der Wahrheitssuche ist Bescheidenheit geboten. Diesen Weg pflegte Janusz Korczak.

1.4 Mit Janusz Korczak für das Kind da sein und handeln

Der polnische Arzt, Pädagoge und Schriftsteller Janusz Korczak achtete die ihm anvertrauten 200 Waisenkinder bedingungslos (Klein, 2018a). Seine Haltung verstehe ich als ein Stück Heilung der Welt. Wie Kinder mit ihren Kompetenzen ihre Welt ordnen wollen und wie ihnen Erwachsene dabei helfen können, davon handelt sein Werk.
Korczak lebte das Recht auf Achtung und pflegte mit der Trotzmacht der Resilienz den Blick in eine offene Zukunft bis zuletzt, bis ihn und seine Kinder die Macht des Herrenmenschen besiegte. Sie starben zusammen im Vernichtungslager Treblinka. Korczaks Gedanken gingen in die vor über 30 Jahren verabschiedete UN-Kinderrechtskonvention ein. Schon 1919 forderte er in seinem Hauptwerk „Wie man ein Kind lieben soll" (Korczak, 2018) die „Magna Charta Libertatis", die große Charta der Freiheiten. Darin benannte er erstmals in der Geschichte Grundrechte für Kinder und schuf damit Grundlagen für diese Rechtskonvention und für die UN-Behindertenrechtskonvention (UN-BRK), die seit März 2009 in den Bundesländern in Kraft getreten ist. Nach der UN-BRK hat jedes Kind mit Behinderung rechtlichen Anspruch auf inklusive Erziehung in der Kita (siehe Anhang 11.1):
Korczak schrieb:

Abbildung 3: Janusz Korczak inmitten seiner Kinder

**„Ich bin nicht dazu da
um geliebt und bewundert zu werden,
sondern um selbst zu wirken und zu lieben.
Meine Umgebung ist nicht verpflichtet,
mir zu helfen,
sondern ich habe die Pflicht,
mich um die Welt, um den Menschen zu kümmern."**

(Korczak 1992, S. 78)

Korczak fragte:

„Wann wird jener glückliche Augenblick kommen, da das Leben der Erwachsenen und das der Kinder gleichwertig nebeneinanderstehen werden?"

(Korczak, 1979, S. 205)

Abbildung 4: Das Kind in Korczaks Hand geborgen

Korczaks ganz andere Pädagogik kann in keiner theoriegeleiteten Erziehungswissenschaft untergebracht werden. Von Korczak können wir in Wissenschaft und Praxis lernen, dass für das Erziehen erst „eine Sprache geschaffen werden muss" (Oelkers, 2017, S. 158). Diese Sprache, einfach, aber gehaltvoll, finden wir in Korczaks Werk. Bei seiner Erziehungspraxis im *Kairos*, was bedeutet, im entscheidenden Moment situationsorientiert zu handeln, versuchte er aus der Perspektive des Kindes seine Sprache zu entwickeln. Sie lädt die Erzieherin zum Mitdenken ein, die jede in einem nicht abschließbaren Prozess weiterentwickeln kann.

Korczak hat das erzieherische Verhältnis radikal verändert. Wir können von einer „kopernikanischen Wende" in der Pädagogik sprechen, denn er hat die Perspektive der Pädagogik revolutioniert und sich der „Macht über die Kinder konsequent entledigt" (Bartosch, 2017, S. 20). Hier taucht gleich die Frage auf, ob Korczak im herkömmlichen Sinne noch Pädagoge ist, denn er erkennt bald die eigenen Grenzen des Wissens über das Kind und findet keinen archimedischen Punkt, von dem aus er die Entwicklung des Kindes hinreichend beurteilen kann. Vielmehr steht er mit seiner Theorie (Anschauung) mitten im Prozess der Praxis und entwickelt aus dem Zusammensein mit den Kindern die Methoden, die ihnen die Selbstgestaltung ihrer Entwicklung ermöglichen. Er legt nicht fest und schreibt nichts vor, bleibt vielmehr in einer offenen und fragenden Haltung.

Kinder wollen sich mit Sehnsucht im Herzen das Wissen und Können selbst aneignen. Hier schließt sich ein Kreis: Der „fragende Korczak verbündet sich mit der staunenden und fragenden Haltung von Kindern" (Andresen in Korczak, 2018, S. 23). Korczak nimmt in seine pädagogische Kompetenz die Perspektive des Kindes hinein.

Das erkannte intuitiv auch Korczaks Heimkind, der heute weltweit bekannte Maler Itzchak Belfer. Korczak lebte in einem „Kinderkönigreich, in dem die Erwachsenen dieselben Rechte hatten wie die Kinder – oder umgekehrt, wenn ihr so wollt" (Belfer in Steiger, 2019, S. 35).

Korczak und seine Mitarbeiterin Frau Stefa erkannten Itzchaks Talent, stellten ihm im Waisenhaus einen Raum zur Verfügung, in dem er malen konnte wann er wollte. Sie baten „niemals darum, ihnen zu zeigen, was ich zeichnete, und das gab mir so viel Sicherheit, immer das zu zeichnen, was ich gerade wollte" (ebd, S. 28).

Wir nehmen wahr: Der feinfühlende Pädagoge und Seelenarzt war bemüht, das Gegebene, also das, was wahrgenommen wird, unter den Bedingungen der Zeit zum Guten zu wandeln – ohne Illusionen. Korczak erkannte in Extremsituationen des Zusammenlebens das Kind in seinem Sein und Wollen, Fühlen und Handeln, das ihm half, sein Leben mit den Kindern bis zum bitteren Ende zu gestalten:

> **„Was uns [...] innigst**
> **mit dem Leben verbindet,**
> **ist ein Kinderlachen,**
> **strahlend und klar."**
>
> *(Korczak-Bulletin, 2015, S. 2)*

1.5 Anregungen für die eigene Praxis

- Das vorliegende Buch steht gegen den Strom der Zeit und geht mit Janusz Korczak, Maria Montessori und anderen Reformpädagoginnen und Reformpädagogen davon aus, dass jedes Kind seinen eigenen Weg finden und den Erwachsenen danach fragen will.
- Das Kind fragt mich bis heute. Ich lerne von ihm und suche Antwort auf die Frage: ***Wie*** kann jedem Kind sein Kindsein unter den gegebenen Bedingungen ermöglicht werden?
- Das Buch möchte Erzieherinnen und Erziehern, Eltern, therapeutischen und medizinisch-pflegerischen Fachkräften bei ihrem helfenden Bemühen zur Seite stehen und dazu beitragen, dass immer mehr Kinder mit besonderen pädagogischen Bedürfnissen und erhöhtem Erziehungshilfebedarf (Assistenzbedarf) zusammen mit anderen Kindern in der Kita aufwachsen, spielen und lernen.
- Leser und Leserinnen finden in diesem Buch praktische Anregungen und Hilfen, aber keine Handlungsanweisungen. Das wäre weder den Kindern noch der Sache und schon gar nicht der Profession angemessen. Es geht um einen langfristigen Prozess der persönlichen Qualifizierung und sozialen Umstrukturierung.
- Bei diesem Prozess nimmt die Erzieherin das Kind an die Hand und lässt sich von ihm führen. Das Kind sagt ihr (Klein, 2018b, S. 5):

> *„Schau und betrachte die Steine, die ich aufhebe,*
> *und höre zu, was ich dir erzähle.*
> *Zur Belohnung zeige ich dir die Welt,*
> *die du längst vergessen hast."*

Abbildung 5

1.6 Hinweis zur Darstellung

Da es nicht möglich ist die komplexen Beziehungszusammenhänge, mit denen wir es in der Erziehung zu tun haben, gleichzeitig darzustellen, sondern nur nacheinander, treten Wiederholungen auf, die in einem jeweils anderen Bedeutungszusammenhang stehen. Das hat der Sprachphilosoph Arthur Schopenhauer auf den Punkt gebracht: „Der organische, nicht kettenartige Bau des Ganzen macht es nötig, bisweilen dieselbe Stelle zweimal zu berühren“ (Schopenhauer, 1859, S. 8; Neuausgabe 2019).

Abbildung 6

2. Bewegung, Spiel und Rhythmik

2.1 Vorbemerkungen

- In den elementarpädagogischen Bildungsprogrammen der Bundesländer werden Bildungsbereiche aufgeführt. Es geht um die Schwerpunkte Körper, Gesundheit, Bewegung, Spielen, Kommunikation, Sprache, Welterkunden, Gestalten, soziale und naturwissenschaftliche Grunderfahrungen, ethische Fragen, Ästhetik, Rhythmik und Kreativität, die nicht isoliert gesehen werden dürfen. Es geht um emotionale Entwicklung, soziales Lernen, kognitive Fähigkeiten, Freude am Lernen und um lebenspraktische Kompetenzen, die miteinander vernetzt sind.
- Besonders die Bereiche Bewegung, Spiel und Rhythmik ergänzen einander und beeinflussen sich wechselseitig. Beim Bewegen, Spielen oder bei der Rhythmik äußert das Kind seine Befindlichkeiten, Stimmungen und Emotionen, sein Denken und Wollen, sein Verhalten zu Menschen und Gegenständen. Man kann diese Bereiche auch als Bildungsprinzipien sehen, die sowohl bei freien Aktivitäten als auch bei geplanten und gelenkten Vorhaben realisiert werden, wenn es beispielsweise darum geht, rhythmische Bewegungsspiele, spielbetonte Bewegungsrhythmen oder bewegungserfüllte Rhythmikspiele in der inklusiven Gruppe zu üben.
- Stets geht es bei diesem ganzheitlichen Bildungsprozess „Bewegung – Spiel – Rhythmik“ um einen Austausch mit der Erfahrungswelt des Kindes. Erst dieser Austausch ermöglicht Entwicklung und Bildung des Kindes.
- Die Begriffe Bewegung, Spiel und Rhythmik lassen sich nicht eindeutig definieren, da sie Urphänomene des Lebens sind. Bewegung, Spiel und Rhythmik können nur im Zusammenhang mit dem Leben näher beschrieben werden. Sie gehen im Leben ineinander über und bilden ein Ganzes (Einheit): Das Kind bewegt sich bei Sprach- und Singspielen rhythmisch hin und her, oder es spielt mit dem Ball und übt rhythmische Bewegungen, oder es rhythmisiert seine Bewegungen beim Spiel und gestaltet so seinen individuellen (Lebens-)Rhythmus.
- Zusammenfassend können wir sagen: Durch bewegungserfüllte und rhythmisierte Spiele, durch spielbetonte rhythmische Bewegungen oder durch Rhythmisierung der Bewegungen und des Spiels entwickelt und bildet sich der Mensch von Beginn an. Bei diesem ganzheitlichen Prozess werden die Bereiche Emotionalität, Denken und Wollen, Wahrnehmen und Sprache (Sprechen), Intelligenz, Kreativität, Fantasie sowie soziales Handeln angesprochen.

Diese philosophischen und pädagogischen Einsichten hat die moderne Neurobiologie und Hirnforschung im Blick. Sie erkennt das „Gehirn als Beziehungsorgan“ (Fuchs, 2012). Kinder und Erwachsene leben in der Beziehung und entwickeln sich durch die gestaltete Beziehung in einem stets sich erneuernden Prozess, bei dem

sie ihre veranlagten Potenziale mit Freude entfalten“ (Hüther, 2016, 2017; Kast, 2020).
In diesem Erziehungs- und Bildungsraum hat die Erzieherin dem Grundbedürfnis des Kindes zu entsprechen. Es erwartet eine sichere Basis und feste Strukturen, das die klinische Bindungsforschung und frühkindliche Deprivationsforschung bestätigen (Klein, 2019, S. 264): Viele Entwicklungsauffälligkeiten und Krankheiten haben ihren Grund darin, dass dem Grundbedürfnis des Kindes nach sicherer Basis, nach einem zwischenmenschlich mitschwingenden Raum (Resonanzraum) nicht entsprochen wird.
In diesem Zusammenhang ist der Hinweis auf die Elterninterviews von Renate Sabine Kränzl-Nagl und Martina Beham-Rabanser über die Auswirkungen der Corona-Pandemie auf Kinder (Teil I: Auswirkungen der Corona-Krise auf das Familienklima und die Familienbeziehungen. Teil II: Auswirkungen der Quarantänemaßnahmen auf Kinder und die Kindheit) geboten. Die Interviews lassen die großen Herausforderungen vieler Eltern und Kinder durch die Ausgangs- und Kontaktbeschränkungen erkennen. Die Autorinnen stellen „das zentrale Bedürfnis der Kinder nach Bewegung, nach Spiel und sozialen Kontakten mit Gleichaltrigen“ heraus. Wird diesem Bedürfnis nicht entsprochen, dann trifft es die Kinder „überdurchschnittlich hart“ (Kränzl-Nagl/Beham-Rabanser, in „Kita-Handbuch“, Oktober 2020, herausgegeben von Martin R. Textor und Antje Bostelmann; https://www.kindergartenpaedagogik.de).

Geboten ist, dem „inneren Würdekompass“ zu folgen

Fühlende und mit Liebe erfüllte Haltung pflegt die Initiative der *Akademie der Potentialentfaltung*. Die Akademie lässt Erkenntnisse der Neurobiologie und Hirnforschung Wirklichkeit werden: „Die Liebe bewahrt offenbar die Kraft in sich, ungünstige Beziehungserfahrungen zu transformieren und versiegte Quellen der Kreativität neu zu erschließen. Wir brauchen Gemeinschaften, deren Mitglieder einander einladen, ermutigen und inspirieren, über sich hinauszuwachsen“ (Hüther, zit. n. https://www.akademiefuerpotentialentfaltung.org; abgerufen am 29.07.2020). Diese Initiative bietet nicht nur Hilfe zur Selbsthilfe an, sondern stellt die Frage in den Raum, was jeder Einzelne für die Verbesserung des zwischenmenschlichen Klimas tun kann. Ausgehend von der Idee Gerald Hüthers haben sich in zahlreichen Städten Gruppen gebildet, die gemeinsam an der Verbesserung des „inneren Würdekompasses“ arbeiten. Zentrales Anliegen ist es, das zutiefst Menschliche im Menschen wieder zu entdecken, Menschlichkeit füreinander zu bewahren und taktvoll zu pflegen (siehe https://www.wuerdekompass.de).

2.2 Kindern eine sichere Basis geben

- Das Kind hat von Beginn an das Grundbedürfnis in der Gemeinschaft mit anderen Menschen seinen Entwicklungs- und Bildungsprozess selbst zu gestalten:
  - Es will autonom und eigenaktiv die Welt erkunden.
  - Es will Berechenbarkeit und feste Strukturen (Regeln, Ordnungen).
  - Es will Sicherheit und Unterstützung (Begleitung, Leitung).

- Durch einladende Haltung und situationsorientiertes Handeln ist dem Kind die sichere Beziehungsbasis zu geben, damit es sich nach seinem Bedürfnis entwickeln kann. Ein einfaches Beispiel aus dem Kinderalltag, das mir eine Erzieherin erzählte, soll das illustrieren.

Der dreijähriger Hans bemüht sich, auf den Kletterturm zu steigen. Für mich fast unerträglich langsam bewegt sich seine Hand auf die nächste Sprosse der Leiter zu, die er jedoch sicher umklammert. Noch langsamer hebt er das linke Bein auf die nächste Sprosse. Er scheint mir schlaff und kraftlos. Der kleine Junge verharrt einen Augenblick in dieser Stellung. Seine rechte Hand ergreift die nächste Sprosse. Das geht schneller. Jetzt muss das rechte Bein folgen. Aber der Junge verharrt wieder in der Bewegung. Ich kann das Zeitlupentempo nicht mehr ertragen. Ich könnte ihm helfen, sein Ziel schneller zu erreichen. Er muss doch verzweifeln bei diesem Schneckentempo! Jetzt kann ich sein Gesicht sehen. Er ist ganz ruhig und gesammelt. Er lächelt nicht, aber er scheint zufrieden zu sein. Ich gehe nicht zu ihm, sondern schaue zu, wie er sich, fast nur durch die Kraft seines rechten Armes hochzieht, sodass endlich beide Füße auf der nächsten Sprosse stehen.

Hans ist ein Kind mit besonderen pädagogischen Bedürfnissen, ein Kind unter Kindern. Niemand, weder die Eltern noch die Erzieherin, hatten seine Beeinträchtigung bis zu diesem Zeitpunkt thematisiert. Er besaß die Akzeptanz seiner Eltern, seiner Erzieherin und der Kinder der Gruppe. So wie Hans war, durfte er sein.
Hans wird auf einer sicheren Beziehungsbasis durch die achtsame Haltung der Erzieherin und ihr situationsorientiertes Wahrnehmen in seiner Individualität geachtet. Dadurch lernt sie den Sinn ihrer Haltung und ihrer teilnehmenden Beobachtung kennen. Sie bildet ihre Persönlichkeit und erkennt: Die Heterogenität der Gruppe erfordert eine anspruchsvolle Professionalität (Schäfer, 2019, S. 392 ff.), die dem einzelnen Kind seine Selbstwirksamkeit in der Gruppe ermöglicht.

2.3 Kindern Selbstwirksamkeit ermöglichen

Die inklusiver werdende Kita hat jedem Kind zu ermöglichen, dass es seine personalen Ressourcen (sein Denken, Handeln und Wollen) und seine sozialen Ressourcen (in gemeinsamen Spiel- und Lernsituationen sich ohne Über- oder Unterforderung) entwickeln kann. Das Ermöglichen der Selbstwirksamkeit stellt die Leitung, die Erzieherinnen und therapeutischen Fachkräfte vor neue und zukunftsweisende Aufgaben, bei denen es darum geht, miteinander zu wachsen und sich gemeinsam zu entwickeln. Das Selbstwirksamkeitsprinzip weist auf die Notwendigkeit der kontinuierlichen Reflexion der eigenen Wirksamkeit hin.

Durch Selbstwirksamkeit den Teufelskreis der Abwärtsspirale wandeln
Gegenstand der Pädagogik ist die Beziehungs- und Handlungssituation – nicht der abstrakte Begriff. Das klingt einfach und ist so schwer zu realisieren. Viele meinen mit Begriffen imponieren zu sollen und verfehlen das Zugrundeliegende, das mit Haltung und Einstellung, mit Führung und Begleitung in der Beziehungssituation zu

tun hat. Wie kann eine schwierige Erziehungssituation in eine gelingende gewandelte werden? Dies kann dadurch geschehen, dass Erzieherin und Kind einander bestätigen und bestärken, kurz: ihre Selbstwirksamkeit wechselseitig fördern. Wie das gemeint ist, das zeigt das Beispiel Anton und seine Erzieherin (Krenz, 2012, S. 20-26).

Beispiel Anton und seine Erzieherin
Schon an ihrem ersten Arbeitstag in der Kita „Lebenslust" hörte Mariele Diekhof von Anton, dem „schlimmsten Jungen im ganzen Kindergarten". Der 5-jährige Anton würge die Kinder. Ihre Eltern wollen nicht, dass er mit ihnen spiele.
Die Erzieherin versucht, das Kind aus gemeinsamen Erlebnissen heraus zu verstehen: Anton zeigt großen Bewegungsdrang, klettert am liebsten auf Bäume oder auf das Dach des Spielzeughäuschens. Er fühlt sich stark und mächtig, spart nicht mit Schimpfwörtern. Auch einige Kinder wollten so cool wie er sein. Halten sich Spielgefährten nicht an Antons Regeln, dann kann er aggressiv werden. Wird er zu Mahlzeiten gerufen, wenn er sich gemütlich auf dem Dach des Häuschens eingerichtet hat, dann kann es zu Tobsuchtsanfällen kommen, die dazu führen, dass er andere Kinder schubst, tritt oder auch würgt. Bald nennen ihn die Kinder nur noch „der Würger". Antons Eltern suchen Rat und forschen „verzweifelt nach dem Grund für seine Aggressivität". Sein auffälliges Verhalten führt bei Kindern und Erwachsenen zu verschiedenen Reaktionen, die zur Verfestigung des störenden Verhaltens beitragen. Anton steckt in einem unauflösbaren Teufelskreis.
Mariele Diekhof setzt sich eines Tages zu Anton auf die Gartenbank. „Wir saßen eine Weile schweigend nebeneinander, dann nahm ich seine schmutzige Hand in meine Hände. Ganz vorsichtig streichelte ich sie und sagte leise zu ihm: ‚Anton, du hast so schöne Streichelhände. Hast du nicht Lust, unseren Kleinen in der Krippe mittags beim Einschlafen zu helfen?'" Schnell zieht Anton die Hand weg, das wäre ja völlig uncool. Er läuft weg. Doch die Erzieherin bleibt „sanft" hartnäckig. Nach ihrem vierten Versuch erklärt sich Anton damit einverstanden, darüber nachzudenken und mit einem „Na, gut" zu bekräftigen. Die zwei Worte lösen in ihr „ein unbeschreibliches Glücksgefühl" aus. Die Erzieherin fühlt sich in ihrer Selbstwirksamkeit bestärkt.
Nun setzen sich beide auf die Bank, sie überlegen und stellen gemeinsam Regeln auf, damit alles gut gelingt. Die Regeln wurden mit einem goldenen Stift auf „schönes Büttenpapier" geschrieben:

- *„Bevor Anton ins Sternchenzimmer geht, wäscht er sich gründlich die Hände, damit beim Streicheln das Kind nicht schmutzig wird.*
- *Im Sternchenzimmer wird geflüstert, damit die Kleinen nicht gestört werden.*
- *Anton sucht sich aus, welches Kind er streicheln möchte.*
- *Das Kind wird von Anton leise gefragt, ob es gestreichelt werden möchte. Wenn nicht, dann nicht!*
- *Das Kind wird am Arm, an der Schulter, am Hinterkopf oder am Rücken zart gestreichelt. Anton fragt das Kind, wo es gerne gestreichelt werden möchte.*

- *Sobald das Kind zeigt, dass es nicht mehr gestreichelt werden möchte, hört Anton sofort auf.*
- *Wenn das Kind eingeschlafen ist oder Anton nicht mehr streicheln möchte, kann er leise hinausgehen.*
- *Anton kann immer Nein sagen, wenn er wieder gefragt wird, ob er im Sternchenzimmer helfen möchte.“*

Für die Erzieherin ist es wichtig, dass Anton das Streicheln als besondere Aufgabe empfindet. Sie füllt für das Händewaschen eine Blechdose mit besonderen Duftseifen und einer bunten Nagelbürste. Die einzelnen Seifen duften nach Rosen, Zitronen, Erdbeeren, Pfirsichen, und eine schokoladenfarbige „Männerseife“ riecht nach Gewürzen. Anton kann entscheiden, mit welcher Seife er sich die Hände waschen will. Die Erzieherin schreibt: „Ich werde nie den Anblick vergessen, wie versunken Anton alle Seifen beschnupperte und sich viel Zeit ließ, um sich dann für eine zu entscheiden. Die coole Männerseife sollte es sein.“
Nun tastet sich Anton mit geschrubbten und nach Gewürzen duftenden Händen durch den Schlafraum und „hielt zögernd nach einem geeigneten Kind Ausschau“. Er wählt die kleine Emely. Wie zuvor besprochen, fragt er sie „flüsternd, ob er sie ganz vorsichtig streicheln dürfe“. Streicheln ist für Emely keine ungewohnte Situation, da die Kinder von den Erzieherinnen täglich in den Schlaf gestreichelt werden. Anton macht es sich neben Emely auf der Matratze bequem und „bewegte seine Finger zunächst sehr zaghaft auf ihrer Schulter. Emely schien es zu gefallen, zunächst schaute sie Anton mit großen Augen an, bevor sie dann tatsächlich während des Streichelns in den Schlaf sank“. Anton bleibt noch etwas auf der Matratze sitzen und schleicht dann aus dem Sternchenzimmer.
Im Verlauf der Wochen erlebt Anton, was seine Hände bewirken können. Durch Selbstwirksamkeit entwickelt er ein Verantwortungsbewusstsein. Die Kinder verlieren bald die Angst vor Anton. Der Teufelskreis ist durchbrochen. Andere Kinder folgen ihm. Bis zu drei Kinder können beim Streicheldienst mitwirken und die Erzieherinnen unterstützen. Interessierte Kinder können sich in eine Liste eintragen und die Kleinen nach den vereinbarten Regeln streicheln. Auch der Akt mit den besonderen Duftseifen entwickelt sich zu einer Zeremonie, die die Kinder sinnliche Düfte und Wertschätzung erleben lässt.

Das Beispiel motiviert das Team und Eltern

Im Team und in Zusammenarbeit mit den Eltern wurde überlegt, ob dieser Streicheldienst nicht als Standard in die Kita-Konzeption einfließen könnte. Die älteren Kinder konnten für eine sozial motivierte Selbstwirksamkeit interessiert und bei der Betreuung der Kleinen mit einbezogen werden. Sie halfen nicht nur im Sternchenzimmer beim Streicheln, auch beim Füttern der Jüngsten übernahmen sie Verantwortung. Die Regeln wurden im Vorfeld besprochen. Jedes Kind hatte immer eine Erzieherin zur Seite.
Nun kamen von Kindern und Erwachsenen immer wieder neue Ideen und Anregungen hinzu: *„Spielsachen wurden für die Kleinen gebaut, Kissenbuden zum Reinkriechen gebastelt, Matschecken angelegt. Anton war immer mittendrin. Er war der Chef und Bestimmer. Er wusste, was zu tun war und wie man die Kleinen tröstet,*

wenn die Mama ging, wie man sie füttert und sanft in den Schlaf streichelt. Ja, so war er, unser Anton – und manches Kind wollte ein wenig so sein wie er, so klug, so stark, so voller Ideen und Tatendrang. Nachsatz: In der 4. Klasse wurde Anton von seinen Klassenkameraden zum Konfliktberater gewählt."

Wie Selbstwirksamkeit wechselseitig gefördert werden kann
Das Beispiel zeigt, wie Selbstwirksamkeit im Dialog gefördert, entwicklungshinderliche Bedingungen und Einflüsse in entwicklungsfreundliche gewandelt, das seelische Grundbedürfnis des Kindes befriedigt und seine Selbstaktivierung auf der Grundlage seiner Selbstwirksamkeitsüberzeugung ermöglicht werden. Anton konnte sein störendes Verhalten und seine Lebensgestaltung selbst in die Hand nehmen, für andere Menschen Gutes tun und mit Hilfe seiner Erzieherin einen Beitrag zur inklusiven Kita-Kultur leisten.
Das Beispiel lehrt auch, dass ein Kind ein wunderbares Geheimnis ist und der Erzieherin Rätsel aufgibt, die nicht immer leicht zu lösen sind. Das wird im frustrierenden und anstrengenden Erziehungsalltag häufig vergessen. Deshalb sollte eine Pädagogik der Achtung die Selbstwirksamkeit wechselseitig fördern. Geboten ist:

- „Einüben einer Fragehaltung, statt wissend zu sein.
- Geheimnisse wahren, statt alles verstehen zu wollen.
- Beobachtung, Wertschätzung und Zurückhaltung pflegen, statt Aktionismus.
- Aufmerksam präsent sein, statt „fürsorgliche Belagerung".
- Sich auf die Situation einlassen und zu ihr Stellung beziehen, statt Belehrung zu erteilen.
- Dem Kind seine Erfahrungswelten ermöglichen, statt strenge Kontrolle auszuüben.
- Fehlerfreundlichkeit pflegen, statt Perfektionismus.
- Beziehung leben, statt strategisch handeln.
- Mut haben, eigene Wege mit Versuch und Irrtum zu beschreiten, statt Erziehungsrezepte umsetzen" (Tschöpe-Scheffler/Tschöpe, 2012, S. 27).

2.4 Fühlendes Handeln folgt dem Resonanzbedürfnis des Kindes

Das Kind will in soziale Regeln seiner Mitwelt hineinwachsen
Kinder wie Anton lernen von Natur aus mit Hingabe und Freude. Doch manchmal scheint ihre Begeisterung, die Welt zu entdecken, verschüttet, ja versiegt zu sein. Hier handelt es sich meist um individuelle Faktoren, welche die einzelne Lernbiografie beeinflussen. Darauf weisen uns die Humanwissenschaften hin: Jedes Kind wächst von Beginn an in die sozialen Regeln seiner Mitwelt hinein, lernt diese immer besser zu verstehen und einzuhalten, und ebenso gestaltet es diese aus eigener Initiative mit, sofern seinem Grundbedürfnis nach Resonanz, nach vertrauensvoller Beziehung, nach Anerkennung und Achtung entsprochen wird. In diesem Beziehungsraum gestaltet das Kind im sozialen Miteinander seine Entwicklung und die Entwicklung seiner Mitwelt mit.

Für das Kind wie ein Spiegel oder Reflektor wirken

Antons Erzieherin sorgte dafür, dass er sich nach seinem Bedürfnis an diesem wechselseitigen Geschehen mit beteiligen konnte und traute ihm auch bei schwierigen Aufgabe eine Lösung zu. Sie wirkte wie ein Spiegel oder Reflektor und ermöglichte ihm durch ihre fühlende Haltung sein ganz persönliches neugieriges, entdeckendes und forschendes Lernen – ohne Überredung, Besserwissen oder gar Zwang.

Dem Kind die Lösung zutrauen

Die Erzieherin traute dem Kind die Lösung des Problems beim Lernen und Spielen zu. Dadurch konnte es mit seiner Willenskraft seinen Weg finden. In diesem einladenden Raum entwickelt es seine Phantasie und Neugierde, und sein Handlungsspielraum wächst und es kann auch dem Schweren die Stirn bieten.
Die Erzieherin handelt hier so, dass die Möglichkeiten des kindlichen Handelns wachsen, seine Fähigkeiten und Talente sich (aus-)bilden und es auch die Verantwortung für sein Handeln übernimmt.

Vom Dialog zum Resonanzbedürfnis

Das Beispiel zeigt auch: Die Erzieherin geht nicht von einer vorgegebenen Theorie aus. Sie entwickelt vielmehr ihr konkretes Handeln aus dem wahrgenommenen Bedürfnis des Kindes in der gestalteten Beziehungssituation. Diese Resonanz kann keine Erzieherin für sich allein haben, denn sie ereignet sich im Zwischenraum: Die Erzieherin schwingt hier mit dem Kind mit und antwortet auf sein Resonanzbedürfnis.
Die Resonanzfähigkeit der Erzieherin zeigt sich im fühlenden Erleben des Kindes und führt zum inneren Reichtum – unabhängig von den äußeren Umständen. Ihre Grundhaltung ist von einer Disposition zur Resonanz bestimmt.

Resonanz in ihren tieferliegenden Zusammenhängen verstehen

Der heute viel diskutierte Soziologe und Sozialphilosoph Hartmut Rosa (Rosa/Endres, 2016) wendet sich dem unverfügbaren zwischenmenschlichen Raum zu. Er sieht in dem Begriff Resonanz eine Möglichkeit zu dem Innenleben des Kindes zu finden, mit ihm ein In-Beziehung-Treten von Ich-und-Du zu pflegen durch wechselseitiges Berührtwerden für ein gelingendes Leben des Kindes wie des Erwachsenen. Gelingt dies nicht, dann beginnt eine Entfremdung.
Rosa veranschaulicht die Resonanzphänomene mit dem Bild zweier Stimmgabeln, die sich wechselseitig in Schwingung versetzen. Schlägt man eine Stimmgabel an und hält man eine zweite auf den Körper, dann schwingen beide bei positiven Bedingungen, eben auch die nichtangeschlagene Stimmgabel. Dies ermöglicht es, den Resonanzboden zwischen Ich-und-Welt zu verbessern.
Die Atmosphäre des Wohlwollens und der gegenseitigen Akzeptanz kann niemals einseitig sein, denn Resonanz ereignet sich zwischen Ich-und-Du, zwischen mir und dem anderen Menschen. Rosa beschreibt diese Beziehungs- und Lernvorgänge mit dem Hören und Antworten: „Hören auf eine Sache und dann antworten in einer Weise, wie es eben nicht in einem Managementbuch oder in einem Kompetenzbuch

zu lesen ist, sondern wie es situationsadäquat und interaktionsadäquat sein muss" (Rosa, 2019, S. 19).
Die fühlende Haltung für das „Situationsorientierte Handeln" (Krenz, 2018) weist auch darauf hin, dass die Erzieherin durch Selbsterfahrung und Weltbeziehungsbildung lernt, sich auf die Welt, so wie sie eben ist, einzulassen und mit ihrem Resonanzbedürfnis darauf sensibel antworten kann. Diese situationsorientierte Beziehungsgestaltung ist eine sinn-orientierte Aufgabe. Sie geschieht nicht primär aus didaktischen Überlegungen, sondern aus einem zwischenmenschlichen Motiv heraus und entfaltet ihre volle Wirkung in der kollegialen wechselseitigen Praxis.

Der drohenden „Resonanztaubheit" die Stirn bieten

Rosa fragt nach den verschiedenen Möglichkeiten der Weltbeziehung des Menschen in der Geschichte. Er erkennt, dass unser Zeitalter davon geprägt ist, die Welt kontrollierbar, beherrschbar und verfügbar zu machen. Die Welt soll ökonomisch, technisch, wissenschaftlich, rechtlich und politisch berechenbar und steuerbar gemacht werden. Dieser Prozess ist stabil zu erhalten, kann aber nur gelingen, wenn er beschleunigt wird, wenn er also wächst und optimiert wird. Hier ist ein Verhalten des Menschen gefordert, das von äußeren Dingen bestimmt wird und den zwischenmenschlich mitschwingenden Raum (Resonanzraum) verkümmern lässt, und so wird der Mensch „resonanztaub".
Rosa entlarvt den folgenschweren Irrtum der „kapitalistischen Warenwelt, die in ihrem endlosen Verfügbarmachen von Waren- und Dienstleistungen ein Glücksversprechen ankündigt, das sich nicht erfüllen kann, da diese verfügbare Welt uns mehr und mehr ‚unlesbar' und ‚stumm' zu werden scheint" (Geist, 2019, S. 27f.). Warum? Weil die Dinge und Zusammenhänge, über die wir verfügen, die wir beherrschen und bestimmen, die zwischenmenschlich mitschwingende Qualität, also die Resonanzqualität verlieren.
Diese leere, graue und farblose Welt bezeichnet Rosa als „elementare Grundangst" des Menschen: Die planbare, optimier- und berechenbare Beziehung zu Menschen und zur Welt erzeuge eben Angst vor dem Fremden, kann zur Kontaktlosigkeit und Entfremdung führen. Eine mitschwingende Beziehung zur Welt wird aber erst durch das Einlassen auf Fremdes, auf Nicht-Planbares, Unvorhersehbares und Unverfügbares möglich, das den Menschen berührt und wandelt.

Das durch äußere Kräfte gefährdete Kind

Schauen wir uns unter dem Gesichtspunkt der drohenden Resonanztaubheit das Lernen des Kindes an, dann scheint hier das Erfassen und Verfügen über die Welt durch berechenbare Fakten möglich zu sein. So werden zum Beispiel im Internet die Daten abgerufen, die nur die scheinbaren Kompetenzen stärken. Es wird das gelernt, über das verfügt werden kann, und das Kind bleibt abhängig von dem Verfügbaren. Es wird einfach kompetent gemacht und das Berührtwerden in der Beziehung, wo einer dem anderen begegnet, wo Ich-und-Du einander vertrauen, bleibt auf der Strecke. Das Herz wird kalt. Und das Kind bleibt abhängig von äußeren Gegebenheiten (Fakten, Daten, Zahlen), die seinen veranlagten schöpferischen Lern- und Reifungsprozess weiter verkümmern lassen. Darüber hinaus verlernt es zu warten, einen Wunsch aufzuschieben, möchte ihn sofort erfüllt haben, und das Nachdenken über den Sinn des Handelns versiegt.

2.5 Fazit

Dieses Praxisbuch zeigt Wege auf, ***wie*** im Ermöglichungsraum Kita die gemeinsame Erziehung, Bildung und Betreuung in den einander ergänzenden Bereichen Bewegung, Spiel und Rhythmik gelingen kann. Es antwortet auf folgende Fragen:

- ***Wie*** kann die Erzieherin in den Bereichen Bewegung, Spiel und Rhythmik soziale Teilhabe stärken und Inklusion als Menschenrecht realisieren?
- ***Wie*** kann die Erzieherin das Wohlbefinden aller Kinder so stärken, dass sich jedes Kind zu einem begegnungs- und beziehungsfähigen, zu einem lern-, spiel- und arbeitsfähigen Menschen entwickeln kann?
- ***Wie*** kann die Erzieherin alle Kinder am Gestaltungs- und Entscheidungsprozess so beteiligen, dass sie gemeinsam in Aufgaben hineinwachsen, die sie auch verantworten können? Nur wer beteiligt ist, kann auch Verantwortung übernehmen. Und auf diese Beteiligung hat jedes Kind ein Recht.

Zweiter Teil

Praxis der inklusiven Erziehung

0. Vorbemerkungen

Kinder mit Behinderungen im Schulbereich

Sonderschulen oder sonderpädagogische Förderzentren, kooperative oder integrative Schulen und inklusive Schulen (oft in privater Trägerschaft, zum Beispiel Montessori- oder Waldorfschulen) werden besucht von Kindern mit Behinderungen im Entwicklungsbereich

- der Bewegung (Körperbehinderte),
- des Sehens (Blinde, Sehbehinderte),
- des Hörens (Gehörlose, Schwerhörige),
- der Kognition (Lernbehinderte, geistig Behinderte),
- der Sprache (Sprachbehinderte) und
- des Verhaltens (Verhaltensauffällige).

Einfachbehinderung gibt es kaum. Ein Kind kann beispielsweise lernbehindert, leicht bewegungsbehindert und hörbehindert sein (Mehrfachbehinderung). Zum Personenkreis der Kinder mit Behinderung zählen auch längerfristig Kranke (Schulen für Kranke, Klinikschulen) und Kinder mit Autismus-Spektrum-Störungen (Fördereinrichtungen für Kinder mit Autismus).
Entsprechend den deutsch- und englischsprachigen sonderpädagogischen Kategorien werden folgende Förder- bzw. Studienschwerpunkte unterschieden (in Klammern wird auf Fachliteratur hingewiesen):

- *Körperliche und motorische Entwicklung (Körperbehinderung)*
  [Bergeest, H./Boenisch, J. (2019): Körperbehindertenpädagogik. Grundlagen – Förderung – Inklusion. 6. Auflage. Bad Heilbrunn, Klinkhardt]
- *Sehen (Blindheit, Sehbehinderung)*
  [Lang, M./Thiele, M. (2017): Schüler mit Sehbehinderung und Blindheit im Unterricht. München, Reinhardt]
- *Hören (Gehörlosigkeit, Schwerhörigkeit)*
  [Batliner, G. (2016): Hörgeschädigte Kinder spielerisch fördern. München, Reinhardt]
- *Lernen (Lernbehinderung)*
  [Benkmann, R./Heimlich, U. (Hrsg.) (2018): Inklusion im Förderschwerpunkt Lernen. Stuttgart, Kohlhammer]
- *Geistige Entwicklung (geistige Behinderung)*
  [Speck, O. (2016): Menschen mit geistiger Behinderung. Ein Lehrbuch zur Erziehung und Bildung. 12. Auflage. München, Reinhardt; Schäfer, G. (Hrsg.) (2019): Handbuch. Förderschwerpunkt geistige Entwicklung. Weinheim/Basel, Beltz]
- *Sprache und Sprechen (Sprachbehinderung)*
  [Grohnfeldt, M. (Hrsg.) (2019): Inklusion im Förderschwerpunkt Sprache. Stuttgart, Kohlhammer]
- Emotionale und soziale Entwicklung (Verhaltensauffälligkeit, Verhaltensbesonderheit)

[Stein, R./Müller, Th. (Hrsg.) (2017): Inklusion im Förderschwerpunkt emotionale und soziale Entwicklung. 2. Auflage. Stuttgart, Kohlhammer; Stein, R./Abelein, P. (2017): Förderung bei Aufmerksamkeits- und Hyperaktivitätsstörungen. Stuttgart, Kohlhammer]

— Autismus-Spektrum-Störung
  [Theunissen, G. (2016): Autismus verstehen. Außen- und Innensichten. Stuttgart, Kohlhammer; Katz-Bernstein, N. (2015): Selektiver Mutismus bei Kindern. Erscheinungsbilder, Diagnostik, Therapie. 5. Auflage. München, Reinhardt]

Eine breite Realisierung der inklusiven Schule setzt jedoch eine grundlegende Änderung der
— Struktur des deutschen Bildungs- und Schulwesens,
— Ausbildung der Lehrkräfte,
— Haltung der Lehrer aller Schularten und
— Haltung der Mitbürger gegenüber Menschen mit Behinderung
voraus.

In der aktuellen politischen und wissenschaftlichen Diskussion um die Neustrukturierung der Lehrerausbildung für „Sonder- und Inklusionspädagogik“ (als eigenständige erziehungswissenschaftliche Disziplin) nehme ich eine terminologische Vielfalt und Beliebigkeit wahr. Als wichtige Ausbildungskompetenzen werden die Bereiche Kooperation, Beratung und Team-Teaching gesehen. Inklusion wird als Querschnittsfach aller Fachdisziplinen diskutiert.

Zum Lernen in der naturnahen Wirklichkeit
Auf die reichhaltige und vielseitige Literatur zur naturverbundenen Erlebnispädagogik (Michl/Seidel, 2018), zum Lernen in der naturnahen Wirklichkeit durch gemeinsame Erlebnisse mit Tieren und Pflanzen wird nicht näher eingegangen. Die Erlebnispädagogik wird besonders in Waldorfkindergärten gepflegt (Klein 2020b; Saßmannshausen, 2019).

1. Kita – ein Bildungsort für Kinder und Erwachsene

1.1 Das Kind verstehen, sein Verhalten beobachten, wahrnehmen und deuten

Sobald die Erzieherin in der Beziehungssituation handelt, beobachtet sie unwillkürlich das Verhalten des Kindes und das Verhalten der Gruppe. Ihr Handeln ist also mit diagnostischem Handeln eng verwoben.
Sie ist bemüht, auf unangemessenes Verhalten des Kindes möglichst passend zu antworten. Um aber wirklich angemessen zu reagieren, wird sie zunächst versuchen, das Verhalten des Kindes zu ***verstehen.*** Und das ist schwierig, denn sie kann nur Vermutungen über die Ursache anstellen, wenn beispielsweise ein Kind, das sich gerade gewaschen hat, plötzlich anfängt zu weinen.
Deshalb wird die Erzieherin zunächst darum bemüht sein zu fragen, was im Kind, in seinem Denken, Fühlen und Wollen wirklich vor sich geht. Sie kann fragen:

— Was will das Kind mit seinem Verhalten ausdrücken?
— Was will es mir mit diesem Verhalten sagen?
— Welche Botschaft will es mir vermitteln?
— Was bewegt es gerade zu diesem Verhalten?
— Wie kann ich versuchen, es mit seinem Problem wirklich zu erkennen?

Um auf diese Fragen eine befriedigende Antwort zu finden, ist eine Gliederung des diagnostischen Nachdenkens hilfreich in Phasen des

— Beobachtens,
— Wahrnehmens,
— Deutens und
— Verstehens.

Die Phasen laufen nicht nach und nach ab. Sie gehen ineinander über und ergänzen einander.
Schon beim ***Beobachten*** wird deutlich, dass die Erzieherin nicht alles zur gleichen Zeit beachten kann: die Mimik und Gestik, die Bewegungsabläufe, die Stimme, Sprache und Atmung des Kindes. Sie trifft eine Auswahl. Dabei kann sie Wichtiges übersehen und Nebensächliches hervorheben. Oder sie kann nach einer Bestätigung ihrer Annahme suchen und diese dann auch finden.
Beim ***Wahrnehmen*** wird sie dessen gewahr, was sie eben beobachtet hat. Vor dem Hintergrund ihrer Lebens- und Berufserfahrungen, ihrer Kenntnisse, ihres Denkens und Empfindens gibt sie dem beobachteten Verhalten einen Sinn. Sie bewertet das Verhalten.
Doch wie soll die Erzieherin das wahrgenommene Verhalten ***deuten***? Es kann mehrere Bedeutungen haben, und sie kann zu unzutreffenden oder widersprüchlichen Schlussfolgerungen kommen. Sie wird deshalb versuchen, das beobachtete Verhalten vor ihrem „inneren Auge“ wiederholt ablaufen zu lassen und noch einmal

zu überlegen, welchen Sinn das Verhalten wirklich haben könnte. Vielleicht kommt sie dann zu einer Deutung, die der tatsächlichen Situation des Kindes nahekommt. Schließlich versucht sie, das gedeutete Verhalten zu ***verstehen***. Sie wird nach den psychischen, aber auch nach den körperlichen und sozialen Bedingungen des ungewöhnlichen Verhaltens fragen. Und sie wird immer wieder zurückgehen und noch einmal beobachten, wahrnehmen und deuten, um zu einem „angemessenen und möglichst zutreffenden Verstehen zu kommen" (Sautter, 2000, S. 86).
Um die eigenen Beobachtungs- und Beurteilungsfehler zu verringern, empfiehlt Armin Krenz, einen „Beobachtungsbogen zur Selbstreflexion" anzulegen. Der Bogen ermöglicht es der Erzieherin, ihr Verhalten selbstkritisch zu prüfen und zu verbessern. Darüber hinaus erweisen sich seine praktischen Hinweise für individuelle Beobachtungsbögen, Entwicklungsberichte und für die Entwicklungsbegleitung als hilfreiche Unterstützung der inklusiven Erziehung. Auf dieser Basis kann die Erzieherin ihr eigenes Beobachtungs- und Dokumentationskonzept entwickeln (Krenz, 2020a).

1.2 Das Kind situationsorientiert begleiten

Ein Kind mit Entwicklungsbeeinträchtigung, aber auch jedes andere Kind, kann für kürzere oder längere Zeit in einer Lebenssituation sein, bei der es besondere pädagogische Bedürfnisse hat. Es benötigt dann auf einer sicheren und Halt gebenden Beziehungsbasis eine vorbeugende situationsorientierte Begleitung (Krenz/Klein, 2012).

Beispiel
Am Morgen waren in der Gruppe bereits sieben Kinder eingetroffen. Die Erzieherin begrüßte jedes Kind mit einem freundlichen persönlichen Wort. Einige Kinder spielten schon allein. Andere, denen die Trennung von den Eltern noch schwerfiel, waren bei ihr. Sie las ihnen eine Geschichte vor, während Alfred, der neu in der Gruppe war, auf ihrem Schoß saß.
Das Beispiel zeigt, wie das individuelle Kind in der Gruppe begleitet werden kann. Kinder, die bereits mit dem Ort und mit den Menschen gut vertraut sind, spielen schon allein. Andere, die noch Betreuung brauchen, können mit einer Person zusammen sein, die ihnen durch ihre Nähe das Gefühl der Sicherheit und Geborgenheit gibt. Das Beispiel soll nun für das diagnostische Handeln und situationsorientiertes Begleiten vertieft reflektiert werden.

1.3 Die Welt mit den Augen des Kindes sehen

Vor allem in früheren Werken der Pädagogik und Heilpädagogik wird von der Selbstbildung oder Selbsterziehung der Erzieherin gesprochen: Jedes Kind, das voller Geheimnisse ist, stellt ihr eine neue Aufgabe, die sie nur dann hinreichend gut bewältigen kann, wenn sie sich zusammen mit anderen (Stichworte: Teamarbeit, kollegiale Beratung, Supervision) bemüht,

- in die Erlebnis- und Erfahrungswelt des Kindes einzutauchen,
- die Gedanken des Kindes zu denken,
- wie ein Kind zu handeln, zu fühlen und zu wollen und
- ihr Handeln an den Bedürfnissen und Interessen, am Wollen und Können des Kindes sowie an seinem Erziehungshilfebedarf zu orientieren (Klein, 2019, S. 66 f.).

Mit dieser dem Kind zugewandten offenen Haltung wandelt sich die Erzieherin zur lernenden Persönlichkeit. Sie lernt vom Kind und orientiert sich an seinen Bedürfnissen und Bedarfen. Hier ist sie auf einer wahren Entdeckungsreise und wandelt auf den Spuren großer Erzieherpersönlichkeiten.
Diese Persönlichkeiten suchten bei Kindern mit Sinnesbehinderungen, körperlichen oder kognitiven Beeinträchtigungen nach Ansätzen der Erziehung (weil die bisher vertrauten Wege nicht zum Erfolg führten). Für sie wurde das Kind zum Lehrmeister. Auch nach vielen negativen und enttäuschenden Erfahrungen ließen sie sich nicht entmutigen und spürten Ansätze der Erziehung auf, die das Kind aus seiner (drohenden) Isolation führten. Sie schauten intuitiv auf das Kind, beobachteten es aufmerksam und ließen ihr Handeln von seinen Aktivitäten, seinen Bedürfnissen und Interessen leiten. Die Individualität des Kindes stand im Zentrum ihres helfenden Bemühens (Klein, 2019, S 100 ff.).

Diagnostisches und fühlendes Handeln lehrt uns Astrid Lindgren
Im Grunde hat dieses diagnostische und fühlende pädagogische Handeln die weltberühmte schwedische Kinderbuchautorin Astrid Lindgren in seinen zwischenmenschlichen Zusammenhängen auf den Punkt gebracht. Lindgren sah in ihrer Dichtkunst die Welt mit den Augen des Kindes.
In ihrer Dankesrede „Niemals Gewalt!" anlässlich der Verleihung des Friedenspreises des Deutschen Buchhandels 1978 sagte sie mit einfachen Worten: *„[...] Müssen wir uns nach diesen Jahrtausenden ständiger Kriege nicht fragen, ob der Mensch nicht vielleicht schon in seiner Anlage fehlerhaft ist? Und sind wir unserer Aggressionen wegen zum Untergang verurteilt? Wir alle wollen ja den Frieden. Gibt es denn da keine Möglichkeit, uns zu ändern, ehe es zu spät ist? Könnten wir es nicht vielleicht lernen, auf Gewalt zu verzichten? Könnten wir nicht versuchen, eine ganz neue Art Mensch zu werden? Wie aber sollte das geschehen, und wo sollte man anfangen?*
Ich glaube, wir müssen von Grund auf beginnen. Bei den Kindern. Sie, meine Freunde, haben Ihren Friedenspreis einer Kinderbuchautorin verliehen, und da werden Sie kaum weite politische Ausblicke [...] erwarten. Ich möchte zu Ihnen über die Kinder sprechen.
[...] Ob ein Kind zu einem warmherzigen, offenen und vertrauensvollen Menschen mit Sinn für das Gemeinwohl heranwächst oder aber zu einem gefühlskalten, destruktiven, egoistischen Menschen, das entscheiden die, denen das Kind in dieser Welt anvertraut ist, je nachdem, ob sie ihm zeigen, was Liebe ist, oder aber dies nicht tun. ‚Überall lernt man nur von dem, den man liebt', hat Goethe einmal gesagt, und dann muss es wohl wahr sein. Ein Kind, das von seinen Eltern liebevoll behandelt wird und das seine Eltern liebt, gewinnt dadurch ein liebevolles Verhältnis zu seiner Umwelt und bewahrt diese Grundeinstellung sein Leben lang. Und das ist auch dann gut, wenn das Kind später nicht zu denen gehört, die das Schicksal der Welt

lenken. Sollte das Kind aber wider Erwarten eines Tages doch zu diesen Mächtigen gehören, dann ist es für uns alle ein Glück, wenn seine Grundhaltung durch Liebe geprägt worden ist und nicht durch Gewalt. Auch künftige Staatsmänner und Politiker werden zu Charakteren geformt, noch bevor sie das fünfte Lebensjahr erreicht haben – das ist erschreckend, aber es ist wahr.
Blicken wir nun einmal zurück auf die Methoden der Kindererziehung früherer Zeiten. Ging es dabei nicht allzu häufig darum, den Willen des Kindes mit Gewalt, sei sie physischer oder psychischer Art, zu brechen? Wie viele Kinder haben ihren ersten Unterricht in Gewalt ‚von denen, die man liebt', nämlich von den eigenen Eltern erhalten und dieses Wissen dann der nächsten Generation weitergegeben! Und so ging es fort. ‚Wer die Rute schont, verdirbt den Knaben', heißt es schon im Alten Testament, und daran haben durch die Jahrhunderte viele Väter und Mütter geglaubt. Sie haben fleißig die Rute geschwungen und das Liebe genannt. Wie aber war denn nun die Kindheit aller dieser wirklich ‚verdorbenen Knaben', von denen es zurzeit so viele auf der Welt gibt, dieser Diktatoren, Tyrannen und Unterdrücker, dieser Menschenschinder? Dem sollte man einmal nachgehen. Ich bin überzeugt davon, dass wir bei den meisten von ihnen auf einen tyrannischen Erzieher stoßen würden, der mit einer Rute hinter ihnen stand, ob sie nun aus Holz war oder im Demütigen, Kränken, Bloßstellen, Angstmachen bestand.
[...] Muss man da nicht verzweifeln, wenn jetzt plötzlich Stimmen laut werden, die die Rückkehr zu dem alten autoritären System fordern? Denn genau das geschieht zurzeit mancherorts in der Welt. Man ruft jetzt wieder nach ‚härterer Zucht', nach ‚strafferen Zügeln' und glaubt dadurch alle jugendlichen Unarten unterbinden zu können, die angeblich auf zu viel Freiheit und zu wenig Strenge in der Erziehung beruhen. Das aber hieße den Teufel mit dem Beelzebub austreiben und führt auf die Dauer nur zu noch mehr Gewalt und zu einer tieferen und gefährlicheren Kluft zwischen den Generationen. Möglicherweise konnte diese erwünschte ‚härtere Zucht' eine äußerliche Wirkung erzielen, die die Befürworter dann als Besserung deuten würden. Freilich nur so lange, bis auch sie allmählich zu der Erkenntnis gezwungen werden, dass Gewalt immer wieder nur Gewalt erzeugt – so wie es von jeher gewesen ist.
[...] Jenen aber, die jetzt so vernehmlich nach härterer Zucht und strafferen Zügeln rufen, möchte ich das erzählen, was mir einmal eine alte Dame berichtet hat. Sie war eine junge Mutter zu der Zeit, als man noch an diesen Bibelspruch glaubte, dieses ‚Wer die Rute schont, verdirbt den Knaben'. Im Grunde ihres Herzens glaubte sie wohl gar nicht daran, aber eines Tages hatte ihr kleiner Sohn etwas getan, wofür er ihrer Meinung nach eine Tracht Prügel verdient hatte, die erste in seinem Leben. Sie trug ihm auf, in den Garten zu gehen und selber nach einem Stock zu suchen, den er ihr dann bringen sollte. Der kleine Junge ging und blieb lange fort. Schließlich kam er weinend zurück und sagte: ‚Ich habe keinen Stock finden können, aber hier hast du einen Stein, den kannst du ja nach mir werfen.' Da aber fing auch die Mutter an zu weinen, denn plötzlich sah sie alles mit den Augen des Kindes. Das Kind musste gedacht haben, meine Mutter will mir wirklich wehtun, und das kann sie ja auch mit einem Stein.
Sie nahm ihren kleinen Sohn in die Arme, und beide weinten eine Weile gemeinsam. Dann legte sie den Stein auf ein Bord in der Küche, und dort blieb er liegen als stän-

dige Mahnung an das Versprechen, das sie sich in dieser Stunde selber gegeben hatte: ‚NIEMALS GEWALT!'" (Strömstedt, 2001, S. 333 ff.)

Astrid Lindgren hat uns in ihrer Dichtkunst die Welt mit den Augen des Kindes nahegebracht. Das zeigt auch das folgende Beispiel: Das Mädchen Irina von Martens, ein Kind mit Down-Syndrom, war mit der Fantasie, den Gedanken und Gefühlen von Astrid Lindgren in einem tiefen Dialog. Irina schrieb dann selbst ein eigenes Märchen: „Irinas Buch. Ronjas neues Leben" (Strömstedt, 2001, S. 348).

Dichtkunst lehrt der Erzieherin den rechten pädagogischen Weg

- Lindgrens Friedensappell soll als pädagogisches Axiom, als gültige Wahrheit, die keines weiteren Beweises bedarf, für das Verstehen des Kindes gesehen werden.
- Der Appell zeigt dem situationsorientierten Handeln der Erzieherin den rechten Weg: In der unmittelbaren pädagogischen Situation, die Lindgren in ihrer Friedensrede beschreibt, steht die Erzieherin im Grunde jeden Tag immer wieder neu.
- Jedes Kind, das die Erzieherin mit den Augen des Kindes sieht, stellt ihr eine neue Aufgabe. Sie macht oft ganz unerwartete und überraschende Erfahrungen.
- Die Erzieherin berücksichtigt diese Erfahrungserkenntnis in ihrer persönlichen Theorie und verbessert dadurch ihr pädagogisches Handeln, ihre Erziehungskunst.

Abbildung 7

2. Herausfordernde Aufgaben an ausgewählten Beispielen

2.1 Rechtzeitige Hilfe für Kinder mit beeinträchtigter Aufmerksamkeit

Kinder mit Aufmerksamkeitsstörungen werden immer jünger und immer mehr. Sie stellen die Erzieherin vor neue Herausforderungen: Die Kinder zeigen schon in den ersten Lebensjahren ein auffälliges Verhalten für das es über einhundert verschiedenen Bezeichnungen in der Fachliteratur gibt, zum Beispiel: Exogenes Psychosyndrom, psychoneurologische Lernschwäche, hyperkinetisches Syndrom (HKS). Alarmierend ist die Modediagnose ADS/ADHS (Aufmerksamkeits-Defizit-Syndrom/ Aufmerksamkeits-Defizit-Hyperaktivitäts-Störung [Klein, 2019, S. 78]). Wie kann die Kita diesen Kindern helfen?

2.1.1 Vielfältige Ursachen

Was sagt die Neuropädiatrie/Kinderpsychiatrie?
Die Medizin gibt uns noch keine befriedigende Antwort auf die körperlichen Ursachen dieser Verhaltensauffälligkeit. Genetische Komponenten spielen wahrscheinlich eine Rolle, bestimmte Funktionssysteme des Gehirns dürften beeinträchtigt sein, eindeutig Befunde sind aber bisher nicht nachzuweisen. Man vermutet einen Mangel am Neurotransmitter Dopamin, der die Verarbeitung von Informationen steuert und Aufmerksamkeit strukturiert. Ritalin soll ein Dopamin-Defizit ausgleichen (siehe 2.1.4). Auch wenn mitunter auf ein Medikament nicht verzichtet werden kann, ist doch dessen Dosis möglichst gering zu halten bzw. seine Anwendung zeitlich zu begrenzen. Die medikamentöse Therapie muss aber durch pädagogische Maßnahmen ergänzt werden (Neuhäuser/Klein, 2019).
Leider zeigt die Praxis, dass bei vielen Kindern allein wegen der Symptome ein Medikament gegeben und die wichtige Einsicht negiert wird: Ein aufmerksamkeitsgestörtes Kind ist vorrangig kein medizinisches Problem, sondern eine soziale und pädagogische Herausforderung.

Fehlende frühe Bindungserfahrungen
Bei zunehmend mehr Eltern wird eine „soziale Erschöpfung“ festgestellt. Ihnen fehlt oft die Kraft, sich mit ihren Kindern zu beschäftigen und auseinanderzusetzen. Wir sehen in Kitas immer mehr Kinder, die außer Rand und Band sind. Sie verstehen nicht, was mit ihnen los ist und was mit ihnen passiert, warum andere Kinder nicht mit ihnen spielen wollen. Es fällt ihnen schwer, sich auf Aufgaben zu konzentrieren, wissen nicht wie sie ihre Gefühle ausdrücken und regulieren sollen. Sie stoßen auf Ablehnung, Kritik und Zurückweisung, erfahren kaum Erfolge, Anerkennung und Zuneigung. Die Kinder können kaum oder kein Vertrauen zu Menschen finden, weh-

ren sich verzweifelt gegen alles, was sie als überfordernd empfinden. Ihnen fehlen oft frühe Bindungserfahrungen in der familiären Lebenswelt.

Digitaler Stress

Eine weitere Bedingung können auch Fernsehen, Computerspiele und die Spielzeugindustrie sein, die Jagd auf die Kinder machen. Was tun, wenn die Teletubbies schon die Kleinsten vor den Schirm locken? Eltern sind oft ratlos und resignieren vor dem digitalen Stress, der bei jüngeren Kindern auf dem Vormarsch ist.

Abbildung 8: Erste Leseversuche

Die unzähligen mehr oder minder lustigen Medieninhalte, die vom Kind immer beschleunigter konsumiert werden, verknappen die Zeit für das notwendige ganzheitliche Lernen. Das Kind eilt von einem Spaßerleben zum andern. Es bleibt in seinem Inneren leer. Sein schöpferisches Lernen verkümmert. Kinderärzte sprechen von „digitaler Körperverletzung" mit allen seelisch-geistigen Folgen für die Entwicklung. Sie fragen sich, ob sich das durch die virtuelle Welt „frühbespaßte" Kind noch in die Ordnung der wirklichen Welt richtig einleben kann.

Tatenlosigkeit beim Zuschauen lähmt den Willen des Kindes, das von dieser vorgegebenen Welt abhängig ist. Außengeleitet und lediglich konsumierend ist es dann nicht oder nicht mehr hinreichend in sich geborgen und frei für schöpferisches Tun. Da es primär auf Reize zu reagieren lernt, fehlt ihm das Agieren aus dem eigenen Kraftzentrum. Das Kind kann nicht mehr hinreichend selbstwirksam tätig sein.

Es wäre sicherlich falsch, ein generelles Smartphone-Verbot zu verhängen. Nötig ist jedoch ein bewusster Umgang mit der medialen Welt, der die Erwachsenen in die Pflicht nimmt, den Kindern rechtzeitig Medienkompetenz zu vermitteln (vgl.www.medienratgeber-fuer-eltern.de).

2.1.2 Diagnostische Kriterien

Kinder mit hyperkinetischen Syndromen (HKS), mit Aufmerksamkeits-Defizit-Syndromen (ADS) und Aufmerksamkeits-Defizit-Hyperaktivitäts-Störungen (ADHS) können in der Kita folgende Auffälligkeiten zeigen (Klein, 2018b, S. 106 ff.):

- *Unaufmerksamkeit/Desorganisation*: Kinder können ihre Aktivität nicht selbst in die Hand nehmen oder zu Ende führen, sind unkonzentriert und ablenkbar, können ihre Zeit nicht einteilen, ordnen sich in die Gruppe schlecht ein, machen viele Flüchtigkeitsfehler und wirken häufig wie geistesabwesend.

- *Hyperaktivität*: Kinder zeigen motorische Unruhe (Bewegungsunruhe), wirken innerlich unausgeglichen, können sich nicht ausreichend entspannen.
- *Impulsivität*: Die Kinder führen häufig unüberlegte Handlungen aus, können die Konsequenzen nicht einkalkulieren und kontrollieren; auf Kritik reagieren sie mit Wut.
- *Emotionale Instabilität*: Kinder zeigen raschen Stimmungswechsel ohne besonderen Anlass, sind schnell ermüdbar und vermindert belastbar.

2.1.3 Hilfe für die Kinder

Ritalin gegen Hyperaktivität?

Die Zahl der Zwei- bis Vierjährigen, die Psychopharmaka schlucken, hat sich im letzten Jahrzehnt verdreifacht. An erster Stelle steht die Verschreibung des Aufputschmittels Methylphenidat (Ritalin), das der Betäubungsmittelverordnung unterliegt. Nach führenden ADHS-Forschern hat sich von 1993 bis 2010 die Absatzmenge von Medikamenten mit dem Wirkstoff Methylphenidat von 34 Kilo auf knapp 1,8 Tonnen erhöht. Inzwischen füllt die Fachliteratur lange Bücherregale, die Internet-Suchmaschine weist bei ADHS über 1,8 Millionen Links aus.
In seiner Studie „Die Ritalin-Gesellschaft. ADS: Eine Generation wird krankgeschrieben" zeigt Richard DeGrandpre auf, wie die heutige Gesellschaft, in der Eile und Beschleunigung vorherrschen, das Bewusstsein der Kinder und ihr emotionales Befinden verändert. Davon betroffen sind besonders Kinder aus sozioökonomisch prekären Herkunftsfamilien. Im Zentrum ihrer Entwicklungsprobleme ist die Erfahrung der Ungeborgenheit, ein Gefühl der inneren Ruhelosigkeit und der dominierenden Angst (Klein, 2019, S. 78).

Warnung!

In medizinischen Fachzeitschriften wird vor der Verdachtsdiagnose HKS, ADS oder ADHS gewarnt, mit der vor allem Eltern das auffällige Verhalten des Kindes etikettieren. Sie kennen nicht nur die Diagnose, sondern wissen dann auch gleich, welche medikamentöse Therapie angesagt ist. Das entlastet sie nur scheinbar und hilft dem Kind gar nicht, und im pessimistischen Sog der Zeit können dann die Erwartungen zu einer sich selbst erfüllenden Prophezeiung (self-fulfilling prophecy) führen und weitere Probleme schaffen.
Eine Überdosierung kann zu psychotischen Zuständen führen. Schwerpunktpraxen mit Kinder- und Jugendärzten, Psychologen und Therapeuten sollen gefährdete Entwicklungsbiographien verhindern oder (wieder) normalisieren.

Hilfe in das Gesamtkonzept einbinden

Der Neuropädiater und Kinderpsychiater Gerhard Neuhäuser hebt hervor, dass eine medikamentöse Behandlung immer eingebettet sein muss in ein pädagogisches Gesamtkonzept, das vor allem Aufklärung und Beratung der Eltern beinhaltet (Neuhäuser/Klein 2019). Ein solches Angebot wird in der sozialpsychiatrischen

Versorgung vorgehalten, beispielsweise in systemisch ausgerichteten kinder- und jugendpsychiatrischen Praxen, in denen multiprofessionelle Teams arbeiten.

1. Frühe fühlende Begleitung
Sozial- und Neuropädiater, Kinderpsychologen und Neurobiologen fordern für diese Kinder eine frühe feinfühlende pädagogische Begleitung, die ihnen ihre Kindheit wiedergibt und sie nicht zu früh erwachsen werden lässt, denn die Seele der Kinder braucht Zeit und einladende Lebens- und Lernräume, in denen sie sich wohlfühlen, innerlich stärken und wachsen können.

2. Übungen zur Konzentration
Wir kennen Erfolg versprechende Hilfe – ohne Medikament. Es wurden Übungsprogrammen zur Konzentration entwickelt, die Freude machen, einfach zu verwirklichen und in die tägliche Erziehungsarbeit zu integrieren sind:

- Gib wichtige Informationen in der Nähe des Kindes, artikuliere deutlich, ohne dabei zu übertreiben.
- Ergänze mündliche Informationen möglichst durch eine visuelle Informationsdarbietung: Bilder oder Blätter.
- Ermuntere das Kind zum Nachfragen und achte darauf, dass dies von den anderen Kindern nicht als Unaufmerksamkeit abgewertet wird.
- Sorge möglichst für Ruhe oder ruhiges Sitzen, zumindest solange wichtige Dinge angesprochen werden.
- Akzeptiere, wenn sich das Kind eine Pause gönnt, versuche aber auch, es durch Zuwendung und Ansprache in die Gruppe einzubinden.
- Mache auch Einzelübungen (Spiele, rhythmische Übungen, Aufmerksamkeitsübungen) mit dem Kind, versuche dabei zu gegebener Zeit auch ein anderes Kind in die Übungssituation einzubeziehen, so dass daraus nach und nach Partner- und Gruppenspiele werden.
- Halte regelmäßigen Kontakt zum Elternhaus.

3. Rhythmische Erziehung und kreatives Spielen
Die Hinweise zur aufmerksamen und fühlenden Begleitung sind durch rhythmische Erziehung zu ergänzen. Rhythmische Erziehung kann „das Übel an der Wurzel“ fassen und dem Kind helfen, sich einer Aufgabe konzentriert zuzuwenden, Aufmerksamkeits- und Verhaltensprobleme auszugleichen (Klein, 2012, S. 106 ff.).
Jedes Kind hat von Beginn an ein Bedürfnis nach Rhythmus und Kontinuität, nach Übung und Wiederholung. Wird diesem Bedürfnis entsprochen, dann bilden sich feste Gewohnheiten aus: Rhythmen führen zu Gewohnheiten und Gewohnheiten stabilisieren die Rhythmen. Dadurch kann das Kind sein Verhalten strukturieren und soweit wie möglich normalisieren. Kehren bestimmte Ereignisse und Tätigkeiten zu bestimmten Zeiten und in bestimmten Räumen wieder, dann kann es feste Gewohnheiten entwickeln, die ihm Sicherheit geben. Forschungen zur inneren Uhr, zu biologischen Rhythmen (Chronobiologie) bestätigen, dass wiederkehrende periodische Zeitstrukturen beim Kind körperlich-seelische Selbstheilungskräfte wecken (siehe Kapitel 7; Klein, 2020b).

Heilpädagogische Praxen haben Zauberspiele entdeckt: Kinder mit ADHS sind bei diesen rhythmisch gestalteten Spielen kreativ und begeisterungsfähig. Diese Fähigkeiten werden als Ressourcen genutzt und in die „Zaubertherapie“ integriert. Zaubern ermöglicht dem Kind fantasiereiche Erlebnisse bei denen es

- aufmerksam bei einer Sache bleiben kann,
- klare Anweisungen und Handlungsabläufe befolgen und
- vorgegebene zeitliche sowie räumliche Strukturen einhalten lernt.

Die Erzieherin kann sich bei diesen rhythmisch gestalteten kreativen Spielen folgende Fragen stellen:

- Was sind für das einzelne Kind oder für die Gruppe immer wiederkehrende und sich wiederholende Erlebnisse? ***Wie*** kann ich diese bewegungserfüllt spielerisch und rhythmisch-musisch gestalten?
- Was sind besondere, sich wiederholende Tages- und Wochenereignisse? ***Wie*** kann ich diese Ereignisse gestalten?
- Was ändert sich dem Inhalt nach, bleibt aber im Prinzip erhalten? ***Wie*** kann ich diese Inhalte gestalten?

Abbildung 9

Bei diesen Fragen kann die Erzieherin mit Freude und Hingabe ihre kreativen Potenziale entfalten und das Resonanzbedürfnis des Kindes achten (siehe erster Teil: 2.4). Sie gestaltet eine einladende Umgebung, die dem Bedürfnis des Kindes nach einem strukturierten Raum entspricht, ihm Kontinuität, Rhythmus und Wiederholungen ermöglicht. Das schafft beim Kind Freude und Wohlbefinden, bewegt es zu geordnetem Tun und stärkt seine Selbstwirksamkeit.

2.2 Entwicklungsgefährdete Kinder in Armut und Benachteiligung

2.2.1 Das Aufgabenfeld

Die Zahl der Kinder mit primär sozioökonomisch und psychosozial bedingten Entwicklungsgefährdungen in der frühen Lebenszeit nimmt erheblich zu. Ihnen wird die ihren Bedürfnissen entsprechende Hilfe nicht zuteil. Die Resultate der ersten von der OECD (Organisation für wirtschaftliche Zusammenarbeit und Entwicklung) initiierten PISA-Studien (PISA = Programme for International Student Assessment) zum internationalen Leistungsvergleich im Bildungswesen zeigen, dass in keinem anderen der untersuchten Länder eine so enge Verzahnung von

- schwacher Schulleistung und
- sozioökonomisch prekären Herkunftsfamilien (Armut, Arbeitslosigkeit, niedrige Sozialschicht, Migrationshintergrund)

wie in der Bundesrepublik Deutschland besteht.
Kinder in Armut und Benachteiligung haben häufig gravierende Lern- und Verhaltensprobleme. Die belastenden Lebens- und Entwicklungsbedingungen werden oft erst bei der Aufnahme in die Kita erkannt.
Kinder aus sozialen Brennpunkten, aus suchtbelasteten Familien und in erschwerten Lebenslagen sind ein großes erzieherisches Problem geworden. Ihre Familien können Grundbedürfnisse nach Ernährung, Pflege, emotionaler Zuwendung und Geborgenheit, Anregung, Entfaltung und kultureller Teilhabe nicht hinreichend erfüllen. Hat sich Armut dauerhaft eingenistet, gelingt es häuslichen Erziehern immer weniger, Benachteiligungen von ihren Kindern fernzuhalten.
Chronische Armut wirkt demoralisierend und erschwert die elterlichen Kompetenzen in der Betreuung und Erziehung erheblich. Zwischen Kind und Eltern entstehen dysfunktionale (gestörte) Interaktionsmuster, die sich zum Beispiel in einem massiven Schreien des Säuglings äußern (sogenannte „Schreikinder"). Das Schreien wird durch die gestörte Interaktion verstärkt. Den Familien fällt es schwer, ihren Kindern klare Regeln, Werte und Orientierungen zu vermitteln, auf die sie sich verlassen können. Diese psychosozialen Risiken können sich vor allem dann verstärken, wenn Eltern ähnliche frühe Erfahrungen gemacht haben.
Armut, vor allem in Verbindung mit sozialen und psychischen Belastungen, ist ein großer Nährboden für Kindesvernachlässigung geworden. Zahlreiche ärztliche Einschulungsuntersuchungen lassen bei den Kindern

- schwere seelische Verletzungen (Traumatisierungen),
- Mangelernährung,
- Motivationsprobleme,
- Verhaltens- und Kommunikationsprobleme,
- Lernblockierungen,
- Sprachstörungen,
- Beeinträchtigungen der geistigen Entwicklung,
- psychomotorische Störungen,
- zerebrale Bewegungsstörungen,
- Störungen des Knochenapparats,

— Einnässen und Einkoten und
— andere psychiatrische Erkrankungen

erkennen (Klein, 2019, S. 85 f.).

Kinder aus sozialen Brennpunkten und in erschwerten Lebenslagen verfügen über eingeschränkte Handlungs- und Entwicklungsspielräume. Ihr Sozialverhalten kann erheblich gestört sein. Auch wenn sie keine äußerlich sichtbaren Beeinträchtigungen zeigen, können sich diese Auffälligkeiten auf die weitere Entwicklung nachhaltig auswirken.

2.2.2 Wie die Kita den Aufgaben entsprechen kann

Dieser Befund weist auf die Notwendigkeit hin, die Aufgaben der Kita zu erweitern, damit möglichst viele Kinder und Familien rechtzeitig eine entwicklungsbegleitende Hilfe mit sozialen Unterstützungsmaßnahmen erhalten. Auch eine (vorbeugende) beratende Nachhilfe für Eltern in Fragen der Pflege, Ernährung und alltagsnahen Unterstützungen ist geboten.

Durch Kooperationen zwischen Kitas, mobilen Heilpädagogischen Fachdiensten und sozialen Beratungsdiensten kann entwicklungsgefährdeten Kindern in Armut und Benachteiligung wirksam geholfen werden: Die Kita

— unterstützt Eltern und entwicklungsgefährdete Kinder,
— leistet diese Aufgabe in Kooperation mit anderen heil- und sozialpädagogischen Fachdiensten,
— kann bei rechtzeitiger Erfassung des Kindes seiner drohenden Behinderung mit pädagogischen Methoden entgegenwirken,
— übernimmt „im kommunalen Netzwerk auch Unterstützungs- und Begleitaufgaben für Eltern“ und bietet „Orientierung zur Familienselbsthilfe“ (Bodenburg/Kollmann, 2018, S. 15).

Für Kinder mit biopsychosozialen Risiken ist also eine präventive pädagogisch-therapeutische Begleitung und Unterstützung geboten, um möglichst vielen gefährdeten, benachteiligten oder vernachlässigten Kindern rechtzeitig Hilfe und soziale Unterstützung zu geben.

Geboten ist, die Beobachtungen mit anderen (Erzieherin, Eltern, sozialpädagogischen und therapeutischen Fachkräften) zu kommunizieren, um dadurch die Beurteilungsfehler zu reduzieren. Da ein Kind sein Verhalten nach seiner eigenen Logik – und nicht nach der Logik des Erwachsenen – bewertet, sollte die Erzieherin mit ihm ins Gespräch kommen und den Gründen für seine Verhaltensbesonderheit nachspüren.

2.3 Kinder mit minimalen cerebralen Dysfunktionen (MCD-Kinder)

Die Zahl der Kinder mit leichter frühkindlicher Hirnfunktionsstörung nimmt zu, auch wenn die Hirnläsionen (Hirnverletzungen oder Störungen der Hirnfunktionen) diagnostisch (noch) nicht eindeutig nachweisbar sind. Man versucht, das auffällige

Verhalten mit Hirnläsionen zu erklären und mit beobachtbaren Symptomen oder Erscheinungsbildern zu beschreiben.
MCD-Kinder zeigen eine Vielfalt an Störungsbildern, die in unterschiedlichen Kombinationen vorkommen und in Extremsituationen (starke Belastung, erhöhte kognitive Daueranforderung, Ermüdungszustand) deutlich hervortreten. Diese Kinder haben eine

- beeinträchtigte Aufmerksamkeit (Konzentration) und
- eine beeinträchtigte sensomotorische Integrationsfähigkeit.

Bei Kita-Kindern, die diese Symptome zeigen, kann eine überfordernde Erziehung zum Einkoten oder Einnässen, zum Lügen oder Stehlen führen. Sie werden reaktiv neurotisiert. Eltern und Erzieherinnen sind häufig ratlos und zweifeln an ihrer Erziehungskompetenz.
Bei MCD-Kindern markieren oft

- eine erhebliche emotionale Labilität,
- Lern- und Leistungsstörungen sowie
- beeinträchtigtes Sozialverhalten

einen Endpunkt. Sie benötigen eine vorbeugende und einfühlende Begleitung durch die authentisch handelnde Erzieherin (siehe Kapitel 3).

2.4 Kinder mit Fluchterfahrungen und Traumatisierungen

Heute werden Kinder mit Fluchterfahrungen und Traumatisierungen oft ohne ausreichende Vorbereitung der Mitarbeiter in die Kitas aufgenommen. Vereinzelt reagieren Erzieherinnen mit Vorurteilen oder stereotypen Äußerungen. Als Folge können unveränderliche Denk- und Handlungsmuster (Stereotypien) das förderliche Handeln des Teams beeinträchtigen. Diese hinderlichen Voreinstellungen, Vorannahmen oder gar Vorurteile müssen immer wieder in emotionaler Selbstauseinandersetzung reflektiert, analysiert und bearbeitet werden (Wagner, 2017). Die tiefsitzenden erworbenen negativen Annahmen über andere Menschen, die oft nicht mehr hinreichend verlernt werden können, müssen immer wieder auf emotionaler Ebene reflektiert werden, um vorurteilsbewusster handeln zu können. Für dieses Reflektieren bietet sich der in Südafrika und später in den USA entwickelte „Anti-Bias-Ansatz“ (englisch bias = Voreingenommenheit, Einseitigkeit) an, dessen Ziel es ist, die Apartheid, d. h. die Trennung zwischen sogenannten Weißen und Schwarzen, so weit wie möglich zu überwinden und ein möglichst diskriminierungsfreies Zusammenleben zu schaffen (Anti-Bias-Netz, 2016).
Die Erzieherin wird sich die hinter ihrer Haltung verborgenen individuellen und institutionellen Prozesse bewusst machen, die mit Diskriminierung und Machtstrukturen zusammenhängen. In dem Maße, in dem ihr der Bewusstseinsbildungsprozess gelingt, kann sie ihre persönliche Einstellung zu einer achtsamen Haltung wandeln und vorurteilsbewusst jedem Kind die Entwicklung seiner Identität durch gemeinsame Erfahrungen ermöglichen.
Meine Erfahrungen im Arbeitskreis Migration Bad Aibling zeigen: Traumatisierte Flüchtlingskinder aus anderen Kulturkreisen besuchen die inklusive Kita. Sie kön-

nen das Erlebte anfangs nicht kommunizieren, zeigen häufig Symptome wie Wut, Überaktivität oder Ruhelosigkeit, haben Stimmungsschwankungen und können ihre Impulse nicht ausreichend kontrollieren. Andere fühlen sich isoliert und haben einen geringen Willen, einfachste Aufgaben zuverlässig zu erledigen.
Die Kinder benötigen neben der medizinisch-therapeutischen Behandlung beim Hereinwachsen in die neue (Sprach-)Kultur eine pädagogische Lebenshilfe durch einen klar strukturierten äußeren Rahmen, in dem sich Lern- und Entwicklungsprozesse im gemeinsamen Miteinander vollziehen können. Immer wiederkehrende und auf die Entwicklung von Kindern abgestimmte ritualisierte Abläufe (mit Tagesplan und Arbeit mit Zielen) sind nötig. Entscheidend ist, dass die Kinder genügend Anhaltspunkte haben, um sich ausreichend orientieren zu können und die Möglichkeit bekommen, sich selbst auszudrücken und zu stabilisieren. Zur Überwindung der durch traumatische Erlebnisse bedingten Sprachlosigkeit bedarf es einer „erhöhten Feinfühligkeit der Fachkräfte“ (Kühn, 2018, S. 58; Kühn/Bialek, 2017).
Da bei traumatisierten Kindern innerfamiliäre Traumatisierungen noch gravierendere Folgen nach sich ziehen können, ist es ratsam, das Wissen der medizinischen, psychologischen und sozialpädagogischen Profession durch Teamgespräche, kollegiale Helferkonferenzen und Supervisionen in das pädagogische Handlungskonzept zu integrieren. Bei „Teamdifferenzen aufgrund der aktuellen Flüchtlingskrise“ (Krenz, 2016) ist darauf aufmerksam zu machen, dass ohne die Basiselemente Annahme, Akzeptanz und Wertschätzung des Anderen keine Pädagogik gelingt. Sie bilden das Fundament für ein Bindungsgeschehen, das die Selbstbildungskräfte des Menschen aktiviert.

2.5 Sprachförderung und Sprachtherapie bei Kindern mit Down-Syndrom

Dass eine gute pädagogische Arbeit in der heterogenen Gruppe nichts anderes als pädagogische Arbeit allgemein ist, lehrt das Beispiel der Sprachförderung und Sprachtherapie bei Kindern mit Down-Syndrom. Kinder mit Down-Syndrom sind Kinder wie alle Kinder. Das zeigt Nigel Hunt, ein Mensch mit einer organisch-genetischen Veränderung (Chromosomenstörung). Nigel Hunt informiert in seinen autobiografischen Aufsätzen darüber, wie er seine Welt sieht, erlebt und mitgestaltet. Sie geben Einblick in
- seine geistige Welt,
- sein freundliches Wesen,
- seine Vorliebe für Musik und Spiel und
- seinen Sinn für Freude und Humor (Hunt, 1974).

Das Kind mit Down-Syndrom lernt in gleicher Weise wie die anderen Kinder. Es hat spezielle Bedürfnisse. Nach Etta Wilken, die seit Jahrzehnten die Bedingungen der Förderung von Kindern mit Down-Syndrom und die entwicklungsgemäße (nicht altersgemäße!) Sprachförderung und Sprachtherapie beschreibt, erleben die Familien ihr Kind „nicht so sehr als ein besonderes, sie wollen vielmehr die besonderen und nötigen Hilfen“ (Wilken, 2019, S. 10).

Abbildung 10

Die Eltern vertrauen den Entwicklungsmöglichkeiten ihres Kindes und streben die gemeinsame Erziehung in der Kita an. Früher wurde die sprachliche Förderung als eine spezielle Therapie gesehen. Heute haben Erfahrungen mit Kindern, ihren Eltern und Erziehern dazu geführt, die Ziele und Methoden der Sprachförderung zu verändern.

Es geht nun um die Gestaltung von Lernsituationen, die es dem Kind mit Down-Syndrom ermöglichen, sein sprachliches Handeln in der Gruppe als bedeutsam zu erleben. Um das zu erreichen, sind die sprachtherapeutischen Maßnahmen soweit wie möglich in die alltägliche Kita-Arbeit – wie beispielsweise bei Pflegehandlungen – zu integrieren. Hier haben Logopäden oder Sprachtherapeuten (mit ihrem spezifischen Fachwissen) die Erzieherin zu beraten und ihr praktische Hilfen an die Hand zu geben. So lassen sich, um ein weiteres Beispiel zu nennen, viele Lieder problemlos mit Gebärden begleiten, und alle Kinder können spielerisch lernen, wie man mit den Händen spricht. Und mit Bild- und Gebärdenkarten können die Kinder der Gruppe verschiedene Zuordnungs- und Ratespiele durchführen.

Auch Spiellieder, Singspiele oder Fingerspiele können mit Gebärden sinnvoll begleitet werden. Hier üben alle Kinder grob- und feinmotorische Bewegungen ein, die rhythmisch gestaltet werden können. Diese **G**ebärden-**u**nterstützende **K**ommunikation (**GuK**) erweist sich – nicht nur – bei Kindern mit Down-Syndrom als unentbehrliche Hilfe insbesondere beim Erwerb der Sprache, aber auch bei der Förderung in allen anderen Entwicklungsbereichen.

Besonders Bewegung und Sprache stehen im engen Zusammenhang: Bei Bewegungsübungen wird auch die Sprache gefördert. Häufig erfordert die schlaffe Muskulatur gezielte Übungen im mundmotorischen Bereich, um einen aktiven Lautaufbau zu ermöglichen. Für den Lautaufbau ist es wünschenswert, dass Eltern und Erzieherin sprachtherapeutisch beraten und unterstützt werden und zum Beispiel gemeinsam Antworten auf folgende Fragen finden: Wie ist bei der Pflege und Versorgung der Blickkontakt sprachlich zu begleiten? Wie kann und soll beim Spielen das handlungsbegleitende Sprechen erfolgen?

Der Bewegungsablauf von Zunge, Lippe und Gaumensegel erfordert beim Sprechen eine hohe Geschicklichkeit und muss aufeinander abgestimmt sein. Dafür ist wiederum eine gute allgemeine Körper- und Bewegungskoordination wichtig. So kann beim Anhauchen eines Spiegels der Einzellaut „H" geübt werden oder für einzelne Tiere kann die Bezeichnung für das, was sie tun (zum Beispiel der Hund macht „wau-wau") gesprochen und in Spielsituationen geübt werden. Neben diesen mundmotorischen Übungen kann die Hand- und Feinmotorik spielerisch und rhythmisch geübt werden:

- Beim Aus- und Einräumen von Spielsachen und Bildkarten aus dem Krabbelsack;
- bei lebenspraktischen Übungen (Aufschrauben von Tuben, Flaschen und Gläsern, Anklammern von Wäsche, Zerkleinern von Obst und Gemüse, Umgang mit Schere und Kleber, mit Perlen und Faden);
- bei Steckspielen und beim Umgang mit Knete wird gleichzeitig das Benennen und Zuordnen nach Gruppen und Kategorien, nach Größe, Form oder Farbe geübt;
- bei Kreisspielen, Singspielen und Bewegungsspielen bieten das Hüpfen, Werfen und Fangen viele Möglichkeiten für die Weiterentwicklung der Grobmotorik sowie der sozialen und kommunikativen Fähigkeiten.

So lernen die Kinder in der Gruppe zum Beispiel beim Spiel mit der Musik „Schneeflocken tanzen", die tanzenden Schneeflocken gemäß dem Tempo und der Dynamik der Musik mit ihren Händen umzusetzen. Sie erfinden nach den Klängen der Musik neue Bewegungen und Rhythmen mit ihrem Körper, ihren Händen und Fingern: Erst tanzt ein Kind, dann tanzen zwei und bald alle Kinder, und der Schnee wirbelt überall und überall.

Abbildung 11

2.6 Kinder mit Sinnesbehinderung

Im 16. und 17. Jahrhundert gab es bereits spezielle Hilfen für Kinder mit Sinnesbeeinträchtigungen. Durch dieses helfende Bemühen konnten sie mit anderen Menschen kommunizieren und Gemeinschaft erleben.

Hörbehinderte und taube Kinder

Taube und stark hörbehinderte Kinder lernten zunächst im Einzel- oder Hausunterricht und später im Schulunterricht durch die Gestenmethode oder Gebärdensprache mit anderen Menschen zu sprechen. Sie wurden durch spezielle Methoden aus ihrer Isolation herausgeholt und in die Sprachgemeinschaft aufgenommen. Nun

konnten sie sich mit anderen Menschen austauschen. Sie nahmen am Leben der Gemeinschaft aktiv teil.
Den Unterricht begründete der Franzose Charles-Michel de l'Epée (1712–1789). Gehörlose Menschen können durch die Gebärdensprache sehr gut den Gesichtsausdruck des gebärdenden Menschen ablesen, seine Gefühle und Stimmungen „heraushören". Inzwischen sind die Gebärdensprache und das Fingeralphabet bei Gehörlosen als gleichwertiges Kommunikationsmittel anerkannt.

Sehbehinderte und blinde Kinder

Blinde Kinder und Jugendliche wurden zunächst einzeln betreut und in die von dem französischen blinden Blindenlehrer Louis Braille (1809–1852) entwickelte Blindenschrift (Brailleschrift) eingeführt: Das Grundmuster sind sechs Punkte, die genau unter die Fingerspitze passen und in 63 Kombinationen das Darstellen der Zeichen der Schrift ermöglichen. Mit dieser Schrift konnten sie sich am Geschehen der Gemeinschaft beteiligen und diese mitgestalten.

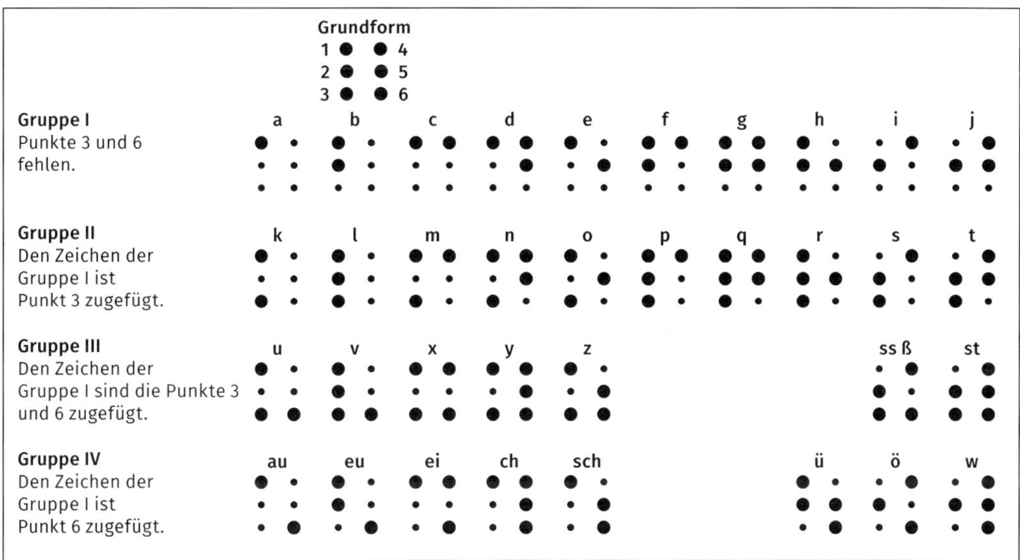

Abbildung 12: Brailleschrift

Ein hochgradig sehbehindertes oder blindes Kind hat aufgrund seiner Lebens- und Lernerschwernisse, seiner Orientierungsschwierigkeiten und Mobilitätseinschränkungen besondere Bedürfnisse. Es benötigt in der inklusiven Gruppe individuelle Sehhilfen, technische Hilfsmittel und vorbereitete Materialien. Oft machen die Kinder beim Sport schmerzvolle Erfahrungen der Ausgrenzung.
Auch der hohe Lärmpegel in der inklusiven Gruppe kann ein Problem sein, denn das Kind ist bei seiner Orientierung in großem Maße auf sein fein ausgebildetes Gehör angewiesen. Und die fehlende blendfreie Beleuchtung im Raum, die fehlenden Türschilder mit zu kleinen oder nicht kontrastreich dargestellten Symbolen und Bildern sowie ein unzureichend ausgeleuchteter Arbeitsplatz können das Wohlbefinden in der inklusiven Gruppe beeinträchtigen.

Als Grundvoraussetzung für eine erfolgreiche inklusive Betreuung gilt, dass schon vor der Aufnahme in eine Gruppe ein gründliches Mobilitäts- und Orientierungstraining mit den Kindern durchgeführt wird, bei dem ein Blindenpädagoge oder Mobilitätstrainer hinzuzuziehen ist (Lang/Thiele, 2017). Diese Fachkraft hat die Erzieherin bei ihrer Arbeit vor Ort regelmäßig zu beraten.

Taubblinde und hörsehgeschädigte Kinder

Auch für taubblinde Kinder wurden differenzierte Kommunikationswege erschlossen. Helen Keller (1880–1968), ein taubblindes Kind, ein Kind mit doppelter Sinnesbehinderung, wurde durch „ein warmes Mitempfinden" (Keller,1997, S. 48), eine streng konsequente Haltung und spezielle individualisierte Methoden ihrer Erzieherin Anne Sullivan aus der Isolation herausgeführt (Klein, 2005). Später studierte Helen Keller an der Universität Literatur und Geschichte. Sie schloss ihr Studium mit Auszeichnung ab und erhielt als erste Frau 1955 die Ehrendoktorwürde der berühmten amerikanischen Harvard-Universität.

Versucht man sich in ihre autobiografischen Texte hineinzuversetzen und diese nachzuempfinden, dann lässt sich zusammenfassend sagen: Dem taubblinden Kind ist die Finsternis freundlich. Es findet in ihr nichts Außerordentliches oder Schreckliches. Es ist seine Welt. Diese Welt ist ihm vertraut. Wenn es jedoch seine Lebenswelt mit der Welt der Sehenden und Hörenden vergleicht, dann kommt ihm zum Bewusstsein, was es heißt, immer im Dunkeln zu leben.

Zusammenfassende Hinweise

Die Erzieherin sucht schon vor der Aufnahme eines sinnesbehinderten Kindes den Kontakt zu den entsprechenden therapeutischen oder heil- und sonderpädagogischen Fachkräften, den sie später bei ihrem inklusiven Bemühen aus der Sicht des hörbehinderten oder tauben bzw. des sehbehinderten oder blinden Kindes durch regelmäßige fachliche Beratung vertieft.

Sie lässt sich von den elementaren Bedürfnissen und Bedarfen des Kindes leiten: Sie nimmt das Kind aus seiner Lebens- und Lernsituation fühlend wahr und gestaltet in der Gruppe Erfahrungsräume, in denen es zusammen mit anderen Kindern die Möglichkeit bekommt,

- sein Spielen, Üben und Lernen selbst zu gestalten;
- selbst Neues zu entdecken und zu erfinden und
- seine negativen Spiel- und Lernerfahrungen soweit wie möglich selbst zu korrigieren.

3. Gefragt ist die authentisch handelnde Erzieherin

Alle Kinder der inklusiven Gruppe erwarten ein authentisches, ein glaubwürdiges, verlässliches und zuverlässiges situationsorientiertes Handeln, das der Erzieherin eine nie endende Selbstentwicklungsaufgabe stellt.

3.1 Der gestaltete Erziehungsraum prägt die Entwicklung des Kindes

Kinder brauchen eine von der Erzieherin gestaltete Lernumgebung, in der sie mit allen Sinnen und mit den Händen Erfahrungen machen können, die ihnen dabei helfen, selbstständig, unabhängig und sozial beteiligt das Leben zu spüren. Dieses Selbstwirksamsein kann nur gelingen, wenn die Erwachsenen sich der Perspektive des Kindes zuwenden und damit aufhören, Kindern die eigene Perspektive aufzudrängen.
In diesem Zusammenhang ist auf die schon im vergangenen Jahrhundert entdeckten Spiegelneurone (englisch: mirror neurons; Nervenzellen in der Großhirnrinde) hinzuweisen, weil hier etwas Entscheidendes für die rhythmische Bewegungs- und Spielerziehung erkannt wurde: Forschungen der Neurobiologie und Wissenschaftsphilosophie belegen, dass schon Neugeborene die wahrgenommene Mimik (Mundmotorik) des Untersuchers nachahmen. Die Wahrnehmung von Bewegung bei anderen Menschen oder in der Umgebung gewinnt in der Muskulatur unbewusst Gestalt. Es werden fremde Bewegungen körperlich miterlebt. Die neurobiologischen Forschungen über die Spiegelneurone zeigen also, dass Neurone im Gehirn aktiv werden, wenn Bewegungsvorgänge und Tätigkeiten ausgeführt werden. Beobachtet ein Kind einen Vorgang, dann werden bei ihm Nervenzellen aktiv und zwar so, als wenn es selbst aktiv wäre. Nervenzellen werden spiegelbildlich aktiv.
Einige Forscher sehen in den Spiegelneuronen den Ursprung für die Entwicklung von Empathie und die Bildung der Sozial- und Sprachkompetenz. Sogar Autismus, eine starke Beziehungsstörung, wird damit erklärt, dass Kinder keine Spiegelneurone entwickeln konnten und sich deshalb nicht in einen anderen Menschen hineinversetzen und kein Verständnis für seine Gefühle, Absichten und Interessen entwickeln können.
Die Neurone sind also dann aktiv, wenn eine Bewegung (Handlung) bei einer Person beobachtet wird. Der beobachtete Vorgang wird innerlich so nachvollzogen, als ob der Beobachter ihn selbst ausführt. Es zeigte sich jedoch bald, dass nicht nur Handlungen gespiegelt werden, sondern auch Gefühle, wodurch der gesamte Bereich der Empathie eine völlig neue Bedeutung bekommt. Der Mensch kann sich also in die Handlungen und Gefühle anderer Menschen so hineinversetzen, dass er den zugrundeliegenden Hirnprozess des jeweils anderen spiegelt.
Beobachtet die Erzieherin das Kind oder beobachtet das Kind die Erzieherin, dann wird im Gehirn derselbe Bereich aktiv, der auch beim Beobachteten aktiv ist. Das bedeutet: Das Kind spürt und empfindet den Schmerz oder das Leid, die Freude oder die Zufriedenheit der Erzieherin, und umgekehrt spürt und empfindet die gute Erzieherin den Schmerz und die Freude des Kindes.

Abbildung 13: Am Gipfel

Sieht man beide Aspekte als zwei Seiten einer Medaille, dann kann man im Hinblick auf inklusive Erziehung sagen: Das Kind ist mit dem von der Erzieherin gestalteten Ermöglichungsraum Kita leiblich und emotional verbunden. In diesem Raum begegnen sich Menschen als gleichwertige und gleichwürdige Partner auf Augenhöhe – ohne negative Zuschreibungen, ohne distanzierte Beschreibungen und Bewertungen (Klein, 2019, S. 251). Die Empathie der Erzieherin darf aber nicht zur Identifikation mit dem Kind führen. Das würde bedeuten, dass sie ihre Aufgabe als situationsorientierte Begleiterin nicht mehr ausfüllt, das Kind für sich vereinnahmt und dadurch seine Entwicklung behindert.

3.2 Dem Kind ermöglichen, seine Stärke zu erleben

Die gute Erzieherin ist bei jedem Kind darum bemüht, selbst als Resiliente zu wirken, um in ihm seelische Kräfte

- zu wecken,
- aufzubauen und
- auszubauen,

die ihm ermöglichen zu sagen: Ich bin stark.
Vor allem aus amerikanischen Studien bei entwicklungsgefährdeten Kindern des Frühbereichs geht hervor, dass für sie die präventive Hilfe ganz entscheidend für ihre weitere Entwicklung ist. Sie baut Schutzfaktoren gegenüber negativen Einflüssen auf und stärkt ihr Können und Wollen. Hier wird der erzieherische Akzent nicht auf das Verhaltensproblem gesetzt, also auf das was zu therapieren ist, sondern auf das, was Kinder resilient macht und ihre Widerstandskraft erhöht (Klein, 2019, S. 35). Diese Kinder zeigen im späteren Leben eine hohe Motivation und Selbstdisziplin und ein größeres Selbstbewusstsein und Selbstvertrauen, als Kinder, die nicht gefördert wurden. Ihre Erfolge erklärten sich nicht aus der Höhe des IQ, sondern daraus, dass sie etwas bewirken und aus ihrem Leben machen konnten.

Bei den Untersuchungen wurden drei Bausteine erkannt, die Resilienz stützen (Opp/Fingerle/Suess, 2020; Weiß, 2009):

- Eine sichere und Halt gebende Basis, in der das Kind ein Gefühl der Zugehörigkeit und Sicherheit erlebt und die es ihm ermöglichen, sich aktiv und neugierig mit seiner Umgebung auseinanderzusetzen.
- Eine gute Selbst-Wertschätzung, die durch die Erfahrung, etwas für sich und für andere tun zu können, gewonnen wurde.
- Ein Gefühl der Selbst-Wirksamkeit: Etwas bewirken und dabei die persönlichen Stärken und Grenzen einschätzen können.

Diese drei Bausteine lassen sich aus der Perspektive des resilienten Kindes folgendermaßen umschreiben:

- Ich habe Menschen, die mich gernhaben und mir helfen (sichere Basis).
- Ich bin eine liebenswerte Person, die respektvoll mir gegenüber ist (Selbst-Wertschätzung).
- Ich kann etwas, ich traue mir zu, Situationen zu beeinflussen und zu verändern, ich kann Wege finden, Probleme zu lösen und mich selbst zu steuern (Selbst-Wirksamkeit).

Hier macht das Kind die Erfahrung, dass es der Situation nicht ausgeliefert ist, sondern sie gestalten und wandeln kann. Diese Kompetenzerfahrung ermöglicht es ihm, Vertrauen in seine eigenen Fähigkeiten und Leistungen zu entwickeln. Die ganzheitlichen (bio-psycho-sozialen und emotionalen) Entwicklungsprozesse werden dann nicht gestört, wenn die Erzieherin die eigene Welt und die Welt des Kindes achtet und wertschätzt. Auf dieser Basis der Achtung und Wertschätzung lernt das Kind seine Gefühle, sein Denken und Wollen

- zu stärken,
- ernst zu nehmen,
- zu verstehen und
- in seine leiblich-emotionale Entwicklung einzuordnen.

Entscheidend für das Gelingen dieses Prozesses ist die Haltung und Einstellung der Erzieherin: Sie hat dem Kind mit besonderen pädagogischen Bedürfnissen im Ermöglichungsraum Kita das Gefühl zu geben, dass sie echt und authentisch handelt.

3.3 In der Handlungssituation dem Kind seelischen Halt geben

Die Erzieherin ist in der Beziehungs- und Erziehungssituation auf sich allein gestellt.

Sie steht einem Kind oder zwei Kindern oder einer Gruppe gegenüber, versucht, sich in die Situation der Kinder hineinzudenken und einzufühlen. Sie beobachtet und nimmt verschiedene rasch wechselnde Aktivitäten wahr. Und sie wird das Kind

oder die Gruppe für ein Vorhaben interessieren und beim Durchführen begleiten. Sie ist hier in der unmittelbaren Erziehungssituation und hat möglichst situationsorientiert zu handeln und dem Kind seelischen Halt zu geben.
Im Zuge der Verwissenschaftlichung der Pädagogik wurden die Begriffe Haltung, innerer und äußerer Halt, als unwissenschaftlich beiseitegeschoben und nicht mehr beachtet. Nun werden sie als Gegengewicht gegen Haltlosigkeit, Eile und Beschleunigung wiederentdeckt.
Kinder sehnen sich nach Personen, die ihnen seelischen Halt geben (Klein, 2018b, S. 150). Dieser Halt wird als konkrete haltgebende Erfahrung verstanden, die Kognitionen mit positiven Gefühlen und Stimmungen auslöst. Jedes Kind erwartet und benötigt bei der gemeinsamen Gestaltung der Bildungs-, Erziehungs- und Betreuungsarbeit einen äußeren und inneren Halt durch die Erzieherin, damit sein eigener innerer und äußerer Halt wachsen kann. Eine Erzieherin, die dem Kind konsequent und eindeutig Halt gibt, ermöglicht es ihm, dass es sich

- wohlfühlen,
- im strukturierten Raum und in der strukturierten Zeit gehalten und geborgen erleben und
- Selbstvertrauen und Sicherheit gewinnen

kann.

Abbildung 14: Beobachten im Hühnerhof

Die heilpädagogische Praxis bei Kindern mit emotionalen Störungen, mit Bindungs- und Beziehungsproblemen zeigt, was die Kinder in der unmittelbaren Handlungssituation durch die Halt gebende Erzieherin brauchen:

- Als Erstes und Wichtigstes brauchen sie einen Menschen, der sie und ihre Probleme „mit dem größten Respekt behandelt“ (Mehringer, 2008, S. 5). Das lehrt die Heilpädagogik des ehemaligen Leiters des Münchener Waisenhauses Andreas Mehringer und sein Lehrer Bruno Bettelheim, der als Psychologe und Psychoanalytiker in Chicago ein weltweit beachtetes Behandlungszentrum für verhaltensgestörte und autistische Kinder aufbaute: Allein durch die Haltung des Respekts und der Achtung des Kindes in seiner Eigenart kann es sich akzeptiert und eingeladen fühlen, Versäumtes nachzuholen, sich selbst zu helfen und seine Entwicklung zu normalisieren.

- Sicherheit, Bestätigung und Beruhigung. Die Erzieherin soll sensibel für die Bedürfnisse des Kindes sein. Schon allein durch Sensibilität und emotionale Bereitschaft verringern sich oft die auslösenden Probleme beim Kind. Es wird ruhiger und konzentrierter.
- Klare Strukturen und eine rhythmische Gestaltung des Tagesablaufes. An diesen räumlichen und zeitlichen Strukturen kann sich das Kind orientieren. Sie geben ihm Halt.
- Eine Basissicherheit durch Strukturen. Darauf können die Kinder ihr Selbstvertrauen, ihre Selbstständigkeit und Selbstwirksamkeit aufbauen.
- Beim Begleiten von Kindern mit Bindungs- und Beziehungsproblemen, ist die Balance zu finden: einerseits Sicherheit zu bieten und andererseits zu fordern und freizulassen. Jedes Kind braucht bei seiner „schweren Entwicklungsarbeit“ (Montessori) einen Menschen, der ihm emotionalen Halt gibt. Auf dieser Basis kann sich sein Vertrauen in die eigene Gestaltungskraft weiterentwickeln und festigen. Und es kann in die sozialen Regeln und Ordnungen – im Idealfall wie von selbst – hineinwachsen (Klein, 2019, S. 157 f.).

4. Miteinander lernen durch Bewegung, Spiel und Rhythmik

4.1 Beispiele ermöglichen konkretes Handeln

Beispiel 1

Für Eva Bretting, Leiterin des Integrativen Kindergartens der Lebenshilfe Erlangen e. V., bedeutet inklusive Arbeit:

- *Freunde finden,*
- *sich und andere wertschätzen,*
- *sich gegenseitig helfen,*
- *mit Freude lernen und sehr viel Spaß haben* (persönliche Mitteilung; siehe auch www.lebenshilfe-erlangen.de).

All das geschieht am besten in einer geschützten und Halt gebenden Umgebung. Kinder mit und ohne Behinderung finden in der Kita Freunde, erleben sich und andere wertschätzend, helfen sich gegenseitig und lernen mit Freude. Und sie haben viel Spaß miteinander.

Beispiel 2

Die Erzieherin einer inklusiv arbeitenden Kita übt mit Kindern mit schwerer Behinderung das Unterscheiden von Farben an einem großen Farbwürfel mit den vier Grundfarben. Darauf ist bisher niemand gekommen, weil man meinte, man würde die Kinder überfordern. Doch der geduldigen und zuversichtlichen Haltung der Erzieherin ist es zu verdanken, dass die Kinder bald die Farben voneinander unterscheiden können. Die Kinder, die sich zuvor nicht dafür interessierten, was draußen vor dem Fenster vor sich ging, schauten nun durch das Fenster auf die Sträucher und Bäume. Was sie offenbar früher nicht wahrgenommen hatten, konnten sie jetzt sehen und voneinander unterscheiden.

Nun ging die Erzieherin mit allen Kindern der Gruppe hinaus. Draußen fanden sie sich gut zurecht. Und noch mehr: Die Kinder mit schwerer und mehrfacher Behinderung, die keine Bewegungsbeeinträchtigung hatten, tollten um

Abbildung 15

die Bäume und Sträucher der umgebenden Wiese so herum, als ob das schon immer ihr Spielplatz gewesen ist (Klein, 2012, S. 59).
Offenbar liegen im Menschen mit komplexer Behinderung verborgene Fähigkeiten (Ressourcen), die erst die liebevolle Haltung der Erzieherin aufspüren und hervorlocken kann.

Beispiel 3
Immer wieder erleben Kinder Unfassbares, wie den Verlust von Bezugspersonen, schwere Unfälle oder krankheitsbedingte medizinische Eingriffe. Die Folgen dieser Erlebnisse sind umso gravierender, je jünger das Kind und je enger die Beziehung zur verursachenden Person ist. Auch der Tod eines Haustieres oder ein Umzug können für das Kind ein belastendes Erlebnis sein, das es ganz anders als Erwachsene bewertet. Nach dem Schockerlebnis können traumatische Belastungsreaktionen wie Ängste und Schlafstörungen, Kopf- und Bauchschmerzen, Verdauungs- und Essstörungen oder Übererregung (Unruhezustände und Panikattacken), Hyperaktivität oder aggressive Impulsausbrüche auftreten. Diese psychosomatischen Störungen können zu psychischen Erkrankungen führen (Klein, 2012, S. 59).
Diesen Gefährdungen kann die aufmerksam beobachtende Erzieherin durch vorbeugende Maßnahmen rechtzeitig begegnen, indem sie den Tagesablauf bewegungserfüllt gestalten, bedürfnisgerecht strukturiert, für geregelte Essens- und Schlafzeiten sorgt und dem Kind Gelegenheiten gibt, sich im Spiel zu aktivieren und künstlerisch zu betätigen (Malen, Zeichnen, Kneten, Tanzen, Musizieren).
Die pädagogisch-therapeutischen Maßnahmen geben dem Kind Sicherheit und neue Orientierung, und der traumatisierte kindliche Organismus kann sich wieder harmonisieren, die Psyche kann sich wieder stabilisieren.
Das Kind aktiviert seine Selbstheilungskräfte. Die Kita, ein sicherer Ort für Beziehungen, schützt und begrenzt, und ermöglicht es dem Kind, seine Traumatisierung in der Beziehungsgestaltung zu korrigieren und zu heilen. Neurobiologische Forschungen zeigen, dass die Korrektur des verletzten Selbstvertrauens durch neue, verlässliche Beziehungsangebote als der wichtigste Ansatz zur Verarbeitung der seelischen Verletzungen gelten kann.

Auf was ist zu achten?
Erzieherinnen, die ihre Professionalität als Bildungsträgerin für alle Kinder verstehen, werden nicht warten, bis die Voraussetzungen für inklusive Arbeit geschaffen sind. Sie werden Möglichkeiten zeigen, ***wie*** gemeinsame Erziehungs- und Bildungsarbeit zum Wohle aller Kinder gelingen kann. Dadurch schaffen sie aus der Praxis heraus die Bedingungen für die Weiterentwicklung der Kita zum Ermöglichungsraum für alle Kinder. Folgende Fragen können das Handeln der Erzieherin und des Teams leiten:
- Wie ist die Situation der Kita?
- Wie wird der Verschiedenheit der Kinder entsprochen?
- Wie werden die Eltern einbezogen?
- Wie können die Erzieherinnen das Zusammensein in der Gruppe und die Gruppenbildung so regeln, dass jedes Kind in der Gemeinschaft akzeptiert wird und die individuellen Unterschiede geachtet werden?

- Haben die Erzieherinnen klare entwicklungsfördernde Strukturen und sinngebende Regeln beachtet und mit allen Kindern klare Absprachen erarbeitet?

Die Fragen ermöglichen ein Nachdenken über ein entwicklungsförderndes Miteinander von Erwachsenen und Kindern, miteinander zu wachsen und sich gemeinsam zu entwickeln, was eine ganz neue Sicht auf Erziehung und Beziehung zwischen Erwachsenen und Kindern zulässt.

Das entwicklungsfördernde Miteinander pflegen Kinder der inklusiven Gruppe: Sie spielen, üben und lernen in gleicher Weise wie Kinder einer anderen Gruppe. Sie gehen unbefangener miteinander um, als es die Erwachsenen erwarten. An ihrem ursprünglichen Entwicklungsbedürfnis können sich die Erwachsenen orientieren – und sie können mit den Kindern wachsen.

Das ursprüngliche Entwicklungsbedürfnis des Kindes kann durch folgende Merkmale charakterisiert werden:

- Jedes Kind bindet sich aus eigener Kraft in die gemeinsam verantwortete räumliche und zeitliche Strukturierung (Tages- und Wochenstruktur, Tages- und Wochenrhythmus) der inklusiven Kita ein.
- In diesem gemeinsam strukturierten Raum, in dem das Kind sich wohlfühlen kann, bilden sich stabile soziale Gewohnheiten aus, die ihm Sicherheit und Zuversicht in die Potenziale der eigenen Entwicklung geben.
- Die von den Erzieherinnen mitgestaltete Atmosphäre der Gruppe motiviert das Kind zum geordneten und schöpferischen Tun, bei dem es sein Können allein und mit anderen üben will.
- In diesem bindungsgestalteten Erfahrungsraum kann dem Bedürfnis des Kindes nach Bewegung, Spiel und Rhythmik (Rhythmus) entsprochen werden.

4.2 Beim situationsorientierten Begleiten den Willen des Kindes achten

Dem Kind bei der Suche nach Anknüpfungspunkten helfen

Wissenschaftler und Praktiker aus fünf europäischen Ländern (Deutschland, Frankreich, Portugal, Schweden und Ungarn) erforschten in einem dreijährigen Projekt die Bedingungen der frühen inklusiven Bildung. Das Team erkannte:

„Gute pädagogische Arbeit in heterogenen Gruppen ist nichts anderes als allgemein gute pädagogische Arbeit, die bei der Bereitstellung von Spiel- und Lernmöglichkeiten oder bei angeleiteten Aktivitäten die Verschiedenheit der Kinder im Blick hat. Dies bedeutet, den Jungen und Mädchen in pädagogisch arrangierten Situationen die Möglichkeit zu geben, individuell auf ihrem Lernniveau, in ihrem Tempo und in ihrem eigenen Stil sich mit der Welt auseinander zu setzen. […] Damit dies gelingt, brauchen manche Kinder, vor allem jene mit besonderen pädagogischen Bedürfnissen, die Unterstützung oder Begleitung eines Erwachsenen. […] Vor allem dann, wenn die Kommunikation zu den Peers erschwert ist, müssen Erzieherinnen tätig werden, um Beziehung, gemeinsames Spielen und gemeinsames Lernen zu ermöglichen. Kinder brauchen den vertrauten sozialen Kontakt mit Gleichaltrigen, um zu lernen, dass der Partner andere Vorstellungen und andere Sichten der Dinge hat,

die Perspektive des anderen einzunehmen und um zu Vereinbarungen zu kommen" (Kron/Papke/Windisch, 2010, S. 38 f.).

Es ist eine der wesentlichen Aufgaben der Erzieherin: Kinder in der Suche nach Anknüpfungspunkten, in ihren Beziehungen und in ihrer Kooperation zu unterstützen, um eine Akzeptanz von Verschiedenheit zu entwickeln. Gefragt ist ihre akzeptierende und fühlende Haltung für das situationsorientierte Handeln, damit sich das Kind als stark erleben kann.

Darauf wies schon der französische Universalgelehrte Blaise Pascal (1623–1662) hin (Klein, 2012, S. 54 f.). Pascal stellte drei Grundregeln für das Wahrnehmen, Begleiten und Überzeugen des anderen Menschen auf, die auch für das pädagogische Begleiten des Kindes in der Gruppe bedeutsam sind:

- Erst versuchen, den Geist und das Herz des Kindes zu kennen und zu verstehen. Wenn sich die Erzieherin mit dem Denken, den Wünschen, Neigungen und Interessen des Kindes vertraut gemacht hat, dann hat sie eine Vorbedingung dafür geschaffen, dass sie es gut begleiten kann.
- Den Gegenstand (die Aufgabe, das Vorhaben, das Projekt) der Erziehung ins Auge fassen und ihn mit den Augen des Kindes anschauen. Den Gegenstand so sehen, dass Erzieherin und Kind daran etwas entdecken und erforschen können.
- Dem Kind ermöglichen, sich selbst zur Sache so zu führen, dass es sich durch sie in seinem Herzen und Gemüt angesprochen fühlt und sich mit ihr vertraut machen will. Hier ist das Begleiten vollzogen und das Kind kann nun seinem Wollen und Tun folgen: Das Kind will die Sache, die es fühlt und wahrnimmt, selbst erkunden und entdecken. Bei der Umsetzung der drei Methoden – das Kind erst verstehen, den Gegenstand wie ein Kind sehen, dem Kind ermöglichen, dass es seinen Willen sachbezogen selbst wecken kann – hat die Erzieherin alles zu beobachten „was sich im Herzen und im Geist" des Kindes vollzieht.

Abbildung 16: „Ich hab's geschafft"

Bei dieser Kunst des situationsorientierten Begleitens muss die Sache gegenwärtig sein: Die Erzieherin tauscht mit dem Kind nicht nur Worte und Gesten aus. Sie ermöglicht es ihm, dass es mit der Sache in Berührung kommt und sich die Sache selbst aneignen kann. Dabei ist es nicht nötig, viel zu sprechen, sondern das zu sagen, was das Kind in seinem Willen bestärkt.

Beobachtungsfragen
Für die einander ergänzenden Bildungsbereiche Bewegung, Spiel und Rhythmik bieten sich weitere Beobachtungsfragen an, die ein Reflektieren und Verbessern der inklusiven Bildung, Erziehung und Betreuung ermöglichen:

- Hat das Kind Freude an der Bewegung?
- Wodurch zeigt es, dass es sich wohlfühlt?
- Mag es sich selbst?
- Welche Bedürfnisse nach Beherrschung der Körperfunktionen hat es?
- Welche Ausdrucksformen benutzt es, um seine Gefühle auszudrücken?
- Ist es in seinen Bewegungen sicher oder unsicher?
- Wie bewegt es sich in den einzelnen Räumen?
- Welche Bewegungsformen bevorzugt es?
- Wie reagiert es mit seinen Bewegungen auf Rhythmen und Musik?
- Wie reagiert es auf Klänge, Töne und Geräusche?
- Wie findet es eine Balance zwischen Bewegung und Ruhe?
- Welche Rituale pflegt es beim Einschlafen in der Kita und zu Hause?
- Welche Vorstellungen von den eigenen körperlichen Stärken und Schwächen hat es?
- Wie geht es damit um?
- Ergreift es sprachlich die Initiative?
- Wie bezieht es sich auf Kommunikationspartner?
- Welches Interesse zeigt es an Reimen, Sprachspielen, Liedern und Rhythmen? Beteiligt es sich aktiv daran?

Bewegung, Spiel und Rhythmik sprechen alle Entwicklungsbereiche an
Im Fokus steht das Ermöglichen gemeinsamen Lernens durch Bewegung, Spiel und Rhythmik. Durch Begleitung und Führung soll jedem Kind auf seinem Lernniveau eine ganzheitliche Selbstbildung ermöglicht werden. Die Rhythmikerin und Musikerzieherin Sabine Hirler spricht vom „Spiel als selbstbildenden Prozess in der Rhythmik“ (Hirler, 2009, S. 19), dessen Grundlage Wahrnehmungs- und Bewegungserfahrungen (sensorische und motorische oder sensomotorische Erfahrungen) sind. Im Verständnis ihres weit gefassten Begriffs der ganzheitlichen Musikerziehung sind bei diesen Aktivitäten Rhythmik und Spiel, Bewegung und Wahrnehmung am Werk.
Dieser ganzheitliche Ansatz wird den Erkenntnissen der modernen beziehungsorientierten Hirnforschung gerecht: Die Kombination von Bewegung, Spiel und Rhythmik vernetzt, aktiviert und entwickelt neurologische Strukturen, die es jedem Kind ermöglichen, die Welt auf seine Art und Weise zu erkunden und mitzugestalten.
Das ganzheitliche Lernen geschieht immer dann, wenn bei einem Vorhaben, einer Aktivität oder einem Projekt die verschiedenen Entwicklungsbereiche des Kindes gleichzeitig umgesetzt und nicht in Stufen zersplittert werden. Die wechselseitige Förderung der Entwicklungsbereiche vollzieht sich eingebettet in Alltags- und Sinnzusammenhängen. Bei diesem ganzheitlichen Lernen sind alle Entwicklungsbereiche aktiv.

Das Kind will seinen ursprünglichen Beziehungsstrukturen folgen

Das Kind will sich nach seinen Vorstellungen die Lern-und Bildungsgegenstände selbst aneignen. Es folgt bei diesem Selbstbildungsprozess den Regeln und Ordnungen seiner individuellen neurologischen Beziehungsstrukturen.

- Das sich wohlfühlende Kind mobilisiert von Anfang an in Formen des Spiels und in rhythmischen Bewegungen seine Selbstbildungskräfte: Es
  - ist neugierig und voll Fantasie,
  - bewegt sich suchend hin und her,
  - nimmt plötzlich Neues wahr (Aha-Erlebnis),
  - probiert und erkundet,
  - findet neue Wege und
  - erfindet etwas ganz Neues.
- Das Kind ist Akteur seiner Entwicklung. Bei diesem selbstorganisierten Prozess spielt die von der Erzieherin (mit-)gestaltete Beziehung zwischen den Kindern sowie zwischen Kind und Gegenständen (Spiel- und Lerngegenständen) eine ganz entscheidende Rolle.

Abbildung 17: Glücklich mit unseren Haustieren

5. Bewegung ist aller Bildung Anfang

5.1 Zur körperlich-seelisch-geistigen Entwicklung aus sozialpädiatrischer Sicht

Körperliches Wachstum

Als Entwicklung bezeichnet man alle Veränderungen, die innerhalb eines bestimmten Zeitraumes zu struktureller und funktioneller Differenzierung führen. Sie zeigt sich in somatischen wie in psychischen Merkmalen, beim Wachstum quantitativ.

- An der dem Alter entsprechenden Zunahme von Körpergröße und -gewicht ist zu erkennen, ob sich ein Kind körperlich normal entwickelt. Proportionen ändern sich, weil einzelne Körperteile oder Organe unterschiedlich rasch nach eigenen Entwicklungsstrukturen wachsen.
- Das Kopfwachstum entspricht normalerweise der Gewichtszunahme des Gehirns.
- Der Kopfumfang ist also für die Beurteilung wichtig. Er korreliert mit dem Alter, weniger mit der Größe des Kindes. Besonders rasch ist das Kopfwachstum in den ersten beiden Lebensjahren (Neuhäuser/Klein, 2019, S. 55).

Bewegungsentwicklung

- Die Reifung der komplexen Funktionen des Nervensystems findet ihren sichtbaren Ausdruck zunächst in der Bewegungsentwicklung, die allerdings eng mit der Ausbildung sozialer und kognitiver Fähigkeiten verknüpft ist.
- Bereits in der 7. bis 8. Woche nach der Befruchtung können erste Bewegungsäußerungen mittels Ultraschalluntersuchung nachgewiesen werden. Es treten genetisch programmierte Bewegungsmuster auf, die bald durch äußere Einflüsse modifiziert werden. Nach der Geburt schreitet die Entwicklung rasch voran. Subtile Beobachtungen zeigen, dass die Entwicklung nicht stufenförmig, sondern auf verschiedenen Ebenen abläuft, die nur undeutlich getrennt sind, sich überlagern bzw. Fluktuationen, eben Variabilität, aufweisen. Man spricht deshalb heute von Grenzsteinen und kennzeichnet damit in Entwicklungstabellen, wann eine bestimmte Fähigkeit von den meisten Kindern (mehr als 97 %) erreicht ist.
- Bleiben Entwicklungsschritte aus oder treten sie verzögert auf, deutet dies mit großer Wahrscheinlichkeit auf eine Beeinträchtigung hin. Ob es sich möglicherweise um eine Normvariante handelt, ist erst nach Kontrolluntersuchungen zu entscheiden. Liegt eine bleibende Beeinträchtigung vor, zeigt sich das meist durch Auffälligkeiten in mehreren Entwicklungsbereichen.
- In den ersten Lebensmonaten sind die kindlichen Bewegungen stark von Reflexen und Reaktionen bestimmt. Es können aber auch bereits beabsichtigte und koordinierte Abfolgen beobachtet werden: Obgleich das Kind überwiegend ungezielte Bewegungen ausführt, gibt es erste An-

sätze eines Zusammenspiels von Auge und Hand bzw. Hand und Mund. An der Fähigkeit zur Imitation mimischer Gesten (Öffnen des Mundes, Herausstrecken der Zunge) oder bei frühen Lernvorgängen wird ebenfalls deutlich, dass ein neugeborenes Kind über wichtige Kompetenzen für die Kommunikation mit seinen Beziehungspersonen verfügt.

Abbildung 18

- Während der ersten Lebensjahre vollziehen sich am Nervensystem viele Entwicklungsvorgänge. Es kommt zu einer weiteren Differenzierung, vor allem durch Ausbildung von Verbindungen und Synapsen zwischen den einzelnen Neuronen. Dementsprechend verändert sich das motorische Verhalten. Das Kind erwirbt allmählich die Fähigkeit zur selbstständigen, aufrechten Fortbewegung. Es lernt, seine Hände differenziert zu gebrauchen und kann sie gezielt einsetzen. Immer ist bei dieser Entwicklung das Wechselspiel zwischen Bewegen und Wahrnehmen bestimmend: Keine Bewegung lauft ab, ohne wahrgenommen zu werden, alle Bewegungen sind wichtig für das Wahrnehmen, Begreifen und Denken. Über die Wahrnehmung vermittelte Informationen helfen dabei, Bewegungen zunehmend sicherer zu steuern.
- Das rasche Anwachsen der Kapazität des Nervensystems führt dazu, dass sich das Hirngewicht des Neugeborenen von 300 g bis zum Ende des zweiten Lebensjahres verdreifacht und dann bis zur Endgröße von 1.300 g bis 1.500 g deutlich langsamer zunimmt.

Abbildung 19

- Im Säuglingsalter verschwinden die vom Neugeborenen bekannten Reflexe und Reaktionen weitgehend, sofern sie nicht Schutzfunktion haben. In rascher Folge entstehen neue Stütz- und Haltungsreaktionen. Sie sind durch ein genetisches Programm festgelegt, werden aber durch Umwelteinflusse modifiziert. Der Erwerb motorischer Fertigkeiten kann durch gezieltes Üben beschleunigt werden, andererseits können ungünstige Umweltbedingungen eine Verzögerung zur Folge haben und bei schwerer Deprivation (fehlender Zuwendung, Liebesentzug) zu bleibenden Entwicklungsbeeinträchtigungen führen.

Abbildung 20

- Die Fähigkeit zum aufrechten Gehen wird allmählich erworben. Dabei hängt die Abfolge vom Umdrehen über Kriechen und Krabbeln zum Hochziehen und Stehen auch davon ab, ob das Kind vorwiegend auf dem Bauch oder hauptsächlich auf dem Rücken liegt. Manchmal werden Zwischenschritte übersprungen, mitunter rutschen Kinder für längere Zeit auf dem Gesäß, bevor sie zum Stehen und Gehen kommen.
- Auch die Handfunktion macht eine differenzierte Entwicklung durch: Im Alter von drei bis vier Monaten greift das Kind willkürlich nach Gegenständen, ungezielt mit der ganzen Hand und von der Kleinfingerseite aus. Durch stetes Üben gelingt es, Gegenstände von einer Hand in die

Abbildung 21

andere zu geben, dabei dann auch die Mittellinie zu kreuzen, Auge und Hand sowie Hand und Mund zu koordinieren. Im zweiten Lebensjahr wird der Daumen zunehmend einbezogen, durch Beugung und Heranziehen im Zangengriff, schließlich mit Opposition im Pinzettengriff. Das Kind ist nun in der Lage, kleine Gegenstände vom Boden aufzuheben. Da es diese wie alles andere sofort zum Mund führt, können gefährliche Situationen entstehen.

- Im Kleinkindalter wird die Bewegungskoordination weiter differenziert und stabilisiert. Verschiedene Informationen müssen dabei aufeinander abgestimmt werden. Die Motorik ist in dieser Zeit noch leicht störanfällig, eine Diskoordination kann auf organische oder psychische Irritationen als Ursache verweisen. Zu Beginn des Schulalters sollten ein stabiles Gleichgewicht, auch beim Balancieren oder Hüpfen, und eine gute manuelle Geschicklichkeit erreicht sein.
- Ein wichtiges Prinzip in der Bewegungsentwicklung ist das der Variabilität und Redundanz. Damit kann sich das Kind den wechselnden Bedingungen seiner Umwelt anpassen und verfügbare Ressourcen sinnvoll und ökonomisch einsetzen. Bei Entwicklungsbeeinträchtigungen beobachtet man oft eine gewisse Stereotypie im motorischen Verhalten, was auf begrenzte Anpassungs- und Variationsfähigkeit zurückzuführen ist (Klein, 2019, S. 252 ff.).

Geistig-seelische, sprachliche, soziale und emotionale Entwicklung

- Schon in den ersten Lebenstagen nimmt das Kind Blickkontakt auf, es sucht die Nähe vertrauter Personen, insbesondere seiner Mutter. In den folgenden Wochen sind angeborene Verhaltensweisen und Lernvorgänge schwer zu trennen, die sich bei der Interaktion zwischen Kind und Umwelt vollziehen. Das Imitationsvermögen ist eine wichtige Voraussetzung für die kognitive und soziale Entwicklung. Es entsteht in der Dyade (Zweierbeziehung) ein inniger Kontakt, durch gegenseitiges Verstärken wird die Bindung zunehmend gefestigt, verschiedene Kompetenzen werden stetig erweitert.
- Das „soziale Lächeln“ erscheint im Alter von vier bis sechs Wochen. Es handelt sich um eine angeborene Reaktion auf bestimmte Reize, vor allem auf die Stirn-Augen-Partie des anderen Menschen, wenn sie sich in einer Distanz von etwa 30 bis 50 cm rhyth-

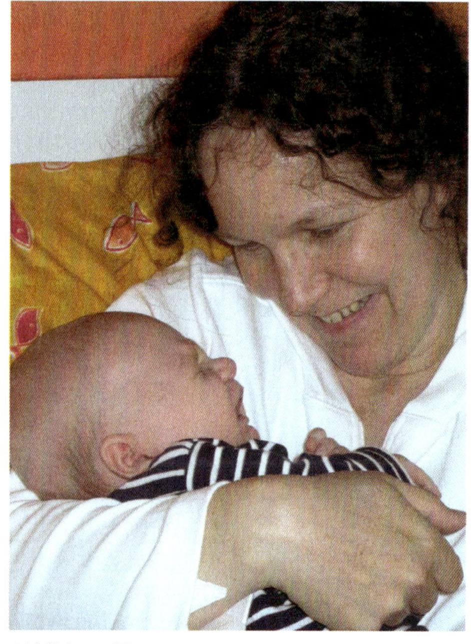

Abbildung 22

misch bewegt, auch auf Töne und Stimme. Später wird dann zwischen bekannten und fremden Personen unterschieden, wobei die Achtmonatsangst zum Fremdeln führt. Beim Kleinkind festigen sich Autonomie und Selbstständigkeit, bestimmt vom jeweiligen Bindungsverhalten.

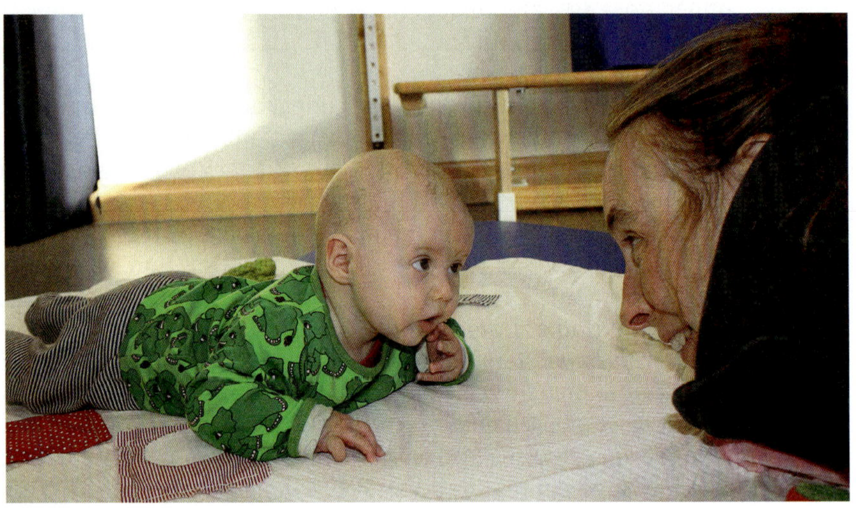

Abbildung 23

- Die soziale Orientierung richtet sich nunmehr auf Altersgenossen und Erzieher aus. Das Kind kann auch gewisse Zeit stillsitzen und an gemeinsamen Spielaktivitäten teilnehmen. Wachsendes Selbstbewusstsein hat Trotzreaktionen zur Folge, die recht ausgeprägt sein können und Eltern wie Erzieher herausfordern.
- Für die geistig-seelische und besonders für die emotionale Entwicklung ist das kindliche Spiel eine wesentliche Voraussetzung. Dafür soll ausreichend Zeit verfügbar sein. Die Beobachtung des Spielverhaltens gibt wertvolle diagnostische Hinweise.
- Die Ausbildung sprachlicher Fähigkeiten ist eng mit der sozialen Entwicklung verbunden und wird wiederum von Umwelteinflüssen ganz wesentlich mitbestimmt. Wichtige Voraussetzung ist ein gutes Hörvermögen: Fehlt dem Säugling eine entsprechende Rückkoppelung, verliert sich die spontane Laut- und Silbenproduktion, auch bleibt die akustische Orientierungsreaktion aus. Dann ist eine pädaudiologische Untersuchung dringend erforderlich, da Hörreste durch geeignete Apparate frühzeitig verstärkt werden müssen, um Sprachentwicklung zum Beispiel durch Versorgung mit dem Cochlear-Implantat zu ermöglichen. Aber auch nach auditiven Verarbeitungs- und Wahrnehmungsstörungen ist feindiagnostisch ebenso zu fahnden wie nach zerebralen Sehstörungen, um Fehldeutungen wie Aufmerksamkeitsdefizit oder Verhaltensstörungen zu vermeiden.
- Gegen Ende des ersten Lebensjahres werden Doppellaute und bald auch erste Wörter gesprochen. Im zweiten Lebensjahr vergrößert sich der

Abbildung 24

Wortschatz rasch. Dabei geht das Wort- und Sprachverständnis (perzeptive Sprache) der Sprachproduktion (expressive Sprache) voraus. Die Variabilität im Spracherwerb ist beträchtlich, abhängig auch von der kognitiven und sozialen Entwicklung.

- Im Alter von zwei Jahren sollte das Kind mindestens 20 Wörter sprechen können, diese bald auch zu kleinen, wenn auch noch unvollkommenen Sätzen verbinden. Mit drei Jahren können sich die meisten Kinder gut verständigen und kennen ihren Namen. Im Alter von drei bis vier Jahren kann physiologisches Stottern auftreten. Stammelfehler (Dyslalie, zum Beispiel Lispeln oder Sigmatismus) und Dysgrammatismus (Schwierigkeiten mit der Grammatik) sind im Kleinkindalter häufig. Diese Zeichen einer Sprechstörung verschwinden bis zur Einschulung, wenn keine Sprachentwicklungsstörung vorliegt, die häufig mit schwach ausgebildeten kognitiven Fähigkeiten einhergeht.
- Die Entwicklung der Intelligenz vollzieht sich in verschiedenen Stufen. In den ersten beiden Lebensjahren entdeckt das Kind durch sensomotorische Erfahrungen Zweck-Mittel-Verknüpfungen (Bodenburg/Kollmann, 2018, S. 115 ff.). Es lernt beim aktiven Experimentieren, sammelt Erfahrungen nach dem Versuch-Irrtum-Prinzip. Im Schulalter werden konkre-

Abbildung 25

te Denkoperationen möglich. Hier sind allgemeine Regeln zu erkennen und anzuwenden (Klein/Neuhäuser, 2006, S. 87f.; Neuhäuser/Kein, 2019, S. 55ff.).

Zusammenfassung
Die aus sozialpädiatrischer Sicht skizzierte Bewegungsentwicklung (körperlich-seelisch-geistigen Entwicklung) lässt einen individuellen (Lebens-)Rhythmus erkennen, der sich durch spielerische Aktivitäten entfaltet und die Selbstwirksamkeit des Kindes im sozialen Miteinander ermöglicht. Bewegung, Spiel und Rhythmus ergänzen einander, sind das Fundament der ganzheitlichen Entwicklung und Erziehung.

5.2 Das Kind gestaltet seine Welt durch Bewegung

Ohne Bewegung ist kein Leben möglich. Jeder Mensch hat das Bedürfnis, sich durch Bewegung auszudrücken, zu kommunizieren und sich zu entwickeln. Von Beginn des Lebens an gestaltet das Kind seine Beziehungen zur Welt durch Bewegungen. Es eignet sich seine Welt mit Hilfe der Bewegungen an und erweitert sein Handeln mit Gegenständen, Bildern, Zeichen und Symbolen. Wird dieses ganzheitliche Bewegungshandeln gestört, dann wird besonders die Denk- und geistige Entwicklung behindert.

Zwischen dem Bewegungsreichtum und der körperlich-seelisch-geistigen Entwicklung des Kindes besteht ein enger Zusammenhang: Je geschickter und koordinierter ein Kind sich bewegen lernt und seinen Bewegungssinn aktiviert, umso differenzierter und leistungsfähiger wird auch sein Nervensystem. Hier kann es sein Lebensgefühl frei und mit Lust und Freude ausbilden. Wird hingegen dem Kind das Erleben des Wohlfühlens durch Bewegungserfahrungen nicht ermöglicht, weil es sich ruhig verhalten muss und zum langen Sitzen gezwungen wird, dann verkümmern sein Freiheitsgefühl ebenso wie die veranlagten kognitiven und kreativen Entwicklungsmöglichkeiten. Durch Bewegungserfahrungen, bei denen das Kind sich wohlfühlt, lernt es

- sich selbst und
- seine Mit- und Umwelt

zu erleben, zu erkennen und zu gestalten, sich in Sinnzusammenhängen zu bilden (Zimmer, 2020).

Die heilpädagogische Rhythmik von Mimi Scheiblauer vertieft das Sich-Bilden in Sinnzusammenhängen noch weiter (siehe Kapitel 8). Scheiblauer versteht den Rhythmus als eine geordnete Folge von

- Bewegung und Ruhe,
- Spannung und Entspannung.

Abbildung 26

Sie hebt die Bewegung besonders hervor:
Bewegung ist

- aller Erziehung Anfang,
- aller Entwicklung Anfang,
- aller Bildung Anfang.

Bewegung ist also etwas Grundlegendes, das am Anfang steht: Am Anfang der Entwicklung, der Erziehung und Bildung. Durch Bewegung kann jeder Mensch aus eigener Kraft

- mit Menschen in Beziehung treten,
- zu sich selber finden,
- Gemeinschaft erleben und gestalten,
- Beziehungen zur Umwelt knüpfen,
- die gegenständliche Welt erfahren und ordnen sowie
- die ideelle (geistige) Welt der Kunst, Kultur und Tradition, der Werte und Normen

erleben.

5.3 Das Kind will mit seinen Händen und Sinnen die Welt erkunden und sich als Gestalter seiner Welt erleben

Das Kind will sich durch Bewegungen ausdrücken und bald will es alles, was es sieht und was von Interesse ist, im wahrsten Sinne des Wortes mit den Händen und Sinnen

- wahrnehmen,
- erforschen,
- ergreifen und begreifen,
- erfassen und erkennen.

Es will die Welt erkunden und sich aneignen, zum Beispiel beim Malen mit körpereigenen Mitteln: Beim großflächigen Malen mit Fingern auf großem Papier (Packpapier) mit der Fingerfarbe Schultempera und Kleister (Kleister gleichmäßig verteilen und Farbe hinzufügen; Farbe direkt in den Kleister rühren oder mit den Fingern aufnehmen) erleben besonders Kinder mit körperlichen und kognitiven Beeinträchtigungen sowie Kinder mit Autismus, dass sie fähig sind, Spuren zu hinterlassen und Strukturen zu bilden. Sie erleben sich als Gestalter ihrer Welt. Durch dieses kreative Tun lernen sie sich als Person zu erleben, die zur Welt und zu Menschen einen eigenen Standpunkt beziehen kann.
Bei diesen spielbetonten und rhythmischen Malübungen wird die Finger- und Handmotorik der Kinder weiter ausgebildet, die Bewegungsabläufe werden koordiniert und durch taktil-kinästhetische Erfahrungen wird ihre Sensibilität gefördert. Auch beim freien oder an Aufgaben gebundenen Gestalten mit Wachsmalkreiden werden feinmotorische Fähigkeiten (Finger- und Handfertigkeiten) geübt. Und beim Malen der eigenen Bewegung (Kreis- und Drehbewegung) lassen sich ausgeführte Bewegungen sichtbar machen.
Kinder mit schwerer und mehrfacher Behinderung können diese basalen Bewegungsmuster einüben. Als rhythmische sprachbegleitende Übung kann die Bewe-

gung der Finger, Hände und Arme in Farbspuren umgesetzt werden. Besonders Kinder mit starken Beugespasmen in den oberen Extremitäten werden durch Fingermalerei und Malen mit Wachsmalkreiden deutlich lockerer und entspannter. Für vielseitige Übungen der Finger- und Handfertigkeit (im Sinne feinmotorischer oder sensomotorischer Übungen und Übungen der Augen-Hand-Koordination) bietet sich vor allem die Arbeit mit Papier in verschiedenen Größen, Farben und Stärken an: Papier

- reißen,
- schneiden (freies oder gebundenes Schneiden/Ausschneiden),
- falten,
- kleben (buntes Papier frei oder nach Vorlagen zu einem Bild kleben) oder
- zuordnen (nach Farbe, Form und Größe).

Auch das plastische Gestalten mit Knetmasse, Ton, Tonschlamm oder Tonklumpen ermöglicht viele Gestaltungsübungen: Vom Klumpen Teile abzupfen und sie zu einem Gegenstand (Haus, Baum, Schneemann) formen. Durch festes Greifen, Festhalten und Loslassen werden nicht nur Feinmotorik und Augen-Hand-Koordination geübt, sondern auch das Wollen, Denken und Fühlen, die Vorstellung, das Sprechen/die Sprache, das Gedächtnis, die Fantasie und Kreativität sowie die sozialen Kompetenzen. Das Kind setzt sich bei diesen Aktivitäten mit der Wirklichkeit auseinander und verändert sie.

Besonders das Kind mit einer Beeinträchtigung der Wahrnehmung oder des Sehens (hochgradig sehbehindert oder blind) spürt den Widerstand des Gegenstandes, zum Beispiel des Tonklumpens, in seinen Fingern und Händen. Mit ihm kann es – mit Führungshilfe durch einen Erwachsenen (Physio- oder Ergotherapeutin oder Erzieherin) – etwas formen und gestalten. Durch diese Aktivitäten wird ihm der Gegenstand nach und nach vertraut: Es erkennt das Gespürte und es wird seine Finger- und Handmotorik fortgesetzt üben, denn es merkt, dass es in der Wirklichkeit etwas bewirken, verändern und gestalten kann (Krenz/Klein, 2012, S. 182 ff.). Es entwickelt Interesse am Gegenstand. Dem Kind mit einer Beeinträchtigung der Wahrnehmung oder des Sehsinnes wird zunehmend bewusster: „Probleme-Lösen ist spannend. Schwierigkeiten sind da, um überwunden zu werden“ (Affolter, 2006, S. 270).

5.4 In Projekten sich und die Welt erfahren

Vor allem in Projekten, die sich am situationsorientierten Ansatz orientiert, können Bewegungserfahrungen im Bereich der Grobmotorik (Tanzen, Klettern, Balancieren, Ziehen oder Wandern) und Feinmotorik (Schneiden, Malen, Zeichnen, Flechten, Hämmern, Sägen oder Schrauben) in verschiedenen Übungen gepflegt werden. Ebenso kann auch beim Spielen der Projektinhalte durch

- Wahrnehmungs- und Sinnesspiele (laut – leise, hell – dunkel, kalt – warm),
- „Vertrauens“-Spiele („Hochzeit“ oder „Komm in meine Arme“),
- „Familien“-Spiele („Spatzenfamilie“ oder „Tierfamilie“),
- Liedspiele („Vogelhochzeit“),
- Suchspiele („Verstecken“ oder „Topfschlagen“),

- Ratespiele (Tierstimmen erraten, dargestellte/gespielte Spiele erraten) oder
- Reaktionsspiele („Obstkorb" oder „Fang das Mäuschen/die Katze")

eine bewegungserfüllte ganzheitliche Erziehung und Bildung erfolgen (Klein, 2012, S. 76).

Wie Sarah ihre Bewegungsbehinderung in ihr Selbstbild integriert

Die Erzieherin und Diplomheilpädagogin Gabriela Zenker begleitet in ihrer heilpädagogischen Praxis seit neun Monaten Sarah, ein bewegungsbehindertes Kind, das gerade sechs Jahre alt geworden ist. Sarah zeigt zu Beginn kein Interesse an Fortbewegung, an Spielen oder Aktivitäten mit den Händen. Sie bezeichnet ihre rechte Hand und ihren rechten Fuß als „Bah", schaut aber gerne Bilderbücher an und spricht viele Wörter nach. Die Mutter formulierte für die Erzieherin folgenden Bitte: „Ich möchte, dass mein Kind sich bei Ihnen wohlfühlt und auf keinen Fall überfordert wird" (Zenker, 2011, S. 25).
Wie versucht die Erzieherin dem Auftrag, der den Erwartungen der Eltern und dem ursprünglichen Bedürfnis des Kindes entspricht, nachzukommen?
„Sarah kann ihre Hände etwas einsetzen, auf eigenen Füßen stehen und sogar etwas hüpfen. Als ihre Schwester tanzen lernte, war Sarah dreieinhalb Jahre alt. Ihr Denken und ihre Sprache waren außerordentlich gut entwickelt. Sie äußerte den Wunsch, so tanzen zu können wie die Schwester. Gelangen ihr diese Tanzbewegungen nicht, dann folgerte sie: Ich muss mich mehr anstrengen und mehr krankengymnastische Übungen machen, damit die Halbseitenlähmung weggeht. ‚Du weißt ja, Frau Zenker, ich habe eine Hemiplegie. Die geht sonst nicht weg'" (Zenker, 2011, S. 25).
Sarahs Eltern waren überzeugt, dass ihr Kind sich diesen Wunsch selbst angeeignet habe, denn sie übten keinerlei Druck aus. Mit vier Jahren besuchte Sarah eine Kita, in der sie von einer Integrationskraft und dem Team betreut wurde. Sie erhielt extern Krankengymnastik und schien in der Gruppe gut integriert zu sein. Nur ab und zu waren die anderen Kinder ihr gegenüber „gemein" oder „ungerecht", wenn sie etwas schneller machten, das Gemüse besser zerschnitten oder das Bild schöner ausmalten.
Sarah besuchte inzwischen auch die Ballettschule. Vor der Frühjahrsaufführung erlebt sie sich in einer dramatischen Situation: „Frau Zenker, mein blöder Fuß macht das Chassé nach links nicht schnell genug mit. Die anderen müssen mich ziehen, damit es keiner merkt! Ich übe und übe und es wird nicht besser, die Halbseitenlähmung hört einfach nicht auf. Ich kann nicht bei der Aufführung mitmachen, alle werden mich auslachen" (Zenker, 2011, S. 25).
Die Erzieherin machte sich in Gesprächen mit Sarah, mit dem Team der Kita und den Eltern Gedanken über die Befürchtungen und Sorgen, die das Kind bedrängten. Ihre Gedanken verfolgten das Ziel: Wie kann Sarah ihre Behinderung in ihr Selbstbild als ein Merkmal so integrieren, dass sie es als „normales" Persönlichkeitsmerkmal erlebt?
Die therapeutischen Gespräche trugen Früchte: „Sarah wurde

- nach erfolgreicher öffentlicher Aufführung,
- dem wachsenden Bewusstsein ihrer kognitiven Kompetenzen und
- der wachsenden Annahme ihres Soseins

ein zunehmend selbstbewussteres Vorschulkind“ (Zenker, 2011, S. 25).
Das Kind konnte sein Selbstvertrauen stärken:

- Die Erzieherin, die Eltern, das Kita-Team und die Umwelt waren bemüht, ihre Beziehungen vom Kind her zu gestalten. Durch diese Beziehungsgestaltung lernten die Erwachsenen, das Kind besser zu verstehen.
- Sie ermöglichten dem Kind mit Körperbehinderung seine Selbstannahme und die Stärkung seines Selbstvertrauens.
- Sie bestätigten sein individuelles Können, seine Kompetenzen.
- Das Kind lernte, seine Behinderung als normales Persönlichkeitsmerkmal in sein Selbstbild zu integrieren. Es fand seine Identität in sich selbst; davon spricht auch Fredi Saal, ein Mensch mit Körperbehinderung (siehe Vorwort).
- Aus der Sicht des Kindes normalisierten sich die Beziehungen.
- Offen bleiben drei Fragen:
  - Wie ist die Sicht der anderen Menschen auf das Kind?
  - Wird die normalisierte Beziehung von Dauer sein und in anderen Einrichtungen ebenfalls positiv wirken?
  - Hat nicht der Mensch mit Behinderung zeitlebens eine Sehnsucht, seine Welt zum Guten zu wandeln?

5.5 Fazit – „Bewegung durchdringt alles“

- Beim Bewegen, das als grundlegendes Merkmal von Leben zu verstehen ist, wirken Körper, Seele und Geist (Denken), Sprache sowie fein- und grobmotorische Phänomene ineinander.
- Bewegung als Grundprinzip des Lebens ermöglicht die freie Gestaltung von pädagogischen Situationen, in denen Kinder ihre Bewegungen als bedeutsam erfahren und selbstwirksam sein können. Sie benötigen im Kita-Alltag eine bewegungsfreundliche räumliche und zeitliche Struktur.
- Die bewegungsorientierte Begleitung von Entwicklungs- und Bildungsprozessen ermöglicht den Kindern
  - sich in ihrem Körper zu Hause zu fühlen,
  - Freude in ihrem autonomen und rhythmisch gestalteten (Spiel-)Handeln zu erleben,
  - emotionale Sicherheit, innere Stärke (inneren Halt) zu entwickeln,
  - sich über ihre persönliche Bewegungssprache wirksam zu erleben und ihre veranlagte schöpferische Kraft weiter zu entwickeln,
  - verlässliche und tragfähige Beziehungen aufzubauen, Sicherheit im Kontakt mit anderen zu gewinnen und
  - lebensbedeutsame kreative Momente zu (er-)schaffen.

In diesem gestalteten Erziehungs- und Bildungsraum durchdringt die „Bewegung alles“ (Beck-Neckermann, 2015, S. 8).

6. Spiel ist aller Bildung Anfang

6.1 Zur Kultur des Spiels

Das Spiel kann in allen Zeitepochen und Kulturen auf der ganzen Welt, in sakralen Handlungen oder auf Hinterhöfen wahrgenommen werden. Das Spiel ist aus dem Leben des Menschen nicht wegzudenken. Die Kultur des Spiels erfüllt eine wichtige Funktion im Leben des Einzelnen und der Gemeinschaft. Insofern muss das Spiel in der Pädagogik und ganz besonders in der Pädagogik der frühen Kindheit die ihm gebührende Beachtung (wieder-)finden.

Freiheit des Spiels verbindet die Widersprüche des Lebens
Die Familie des Bildungsforschers Hellmut Becker diskutierte über die Bedeutung des Spiels und suchte Antworten auf folgende vier zusammenfassende Thesen:

- Die Unfähigkeit zum Spielen, die Angst vor dem Spielen sind geeignet, eine lernende Gesellschaft zu einer armselig verkümmernden Gesellschaft zu machen.
- Menschen im Beruf und im persönlichen Leben sollten sich befähigen, die Angst vor dem Spielen zu überwinden, mehr zu spielen und dabei anderen zu helfen.
- Das Bedürfnis zu spielen wird durch die Angst zu spielen verdrängt, weil das Zwangssystem gesellschaftlicher Organisationen die Spielmöglichkeit des Menschen fortgesetzt einschränkt.
- Spiel ist zum Prinzip von Lernen und Erziehen überhaupt zu machen.

Familie Becker kam zu folgendem Ergebnis: *„Spielen hängt unmittelbar mit der Fähigkeit zur Utopie zusammen. Wenn Menschen das Leben nicht zugleich als Spiel zu leben wissen, dann geht ihnen die Fähigkeit zur Veränderung ab. Das Sicherheitsbedürfnis ist utopie- und spielfeindlich. […] Aber nur mithilfe von Utopie und Spiel ist der Mensch in der Lage, sich realen Veränderungen anzupassen und sie zugleich zu bewirken. […] Das emotionale Wachstum des Menschen ist abhängig von seiner Fähigkeit zum Spielen und damit zur Utopie“* (Becker, 1989, S. 281).
Zusammenfassend können wir sagen: Nur die Freiheit des Spiels verbindet die Widersprüche, die das Dasein dem rechnenden und zergliedernden Verstand präsentiert, zu jener Einheit in der Vielheit, in der sich das Wesen jeglicher Schöpfung bekundet. Jede Umgangsform, ja jede Form überhaupt, tritt spielerisch zutage und will gespielt sein.

Geborgenheit gibt Möglichkeitsräume zum Spielen
Dass ein Kind erst aus dem Erleben der Geborgenheit (Sicherheit, Zuverlässigkeit, Beständigkeit) sich frei und mit kühnen, ja utopischen Fantasien über alles erheben will, das hat Astrid Lindgren in ihren weltweit bekannten Kinder- und Jugendbüchern gezeigt. Sie ist in die Welt des Kindes tief eingetaucht und gab mit ihren fantasievollen und utopischen Gedanken den Kindern jene Spielräume, nach denen sie sich sehnen. Sie schenkte ihnen Möglichkeitsräume für ein glückliches Leben, die sie durchspielen und der wirklichen Welt entgegenstellen können.

Lindgrens Geschichten faszinieren über Generationen hinweg unzählige Kinder. Sie ermöglichen dem Kind, seine Fantasie und Vorstellung (Denken), sein Fühlen und Handeln frei auszudrücken und sich durch das Erfahren von Gut und Böse, Sieg und Niederlage, Erfolg und Misserfolg zu erproben. Hier bezieht sich das Kind nicht auf die gegebene Wirklichkeit. Es bildet vielmehr eine neue Wirklichkeit, die einem entworfenen Spiel gleicht.
Versucht die Erzieherin ihren Blick mit den Augen des Kindes zu schärfen, dann wird sie erkennen: Kinder hungern nach Geborgenheit und Freiheit. Wird diesem Bedürfnis entsprochen, dann kann es sich im Spiel und durch das Spiel seine Welt aneignen.
Das Spiel ist von fundamentaler Bedeutung für die Entwicklung des Menschen überhaupt. Das lehrt die Kindheits- und Bindungsforschung: Die im Kind schon vor der Geburt angelegten Gegensätze von Freiheit (Autonomie, Eigenaktivität) und Gebundenheit (Bindung, Sicherheit) sind auf einen einladenden Spielraum angewiesen, der die Bedingungen für die individuelle Entwicklung schafft.

6.2 Aspekte zur Spielkultur in der inklusiven Kita

Esthers Geheimnis
Der Reformpädagoge Janusz Korczak (siehe erster Teil: 1.5) konnte stundenlang auf einer Bank sitzen und Kinder beim Spielen beobachten. Ihm fiel auf, dass jedes Kind anders spielt. Wie spielt es? Das wollte er genau wissen. Im Buch „Verteidigt die Kinder!“ erzählt Korczak die Geschichte von „Esthers Geheimnis“ (Korczak, 1978, S. 131 ff.): Esther geht immer wieder gern zum Großvater in die Stube. „Bekommt sie vom ihm Bonbons oder ein Butterbrötchen oder Limonade?“ Er arbeitet und spricht wenig. Kaum sitzt sie einige Minuten bei ihm, dann sagt er gleich: „Geh mit den Kindern spielen.“ Korczak erzählt weiter, dass im Hof und überall die gleichen Spiele gespielt werden, *„die Jungen stören genauso, und die Mädchen zanken sich wie anderswo. Es ist halt so [...]. Einmal spielte Esther Schule. Die eingebildete Ruth war die Lehrerin. Esther wollte auch Lehrerin sein. Da fing Ruth an zu lachen. – ‚Was? Du Lehrerin? In solch einem zerrissenen und schmutzigen Kleid, in geflickten Schuhen? ‚Du wirst die Bettlerin und nicht die Lehrerin sei.‘ Esther fühlte sich beleidigt, ging gleich in Großvaters Stube und setzte sich auf den wackligen Stuhl [...]. Und erst nach einer Weile: – ‚Geh spielen. Hier ist es staubig.‘ [...] Er ist immer so: erst denkt er lange nach, dann spricht er leise, wie zu sich selbst; nicht einmal zu Esther, nur im Selbstgespräch: – Niemand weiß, was noch wird: ob er einmal reich oder arm sein wird. Das ist ungewiss. Einem gehört heute alles, und morgen kann er alles verlieren. [...] Und obwohl Esther die Mutter liebt und sich vor ihr ängstigt und immer brav sein möchte, läuft sie immer wieder zum Großvater. Denn Esther hat ein Geheimnis [...]: Esther möchte Kind sein. Das ist ihr Geheimnis. [...] Esther möchte wie andere Kinder spielen, möchte kindliche Sorgen haben und sich auch mit Kameradinnen streiten und sogar weinen, wenn es sein muss, und so ist es halt, dass der Mensch sich mal wohl fühlt, dann wieder schlecht, wie der Großvater sagt, einmal lustig, dann traurig; aber dann möchte Esther auch kindliche Tränen weinen. Denn, sagt der Großvater,*

einmal leidet der Mensch, weil er selbst schuldig ist, ein andermal, obwohl er unschuldig ist. Esther kann doch nichts dafür, dass sie noch ein Kind ist."

Die sensible Erzählung lädt zum sorgfältigen Nachdenken über Beziehungs- und Erziehungsfragen ein. Lassen wir die Geschichte „Esthers Geheimnis" in ihrem symbolischen Gehalt auf uns wirken, dann erkennen wir, dass Korczak aus dem Munde des Mädchens das Geheimnis der guten Erzieherin beschreibt:

Was ist in der Beziehungssituation das Wesentliche? Wie können wir uns darauf konzentrieren?

- Wie kann ich in dieser Beziehung authentisch (echt, ehrlich, glaubwürdig) bleiben?
- Schaffe ich es, dem Kind aufmerksam zuzuhören und zuzusehen, was es hier und jetzt tut, sieht, fühlt und will?
- Nehme ich an seinen Gedanken, Gesten und Blicken einfühlend teil?
- Wie kann ich im Alltag mit wenigen klaren Worten auf die Sorgen und Nöte des Kindes eingehen oder auch die Lebensrealität des Kindes durch schweigendes Zustimmen anerkennen?
- Wie kann ich einen ehrlichen Umgang mit guten und schlechten Erfahrungen pflegen?
- Bin ich fähig mein Ich zu fühlen und mich selbst zu erfahren? „Wer [...] wirklich sein Ich, sein Selbst fühlt, der erfährt sich als Zentrum seiner Welt, als den wahren Urheber seines Tuns" (Fromm, 2000, S. 149).

Fredi Saal auf Esthers Spur

„Esthers Geheimnis" veranschaulicht Fredi Saal, ein Mensch mit schwerer körperlicher Behinderung, der zweimal amtlich für bildungsunfähig erklärt worden ist und elf Jahre in einer Heil- und Pflegeanstalt für geistig Behinderte lebte. Es gelingt ihm, über einige mühsame und mutige Umwege das Heimleben hinter sich zu lassen, ein eigenständiges Leben aufzubauen, die ihm zustehende Bildung autodidaktisch nachzuholen und zeitweise berufstätig zu sein. Parallel gründet er eine Gruppe für junge Menschen mit und ohne Behinderungen, wird nach und nach zum Vordenker der Selbsthilfebewegung und Interessenvertretung von Menschen mit Behinderungen. Darüber hinaus wird er ein bedeutender Schriftsteller. In seinem biografischen Essay „Warum sollte ich jemand anderes sein wollen?" (1992) bezieht er seine Lebenserfahrungen immer wieder auf einen Grundgedanken, den er bei Goethe findet: „Hätte Gott mich anders gewollt, so hätte er mich anders gebaut" (Saal, 1992, S. 75).

Mit anderen Menschen denkt Fredi Saal über den Begriff Behinderung nach und kommt zu folgendem Ergebnis: *„Wir ließen in Gedanken alle unsere Freunde, Verwandten und Bekannten Revue passieren in der Hoffnung, wenigstens einen unter ihnen zu finden, von dem sich unwiderlegbar erweisen würde: Dieser Mensch ist so souverän in seinem Denken und Handeln, dass sich an ihm beim besten Willen keinerlei Behinderung finden lässt. Wir fanden keine! In einer Welt ohne die so vielen verborgenen Behinderungen gäbe es das gar nicht, was die Umwelt Maßstäbe setzend ‚Behinderung' nennt. Dann könnte und dürfte nämlich jeder Mensch so sein und als das gelten, was er wirklich ist; nämlich: Er selbst. [...] Jeder Mensch hat seinen*

Wert in sich [...]. Entscheidend ist die Tatsache seines individuellen Menschseins [...] (Saal, 1992, S. 86; siehe Vorwort).
Fredi Saal, den der Sozialpsychiater Klaus Dörner als einen „der philosophischsten Denker der deutschsprachigen Gegenwart" (Dörner, 1988, S. 96) bezeichnet, entdeckt für sich das Spiel als Lebenselement: Es verfolgt keinen äußeren Zweck und lässt den Menschen an sich selbst körperliche und seelisch-geistige Freude erleben. „Behinderte haben wie jeder Mensch ursprünglich die Fähigkeit zu spielerischer Freude, und sie sind in der Lage, auf dieser Basis ein lebenswertes Dasein zu führen" (Saal, 1992, S. 159). Im Spiel kann der Mensch Wege zu einem befriedigenden und sinnerfüllten Dasein finden.
Für Fredi Saal gibt es nichts Schöneres als das eigene Dasein mit seinen Möglichkeiten. Deshalb sollte man in einer Behinderung keinen Schwarzen Peter sehen, „sondern einen Joker – die Spielkarte, welche anzeigt, dass dem Spieler noch alle Möglichkeiten offenstehen, das Spiel des Lebens für sich zu entscheiden" (Saal, 1992, S. 168).
Die bisherigen Ausführungen zum Spiel lassen ein lebensnahes Spielverständnis für die Kita-Praxis erkennen.

Ein praxisorientiertes Spielverständnis
Bekanntlich gibt es unendlich viele Theorien über das Spiel. Sollen wir nun einer kulturtheoretischen, evolutionstheoretischen, lerntheoretischen oder psychotherapeutischen Sicht des Spiels folgen? Im Folgenden stelle ich meine Spieltheorie vor, die sich aus jahrzehntelangen Erfahrungen mit dem großen Thema „Spiel" herauskristallisiert hat, sich an Esthers Geheimnis und Fredi Saals Spielverständnis orientiert. Dieses praxisbezogene Spielverständnis ermöglicht die eigene Theorie zu erproben, zu korrigieren und weiterzuentwickeln.
Mit dem Pädagogen, Staatstheoretiker und Theologen Friedrich Schleiermacher gehe ich davon aus, dass die Spielpraxis ihre eigene Dignität (Würde) hat, unabhängig von der Theorie. Sie dient der Praxis, wird mit der Theorie eine bewusstere Praxis und kann die Theorie weiter ausgestalten. Die Würde der Praxis zeigt sich für Schleiermacher in der „Kunst des Erziehens", die aus der „Idee des Guten" kommt. Die Idee des Guten hat auch der Begründer des Kindergartens, Friedrich Wilhelm August Fröbel im Sinn, wenn er davon spricht, dass „die Quelle alles Guten im Spiel liegt" (Klein, 2012, S. 78).
In der Idee des Guten gründet auch der Erfolg der Spieltherapie. Darauf hat der Schweizer Lehrer, Psychotherapeut und Schriftsteller Hans Zulliger in seinem 1952 erstmals und 2007 in 8. unveränderter Auflage erschienenen Buch „Heilende Kräfte im kindlichen Spiel" aufmerksam gemacht (Zulliger, 2007): Zulliger beobachtete immer wieder, dass Kinder mit Schwierigkeiten und Problemen durch das Spiel selbst geheilt wurden, noch ehe er ihnen etwas gedeutet hatte. Allein im Spiel des Kindes liegen heilende oder ganz machende Kräfte.
Im Spiel übt und entwickelt es sein Selbstwirksamwerden, sein bio-psycho-soziales und emotionales Wachstum, seine Ressourcen, Lernpotenziale und Kompetenzen. Das Spiel kann als Urphänomen des Lebens gedeutet werden, es „ist aller Bildung Anfang" (Klein, 2012, 78).

Das Spiel schafft Wirklichkeit
Ein Holzstück kann ein Schiff sein. Und ein Stück Stoff verkörpert die Prinzessin. Die Prinzessin geht vom Schiff an Land, und das Kind betrachtet es weder als Betrug noch als Selbstbetrug, dass es in Wirklichkeit ein Stoffstück selbst an Land trägt, das es in eine Prinzessin verwandelt hat. Im Spiel gewinnt der Gegenstand jene Bedeutung, die ihm das Kind verleiht. „Es schafft im Spiel die Bedingungen, unter denen verschiedenste, selbst widersprüchlich erscheinende Lebenserfahrungen sich miteinander verbinden lassen" (Schäfer, 2005, S. 116). Das zeigen die beiden Beispiele.

Anna spielt ihr Spiel
Anna, 4 Jahre, ein Kind mit Down-Syndrom, spielt im Kindergarten mit ihrer Puppe. Die Puppe ist ihr Kind. Sie hat einen Namen. Sie heißt Susi. Susi ist
- bald hungrig,
- bald traurig,
- bald schmutzig,
- bald unfolgsam und
- dann am Ende ist Susi müde.

Anna
- füttert ihre hungrige Susi,
- tröstet und ermutigt ihre traurige Susi,
- wäscht ihre schmutzige Susi,
- „bestraft" ihre unfolgsame Susi und
- bereitet schließlich ihre müde Susi zum Schlafengehen vor und legt sie in aller Ruhe ins Bett.

Anna erlebt ihre Susi in Analogie zum eigenen Ich. Sie schlüpft in die Rolle der Mutter und identifiziert sich mit der Puppe, die ganz und gar ihr gehört: Die müde Susi muss jetzt schlafen – Anna ist müde und geht jetzt auch schlafen.

Berrit spielt ihr Spiel
Berrit, ein 5-jähriges Mädchen, geht im Gruppenraum zu ihrer Freundin Theresia. Sie erzählt ihr wozu sie Lust hat (Interesse). Ausgiebig spricht sie über ihre Wünsche und Gedanken, darüber wie sie sich ihre Hochzeit mit Jan, ihrem Freund vorstellt (Sprache, Sprechen). Berrit führt Theresia zuerst zur Verkleidungskiste, dann zum Spiegel und Berrit probiert mit ihrer Hilfe viele verschiedene Sachen an (sozialer Bereich). Die Hüte, Schleifen und Schleier reichen offenbar nicht aus. Berrit überlegt und geht bald zum Materialschrank, in dem sie schöne Stoffreste findet. Sie schaut diese mit Theresia an. Beide entschließen sich ein Kleid herzustellen, das alle bisherigen Hochzeitskleider weit in den Schatten stellen soll.
Aber wie kann aus den Stoffresten das Kleid gemacht werden? Nadel und Faden sind nicht vorhanden. Berrit überlegt weiter (Denken). Plötzlich kommt ihr eine Idee. Sie geht zum Kerzenschrank, fragt die Erzieherin um Erlaubnis und schmilzt alle Kerzenstummel in einem Topf ein. Sie weiß, dass Kerzenwachs bei entsprechender Hitze flüssig wird (Intelligenz). Bald ist das gesamte Wachs flüssig. Nun breitet sie einen großen Papierstreifen auf den Boden aus, legt sich darauf und lässt von Theresia ihren Körperumriss auf dem Papier aufzeichnen. Sie legt die Stoffe so auf

das Papier, wie sie es sich ausgemalt hat (Fantasie). Bald beginnt sie die Stoffreste an ihren Enden mit dem flüssigen Wachs zu verbinden. Sie geht zwischen dem nun entstehenden Brautkleid und dem heißen Wachs hin und her (Bewegung). Ihre konzentrierte Spiel-Tätigkeit führt zum Erfolg. Berrit fühlt sich bestätigt.
Sie hat ihre Vorhaben so abgeschlossen, wie sie sich das in ihrer Vorstellung und Fantasie ausgemalt hatte (Kreativität). Rasch zieht sie das Kleid an und tanzte vor Freude (Gefühl). Die Tatsache, dass ihr Auserwählter wegen des Weiterspielens mit Heiko keine Lust zur Heirat hatte, stört Berrit nicht weiter. Sie entschließt sich spontan, „mit Theresia ab sofort eine Modeboutique zu eröffnen" (Krenz, 2008, S. 153; Klein, 2018b, S. 139 f.).

Einheit „Spielen und Lernen"

Das eigene Leben gestalten wollen

Anna und Berrit verstehen das Spiel als Mittelpunkt ihrer Aktivitäten und verleihen ihm die Bedeutung, die sie für wichtig halten. Sie stabilisieren ihre Ich-Identität, verbessern ihre Belastbarkeit und erweitern ihre soziale Sensibilisierung für einen verträglichen Umgang mit anderen Menschen, und sie eignen sich auf ihrem Entwicklungsniveau Gegenstände der Natur und Kultur an.

Abbildung 27: Tobias (4) hilft beim Geschirrspülen

Spielen war und ist zu allen Zeiten die Haupttätigkeit von Kindern und gilt sowohl als die bedeutsamste Grundbedingung für alle Bildungs- und Lernprozesse als auch für das Lernen an sich. Vielfältige Untersuchungen weisen deutlich darauf hin, dass Kinder im Spiel ihr eigeninitiatives Handeln herausbilden, das ihre geistigen, sozialen, emotionalen, motorischen und kreativen Potenziale weiter anregt. Und das geschieht in einer differenzierten Vernetzung und gleichzeitigen Vielfalt, die kein gezieltes Lernförderprogramm erreichen kann.
Das Spiel des Kindes ist also kein ineffektiver und bedeutungsloser Zeitvertreib, wie Erwachsene oftmals meinen. Spiel darf nicht in funktionalisierter Form gezielt eingesetzt werden. Es muss zweckfrei und funktionsvielfältig erlebt werden können. Spielfreude hilft dem Kind dabei, seine Selbstaktivität immer wieder aufs Neue entdecken und einsetzen zu wollen – und das ist bekanntermaßen die wichtigste Form des Lernens, geht es doch auch im späteren Leben darum, die Welt zu erkunden und dabei den eigenen Stellenwert zu entdecken, sich bei Problemstellungen auf die Suche nach Lösungswegen zu begeben, lösungsorientierte Handlungswege zu entwickeln und mit Motivation, Konzentration und Lernbereitschaft das eigene Leben selbstverantwortlich zu gestalten.

Zusammenfassend ist festzuhalten

Spielen ist untrennbar mit der Entwicklung des Kindes verbunden und besitzt daher entscheidende Bedeutung für seine Persönlichkeitsentwicklung. Es gilt als Vorstufe und Nährboden für den Erwerb lebenspraktischer Fähigkeiten und Fertigkeiten, um das eigene Leben weitestgehend autonom, initiativ und selbstbewusst zu gestalten.

Das Spiel trägt dazu bei, dass das Kind

- selbst aktiv wird und gleichzeitig seine Lernauswirkungen (concomitant learning) aufbaut,
- Gewohnheiten und Routine überwindet,
- Lösungswege für Handlungsabsichten entwirft und einsetzt,
- bekannte Handlungsmuster erweitert und hinderliche Muster überwindet,
- sich unbekannten Dingen des Lebens zuwendet, sich mit ihnen auseinandersetzt und neugierig bleibt,
- kreative Aspekte in seinen Handlungsspielraum integriert,
- Neues wagt,
- Sinnverbindungen knüpft und somit
- ein suchendes Subjekt bleibt.

Sieht man in diesen Kompetenzen lebensbedeutsame Grundleistungen, dann wird deutlich: „*Kinder erwerben im Spiel sogenannte generalisierende Fähigkeiten und entwickeln generalisierende Leistungen, die als Grundlage für außergewöhnlich viele Fertigkeiten des Menschen notwendig sind. Im Einzelnen sind es folgende Merkmale:*

- *Vernetzungen und Verbindungen herstellen: zwischen unterschiedlichen Dingen kombinieren und koordinieren können;*
- *Zuwendung aufbringen: Interesse, Aufmerksamkeit, Kontakt und Beziehungen zu den Dingen, zu den an einer Tätigkeit beteiligten Personen und den Abläufen herstellen;*
- *Analysen vornehmen: Situationen, Zustände, Dinge und Personen herauslösen und differenziert betrachten können;*
- *Synthesen bilden: Teile eines Ganzen wieder zusammenfügen und Sinnverbindungen/Zusammenhänge herstellen können;*
- *Vergleiche anstellen: Gemeinsamkeiten bzw. Unterschiede zwischen Personen, Dingen und Ereignissen erkennen können;*
- *Systematisierungen vornehmen: eine strukturierte, gezielt aufgebaute Vorgehensweise entwickeln und umsetzen können;*
- *Codierungen verinnerlichen: Gedächtnisleistungen und damit die Merkfähigkeit weiterentwickeln können;*
- *Wahrnehmung erweitern: die Vielfalt der Sinnestüchtigkeit ausformen, sie immer wieder aufs Neue aktivieren und in eine permanente Phase der Präzisierung bringen;*
- *funktionelle Systeme entwickeln: geeignete Schemata im Bereich der Kognition und der Handlungsvielfalt aufbauen, um selbst gesetzte oder erwartete Strategien zur Verfügung zu haben;*
- *Regelsysteme erkennen und zu nutzen wissen: einzelne Tätigkeiten aufeinander abstimmen können;*
- *Kreativität entwickeln: bisherige Handlungskonzepte auf ihre Effizienz hin überprüfen und neuartige Strategien entwerfen und ausprobieren können.*

Es besteht kein Zweifel darüber, dass sich diese Grundleistungen nicht nacheinander, sondern immer in einer Abhängigkeit voneinander entwickeln. Betrachtet man nun diese Zentralfunktionen, dann wird schnell deutlich, dass sie einerseits in fast allen Spielen zu entdecken sind und gleichzeitig die Grundlage des Lernens bilden. Insoweit überraschen folgende Aussagen zum Spiel in keiner Weise, wenn es beispielsweise heißt: Spielen und Lernen bilden eine nicht zu trennende Einheit; oder: Spielen ist Lernen bzw. Lernen ist Spiel" (Krenz, 2020b, S. 16 ff.).

Im Spiel konstruiert und rekonstruiert das Kind seine Wirklichkeit
Andrea lernt im Spiel zuallererst spielen: „Ich baue mein Haus so, wie ich es mir wünsche." Im Spiel fühlt sich Andrea zu Hause. Sie erlebt sich geborgen im Raum der Freiheit und des Glücks und vollzieht bei diesem Als-ob-Spiel ein Probehandeln. Andrea spielt und arbeitet, baut und konstruiert mit Gegenständen so, wie sie es will.
Und sie kann ihr Werk so erleben, wie es von ihr geschaffen (konstruiert) ist: Das Werk ist ihr Werk. Im Moment des konzentrierten Spiels existiert für das Kind nur diese Wirklichkeit.

Beispiele als Anregung
Für Andrea kann die Erzieherin für einige Wochen ein Schneiderstübchen einrichten. Sie legt in einen Korb Stoff (Stoffreste) oder Filz, aus dem die Kinder Puppen, Puppentücher oder etwas anderes nähen können. In einem anderen Korb liegen eine Schere, ein Nadelkissen, ein Fingerhut und bunte Garnrollen. Schon Vierjährige wählen sich ein größeres Stück Stoff aus, „dem sie mit der Schere bei fest zusammengepressten Lippen oder rhythmisch hervortretender Zunge ‚zu Leibe rücken'" (Jaffke, 2004, S. 32). Ihnen scheint die längste Nadel mit dem größten Öhr gerade recht. Nun schiebt das Kind die Nadel, die mit einem langen Faden versehen ist (und meist ein älteres Kind oder ein Erwachsener eingefädelt hat), mit der ganzen Hand durch den Stoff, bis dieser wie ein Knäuel zusammengezogen ist. Bald jubelt das Kind spontan: „Ich habe mir ein Vöglein gemacht!" (Jaffke, 2004, S. 32). Nun fliegt das Vöglein an der Hand des Kindes von seinem Singen begleitet durch das Zimmer hin und her (weitere Anregungen in Jaffke, 2019).

Die Beispiele lehren den selbstbildenden Wert des Spiels
Im Spiel konstruiert und rekonstruiert das Kind seine Lebenswirklichkeit. Spielend schafft es soziale Beziehungen und passende Bedingungen und verleiht seinem Spiel einen Sinn. In seiner Fantasie gestaltet es die Welt nach seinen Vorstellungen. Es entdeckt, erfindet, verbessert, ändert, probiert, vergleicht, ahmt nach, erinnert sich oder stellt Beziehungen her, es äußert Gefühle, bewegt sich und nimmt mit seinen Sinnen wahr, es erweitert Vorstellungen, Wissen und Sprache. Allein die Handlung, in der das Kind seine Absicht und sein Ziel verwirklicht, ist wesentlich. Nicht das Ergebnis. Gerade darin liegt der selbstbildende Wert des Spiels.
Das soll nun an Beispielen bei Kindern mit schweren Behinderungen gezeigt werden: Die Kinder können mit einfühlsamer Leitung und Begleitung auf ihrem individuellen Niveau ihre ganzheitlichen Lern- und Spielerfahrungen machen – allein und in der Gruppe.

6.3 Spiel- und Lernerfahrungen bei Kindern mit schweren Behinderungen

Ziele und Übungen nach dem „basal-dialogischen Prinzip“ (Klein, 2017) und der „Basalen Stimulation“ (Bienstein/Fröhlich, 2003; Fröhlich, 2020):

- Blickkontakt mit der Erzieherin oder einem Kind aufnehmen und halten können
- Schau- und Greifspielzeug optisch, akustisch und taktil wahrnehmen und differenzieren können
- Hand- und Fingermotorik erleben: mit der Hand etwas bewirken, gestalten und verändern können
- mit dem Fuß etwas machen und verändern können
- sich als eigenaktive und wertgeschätzte Person erleben
- sich selbst als Einheit (Ganzheit) und als abgrenzbar zur Umwelt erleben
- das eigene Erleben spüren und empfinden
- Sicherheit und Vertrauen spüren und erleben
- nach den eigenen Rhythmen etwas gestalten und den eigenen Rhythmus aufbauen
- erste basale körpernahe Übungen: Spiele mit Fingern, Händen und Füßen
- einen möglichst selbstbestimmten Alltag erleben

(zur Vertiefung der Übungen siehe 8.4)

Spiel- und Übungsmaterial

- Fingerspiele
- Kinderreime
- Kinderlieder
- Schau- und Greifspielzeug

Übungsvorschläge

- Den Körper, die Hände und das Gesicht des Kindes streicheln, dazu summen oder leise singen oder sprechen (Reime, Verse, Lieder).
- Das Kind in die Arme oder auf den Schoß nehmen, dazu summen oder leise singen oder sprechen.
- Das Kind für ein Spielzeug interessieren: ein Plüschtier vor den Augen des Kindes in näherem und weiterem Abstand hin und her bewegen; die Bewegungen mit Sprechen, Summen oder Singen begleiten; mit dem Tier einen Klang erzeugen; akustische und optische Wahrnehmungsübungen.
- Mit der Hand über die Hände des Kindes streicheln; abwechselnd über beide Hände innen und außen („Taler, Maler geht auf den Markt …“).
- Die Finger der rechten Hand und dann der linken Hand des Kindes einzeln berühren, streicheln und fassen („Das ist der Daumen, der schüttelt die Pflaumen … “).
- Die Hand des Kindes leicht hin- und herdrehen, Drehbewegungen im Handgelenk unterstützen („Wie das Fähnchen auf dem Turm …“).
- Die Hände des Kindes zum Klatschen führen („Backe, backe Kuchen …“).

- Mit den Fingern tippen, klopfen und mit den Händen patschen: auf die Hände der Erzieherin oder auf eine weiche und später harte Unterlage („Mit den Fingern kann ich ...; mit den Händen kann ich ...").
- Die Hände des Kindes auf einen großen weichen Ball legen und den Ball hin- und herbewegen; den Ball streicheln oder klopfen, dazu summen, singen oder sprechen.
- Die Spiele und Übungen können auf den ganzen Körper bis zum Spielen mit den Füßen und Zehen erweitert werden.
- Einen weichen Ball leicht auf den Körper (den Fuß, die Hand, den Kopf) des Kindes fallen lassen; den Ball auf Arme und Beine bis zu den Zehen rollen.

Spiele und Übungen mit dem ersten Spielzeug
Ziele
- Das Lieblingsspielzeug (Puppe oder ein weiches Tier) liebhaben, an sich drücken können
- Mit anderen Spielsachen üben
- Greifen, festhalten und loslassen können
- Das Greifen und Loslassen mit dem Schauen koordinieren (Augen-Hand-Koordination)
- Üben folgender Handlungen/Handlungsketten: streicheln, drücken, schütteln, schlagen, klopfen, reiben, stoßen, ziehen, werfen, aneinanderhalten, aneinanderschlagen, aus- und einräumen, nebeneinanderstellen, aufeinanderstellen

Farben-, Form- und Steckspiele
Ziele
- Die Übungen mit dem ersten Spielzeug auf andere Situationen übertragen, Unterschiede in Größe, Form und Farbe wahrnehmen
- Sensomotorische Funktionen mit verschiedenen Gegenständen in Lebenszusammenhängen üben: wahrnehmen, beobachten, vergleichen, zuordnen, aufteilen, gliedern, zusammenfügen, wiedererkennen
- Auf neue Situationen übertragen und erste generalisierende Fähigkeiten und generalisierende Leistungen ermöglichen

Weitere Spiele und Übungen
- Spiele zum Drehen und Schrauben
- Lege- und Zusammensetzspiele
- Übungen mit Spielzeug zum Werfen
- Übungen mit Spielzeug mit einfachem und differenziertem Bewegungsmechanismus
- Imitationsspiele
- Puppenspiele
- Spiele zum Einüben sozialer Verhaltensweisen
- Spiele in der Gruppe

Sprachlernspiele: „Was ich schon alles kann"

- Die Kinder sitzen im Kreis und sprechen über verschiedene Körperteile. An einer Puppe oder einem großen Bild können die Teile, die sie bereits kennen, benannt werden. Die Gruppe arbeitet sich von den großen Körperteilen (Hand, Kopf und Bauch) zu den kleinen Körperteilen (Ohren, Augen und Fingernägel) vor.
- Nun stehen die Kinder im Kreis. Die Erzieherin nennt einen Körperteil und die Kinder zeigen am eigenen Körper auf diesen Teil. Bald darf jedes Kind einen Körperteil nennen, auf das die anderen dann zeigen. Abschließend gibt es noch eine leise, eine laute und sogar eine schnelle Runde: Die Erzieherin oder ein anderes Kind ruft die Körperteile leise, dann laut und zuletzt rasch nacheinander und die Kinder zeigen den genannten Teil an ihrem Körper.
- Danach stehen die Kinder in Zweiergruppen. Es werden die großen und kleinen Körperteile benannt. Nun sollen diese Teile nicht gezeigt, sondern bewegt werden. Die Kinder probieren, wie sie den Fuß oder die Zehen bewegen können: Sie können zum Beispiel mit dem linken oder mit dem rechten Fuß (und bei einer späteren Spiel- und Übungseinheit im Sitzen mit beiden Füßen) kreisen oder stampfen und die Zehen heben oder senken.
- An diesen Spielen nimmt die Erzieherin als Spielpartnerin aufmerksam teil. Sie kann das Spielhandeln eines Kindes mit ihrer Sprache dann begleiten, wenn es zum Beispiel nur in Einwortsätzen spricht oder undeutlich artikuliert. Durch diese unaufdringliche Sprachbegleitung (aktionsbegleitendes Sprechen) erweitert sie im Handlungsvollzug die Sprache des Kindes und verbessert sein Sprechen (siehe auch 8.4).

Diese theoretisch anmutenden Hinweise zum Spielen und Lernen sollen nun am Beispiel des Kindes Frank weiter konkretisiert werden. Franks Mutter wirkte an der Gestaltung des folgenden Textes mit.

6.4 Frank auf seinem Lebensweg begleiten

Anamnese, Diagnose und Entwicklungsschritte

Franks Krankengeschichte: Nach unauffälligem Schwangerschaftsverlauf wurde Frank als zweites Kind 8 Tage vor dem errechneten Termin geboren. Frank konnte voll gestillt werden und entwickelte sich zunächst unauffällig. Als er 6 Monate alt war, fiel den Eltern eine Entwicklungsverzögerung auf: Ihr Kind konnte noch nicht optisch fixieren, zeigte keine Kopfkontrolle, war infektanfällig. In den folgenden 6 Monaten suchten die Eltern insgesamt 7 verschiedene Ärzte auf. Franks Mutter berichtet: „Unser Kind fiel gleich nach der Geburt durch ein hässliches Gesicht mit grober Nase auf. Der Kinderarzt entdeckte nichts Außergewöhnliches an ihm; außer einer gewissen motorischen Steifheit und einer starken Gelbsucht, die aber noch im Krankenhaus deutlich zurückging. Er wurde als gesund entlassen. Wir konsultierten dann regelmäßig eine sehr kompetente Kinderärztin, die bei ihm im Alter von 5 bis 6 Wochen eine starke Anämie feststellte und behandelte.

Franks Schlafbedürfnis war während der ersten Monate extrem groß, was wir zunächst auf die diagnostizierte Anämie zurückführten.“ Mit etwa 5 Monaten fiel der Kinderärztin sein geringes Interesse an Gegenständen und Ereignissen in seiner Umwelt auf. Darüber hinaus konstatierte sie eine Muskelschwäche und verordnete daher dreimal wöchentlich Krankengymnastik, die sensomotorische Entwicklungstherapie einschloss. Der Erfolg war nach einigen Wochen erkennbar; Frank entwickelte mehr Freude an Bewegungen und spielte intensiver mit Gegenständen.

Keine eindeutige Diagnose

Die Untersuchungsbefunde einer Kinderklinik erbrachten außer den bereits bekannten Symptomen: Hydrozephalus, auffallende Mundform, tiefsitzende Ohren, teigige Haut, sprödes Haar, Verdacht auf Septumdefekt (angeborener Herzfehler). Die erneut durchgeführte Chromosomenanalyse war wieder negativ. Es wurde der Verdacht auf eine Stoffwechselerkrankung geäußert.

Alle in der Folgezeit durchgeführten Stoffwechseltests blieben jedoch ohne positives Ergebnis.

„Trotz einzelner Fortschritte bei der Diagnose waren wir nicht weitergekommen. Wir bemühten uns, Frank mit Spielangeboten zu fördern und waren oft deprimiert, wenn der Erfolg nicht sofort sichtbar war. Wir erkannten jetzt auch, dass er kognitiv gegenüber Gleichaltrigen erheblich retardiert war, wenngleich wir immer noch hofften, er könne vieles noch aufholen. Ich möchte hinzufügen, dass wir auch heute noch enttäuscht sind, dass man nichts über die Ursachen von Franks Behinderung weiß. Die Sorge, was aus ihm werden mag, ist immer präsent, wenn auch die Gewissheit da ist, dass er förderungsfähig ist. Unser Fernziel ist es, ihn so weit zu bringen, dass er als Erwachsener einer sinnvollen, in irgendeiner Form kreativen Beschäftigung nachgehen kann."

Frank wurde in seinem dritten Lebensjahr zweimal stationär untersucht. Diagnose: Multiple Dysmorphien (mehrere verschiedene Anomalien der Körperform), muskuläre Hypotonie, Hydrocephalus internus, systolische Herzgeräusche (Geräusche während des Zusammenziehens des Herzmuskels, kann organisch oder funktionell bedingt sein), Mundatmung, behinderte Nasenatmung, kognitive Retardierung. Im Alter von über 3 Jahren wurde unter Mitwirkung eines Experten aus den USA festgestellt: „Das Krankheitsbild lässt sich keiner uns bekannten Krankheit zuordnen. Es gibt keine vergleichbare Krankheitseinheit. Ich fürchte, wir haben nunmehr alle Möglichkeiten ausgeschöpft, einer eindeutigen Diagnose näher zu kommen."

Pädagogische Beratung und Begleitung

Im Alter von 2 Jahren und 4 Monaten erfolgte alle 14 Tage eine regelmäßige Beratung der Familie im häuslichen Lebensraum des Kindes. Die Erzieherin gab Anregungen zur ganzheitlichen Förderung, Aktivierung der Bewegungs- und Wahrnehmungsfähigkeit sowie zur Übung der Sinnes- und Sprachfähigkeit.

Küchen- und Haushaltsgeräte, ein Dreirad, Bälle und Perlen in unterschiedlichen Größen, Farben und Qualitäten, ein Krabbelsack mit Spielzeug, bunte Stäbchen, ein Seil, Sprachlern-, Lotto- und Memory-Spiele dienten als Übungsmittel.

Nach und nach erkannte die Erzieherin durch ihr aufmerksames *Beobachten*:
Frank will sich durch Bewegungen ausdrücken und bald will er alles, was er sieht und was von Interesse ist, im wahrsten Sinne des Wortes mit den Händen und Sinnen wahrnehmen und erforschen, ergreifen, begreifen und erkennen.

Bei der Gestaltung der Spielsituationen ist zu beachten, dass

- Frank sich frei bewegen kann,

- ausreichend Raum und Zeit zum Spielen vorhanden ist,
- nicht jeder Spielerfolg bestätigt wird.

Sobald Frank von sich aus vertraute, ähnliche oder neue Spielsachen berührt, aufhebt, hält, sortiert oder arrangiert, beginnt er ihre Ähnlichkeiten und Unterschiede, ihre Größe und Eigenschaften zu bemerken. Er erfährt ihre Form, Beschaffenheit, Zusammengehörigkeit und Verwendbarkeit.

Rhythmische Spiele und Übungen, insbesondere nach der Scheiblauer-Methode (siehe Kapitel 8), erweisen sich als besonders entwicklungsfördernd:

- Wechsel von Anspannung und Entspannung.
- Eigenrhythmus und „innere Ordnung/Unordnung“ drücken sich in den Bewegungen aus.
- Bei rhythmischen Bewegungen ordnet Frank seine „innere“ und „äußere“ Welt.

Die Welt erkunden und begreifen

Auch das Schneiden mit der Schere wird geübt. Die aufgabenbezogenen Übungen sind nicht nur eine Schulung der Feinmotorik. Bei diesen Übungen bringt Frank aus eigenem Antrieb seine körperlich-geistigen Kräfte in Bewegung: „Ich will“ einen Zaun machen. Um das zu erreichen, muss er die Streifen sorgfältig schneiden. Sein Interesse an der zu lösenden Aufgabe verlangt ein konzentriertes Arbeiten: Er will gerade und gleich große Streifen schneiden. Die Erzieherin beobachtet aufmerksam sein Tun, kann unterstützend oder korrigierend eingreifen. Franks Aktivität ist von einem Vorhaben bestimmt. Je sachgerechter er tätig ist, desto besser übt und entwickelt er die Koordination seiner Bewegungs-Wahrnehmungs-Aktivitäten.

In der inklusiven Kita

Als Frank drei Jahre alt ist, nimmt die Mutter Kontakt zu einer inklusiven Kita auf. Frank besucht diese zunächst zweimal wöchentlich, später regelmäßig vormittags. Die Gruppe umfasst 8 bis 10 Kinder; außer Frank sind zwei weitere Kinder entwicklungsauffällig. Frank kann sich im Verlauf der ersten Wochen in die Gruppe eingliedern. Mutter: „Er musste am Anfang viel einstecken, nun setzt er sich durch. Das hat er gelernt.“ Nach acht Monaten Besuch der Einrichtung kann – gestützt durch Beobachtungsprotokolle – der folgende Entwicklungsbericht mit weiteren Anregungen gegeben werden.

Frank spielt selbstständig, hat Ausdauer, eigenes Gestaltungsvermögen, klettert von sich aus in den ersten Stock des Holzspielhauses, blickt von oben auf das Tun und Treiben der Kinder. Er ist vergnügt und fühlt sich wohl. Frank beteiligt sich an gemeinsamen Vorhaben (Hausbau mit großen Kartons), wird von anderen Kindern zum Mitmachen angeregt. In herausfordernden Situationen versucht er sich zu behaupten, was ihm inzwischen häufiger gelingt. Er lernt sich durchzusetzen. Schwierigen Situationen geht er eher aus dem Weg. Er zieht sich zurück und spielt mit Gegenständen, die ihn interessieren. Bald hüpft er auf einer Matte mit anderen Kindern und wird von der Erzieherin in eine gemeinsame Spiel- und Lernsituation eingebunden.

Später sieht er zusammen mit der Erzieherin ein Bilderbuch an. Dabei werden Sprech- und Sprachübungen (Artikulationsübungen, rhythmisches Nachsprechen

mehrsilbiger Wörter, Einüben einfacher Satzmuster) in die gemeinsamen Aktivitäten wie selbstverständlich eingebunden. Erfolgserlebnisse in der Gruppe schaffen für Frank nicht nur Befriedigung und Freude. Sie ermutigen ihn auch und steigern sein Selbstvertrauen. Frank entwickelt im Spiel seine Kompetenz mit anderen Kindern den Raum und die Zeit zu teilen, ein Vorhaben miteinander zu gestalten.
Er ist dort anzusprechen, wo er Entwicklungsmöglichkeiten zeigt oder erwarten lässt. Das Trainieren einzelner Defizite ist abzulehnen. Das Anwenden von Programmen, deren theoretische Grundlage das Reiz-Reaktions-Lernen ist, ist zu vermeiden. Frank lernt sonst nur auf Reize zu reagieren und sein ursprüngliches Bedürfnis zu Spielen geht unter. Er wird dann in seinem Lernen beeinträchtigt.
Franks Mutter ergänzt: „Sehr berechtigt finde ich Ihre Warnung vor einem Trainingsprogramm, das nur aus Reiz-Reaktions-Lernen besteht. Ich habe bei Frank sogar festgestellt, dass er sich gegen dieses Lernen wehrt. Manchmal weigert er sich, mehrmals nachzusprechen, und lehnt es ab, mit seinen Übungsblättern zu arbeiten. Er merkt offensichtlich, dass er in bestimmte Muster gezwängt werden soll. Ich versuche dann, die auf den Übungsblättern dargestellten Situationen in einem Zusammenhang mit seinen täglichen Tätigkeiten zu bringen und ihn auch vieles von dem Dargestellten selbst spielen zu lassen."

Ein offenes Erziehungsprogramm

Vorbemerkungen

- Ich kenne Therapieprogrammen, die dazu angetan waren, Eltern in ihrer Erziehungskompetenz zu entmündigen. So stand zum Beispiel auf einem Rezeptblock geschrieben: „4 × täglich zwei Minuten hüpfen. [...]. 10 × von 20 cm hoher Stufe herunterspringen."
- Franks Familie zog in eine andere Stadt. Das vorgeschlagene offene Erziehungsprogramm hat die Mutter kommentiert. Es konnte gemeinsam verantwortet werden und kann in zehn Punkten zusammengefasst werden.

Erstens: Spiel ist die grundlegende Form kindlichen Handelns. Die Erziehung ist soweit wie möglich aus spielerischen Tätigkeiten heraus zu gestalten. Frank will im Spiel tätig sein, Erfahrungen sammeln und ordnen und dadurch die ihm möglichen und zunehmend sich differenzierenden Handlungen einüben.

Zweitens: Spiel lässt sich gliedern in

- freies Spiel (bei dem Frank selbst gestalten, Spielinhalt, Spielverlauf und Spielabsicht bestimmen kann);
- gebundenes Spiel (bei dem er sich nach Gegenständen, Aufgaben und Regeln richten kann);
- gelenktes Spiel (bei dem Erwachsene mitgestalten und mitbestimmen ... können).

In diesen drei Spielformen kann Frank tätig sein.

Drittens: Nur das zufriedene und sich wohlfühlende Kind kann aus eigener Initiative kreativ „spielen lernen". Frank ist behutsam zu selbstständigem Spielen anzuregen, zu ermuntern und auch anzuleiten. Spiel-Lernerfolge wecken seine Neugierde und erhöhen seine Bereitschaft zum Tun und Mittun. Er wiederholt erfolgreiche Spiele und bestätigt auf diese Weise sein Können. Außerdem ahmt er in einer einladenden Atmosphäre Handlungen anderer, die er mag, gerne nach (Nachahmungslernen, Nachahmungsfreude). In diesem Wechselbezug mit Menschen und Gegenständen, mit Regeln und Ordnungen werden Frank die Gegenstände, Regeln und Ordnungen zunehmend vertrauter. Er traut sich auf die Mit- und Umwelt zuzugehen, sie zu verändern und zu gestalten, Bekanntes in ähnlichen oder neuen Situationen (wieder) zu erfahren und zu entdecken. Durch Spiel-Handeln bindet sich Frank in die Mit- und Umwelt ein.

Viertens: Bei der Gestaltung der Spielsituationen in der häuslichen Spielerziehung ist zu beachten, dass

- Frank sich frei im Raum bewegen kann,
- ausreichend Raum zum Spielen vorhanden ist,
- eine Spielecke eingerichtet wird,
- Frank nicht mit Spielsachen überhäuft wird,
- er auch Spielsachen zum Liebhaben und Pflegen hat und
- nicht jeder Spielerfolg gelobt (bestätigt) wird.

Fünftens: Sobald Frank von sich aus vertraute, ähnliche oder neue Spielsachen berührt, aufhebt, hält, sortiert oder arrangiert, beginnt er, ihre Ähnlichkeiten und Unterschiede, ihre Größe und Eigenschaften zu bemerken. Er erfährt ihre Form, Beschaffenheit, Zusammengehörigkeit und Verwendbarkeit. Er macht Spiel-Erfahrungen, die seinem Bedürfnis und Interesse entsprechen.

Sechstens: Die rhythmisch-musikalische Übungsbehandlung, insbesondere nach der Scheiblauer-Methode, sollte bei Frank gepflegt werden:

- Wechsel von Anspannung und Entspannung,
- Bewegungen richten sich nach Musik und Rhythmus,
- Eigenrhythmus und „innere Ordnung/Unordnung“ drücken sich in den ... Bewegungen aus,
- Störungen im Gefühlerleben drücken sich in den rhythmischen Bewegungen aus,
- in den rhythmischen Bewegungen ordnet sich Franks „innere“ und „äußere“ Welt.

Siebtens: Das Spielen und Lernen in altersgemischten Gruppen ist weiter zu pflegen. So können alle Spielpartner lernen, sich als gleichwertig zu empfinden und mit- und voneinander lernen. Daraus erwächst gegenseitig Achtung und Hilfe – ohne Mitleid. Erfolgserlebnisse in der Gruppe schaffen nicht nur Befriedigung und Freude, sie ermutigen auch und steigern das Selbstvertrauen.

Achtens: Frank darf nicht wie in einem Schonraum leben und vor dem Wagnis der Auseinandersetzung mit der Umwelt abgeschirmt werden. Er kann und soll aus negativen Erfahrungen lernen.

Neuntens: Frank ist dort anzusprechen, wo er Entwicklungsmöglichkeiten zeigt oder erwarten lässt. Das Trainieren einzelner Defizite ist abzulehnen. Das Anwenden von Programmen, deren theoretische Grundlage das Reiz-Reaktions-Lernen ist, ist zu vermeiden. Hier würde er lernen, auf Reize zu reagieren und sein fantasiereiches Spielen und Üben ginge verloren.

Zehntens: Spiel-Übungen sind ungezwungen und wie selbstverständlich rhythmisch-musisch zu gestalten. Bei diesen Übungen kann beispielsweise eine Stoffpuppe (als Erziehungsmittel) gute Dienste leisten. Ingeborg Thomae, Mutter eines Sohnes mit Down-Syndrom namens Frieder und Gründerin der ersten Frühberatungsstelle in Bonn im Jahre 1966, teilt mir ihre Erfahrungen mit der Puppe Kasimir mit: Beim Spielen ist Kasimir („er ist unbeschreiblich beweglich, er macht tollste Kunststücke, er ist gelenkig und unverwüstlich") ein „immer zuverlässiger Gefährte. Kasimir macht vor, wie man auf allen Vieren läuft, wie man kriecht, wie man sich ganz klein zusammenkauert und dann wieder riesengroß wird". Kasimir hat keine Angst beim Treppensteigen, und „weil er am Abend müde ist, hält auch Frieder sein Plappermäulchen": Kasimir ist Beispiel, Ansporn und Trost.

6.5 Antwort auf die sich verändernde Kindheit

Mit den bisherigen Ausführungen zum „Spiel ist aller Bildung Anfang" versuchte ich auch auf die sich verändernde Kindheit zu antworten. Es gibt Anzeichen dafür, dass sich Kindheit grundlegend verändert. Im Vergleich zu früher

- können die Kinder weniger soziale Erfahrungen in ihrer Mitwelt machen;
- haben die Kinder keine ausreichende Möglichkeit, ihre Gefühlswelt kontinuierlich zu entwickeln und zu stabilisieren;
- erschließen sich die Kinder ihre Welt weitgehend und gedrängt auf indirektem Weg über Medien;
- sind die Kinder starken Erwartungen durch die Eltern ausgesetzt;
- vollzieht sich die Entwicklung der Kinder in einzelnen Lebensbereichen – oft unbemerkt und kaum wahrnehmbar – wie in einem Sog vorgegebener Bedingungen: programmiert, verplant und gelenkt;
- haben die Kinder weniger Spielraum zum kreativen und fantasiereichen Handeln, bei dem sie eigene Ideen und Wünsche einbringen können.

Viele Kinder haben Angst vor dem Versagen. Sie lernen unter Angst und damit lernen sie die Angst mit. Diese Angst lähmt und hemmt ihre Spielaktivitäten. Sie ziehen sich zurück, verharren auf sicheren Schienen und gehen nicht oder nicht mehr das Wagnis des Spiels ein. Angst kann auch ein Auslöser für ein Gefühl sein, das Kinder bei aggressivem Verhalten, wütendem Schreien und Schimpfen oder ständiger Bewegungsunruhe zeigen. Auf ihre Lebenssituation weisen weitere alarmierende Befunde hin (siehe 2.1 und 2.2). Darauf ist zusammenfassend zu antworten:

Spielpädagogische Grundfähigkeiten

Auf die veränderte Kindheit hat die Erzieherin durch eine entwicklungsbegleitende therapeutische Spielpädagogik zu antworten, um dem Kind eine gesunde seelische

Entwicklung zu ermöglichen. Sie benötigt für ihre Professionalität folgende spielpädagogische Basiskompetenzen:

- *Selbst spielen können:* Nur wenn die Erzieherin selbst spielen kann, kann sie die Kinder zum Spielen einladen, ihnen das Spielen ermöglichen und ihre Spielfähigkeit unterstützen.
- *Eigene Spielbiografie reflektieren:* Die Erzieherin wird sich bemühen, ihre Spielbiografie in der Kindheit zu erkunden. Diese reizvolle Selbstentwicklungsaufgabe kann alleine oder im Team gepflegt werden.
- *Das Kind bei seinem Spielen mit Empathie beobachten und verstehen:* Die Erzieherin wird versuchen, sich in die Situation des spielenden Kindes hineinzuversetzen und seine Entwicklung – möglichst ohne Vorannahme und Vorurteil – zu verstehen und zu deuten.
- *Ein hohes Maß an Empfindsamkeit und innerer Beweglichkeit*: Eine Erzieherin, die ein Kind oder die Gruppe zum Spielen anregen und anleiten möchte, hat ihr Handeln zwischen Nähe und Distanz auszubalancieren. Das gleicht einer schwierigen Gratwanderung, denn viele neigen – oft aus Zeitgründen – dazu, in das Spiel einzugreifen oder es abzubrechen. Dadurch enttäuschen sie die Kinder und sind für sie kein gutes Vorbild.
- *Die Räume mit geeigneten Spielmitteln ausgestalten:* Die Erzieherin wird darauf achten, dass die „vorbereitete Umgebung" (Montessori) den Kindern ein Lernen in Sinnzusammenhängen ermöglicht. Die Anhänge 11.3 (Ratgeber für gutes Spielzeug – „spiel gut") und 11.4 (Gesichtspunkte für die Beurteilung von Spielmaterial) geben hilfreiche Anregungen.

Erzieherinnen, die diese Kompetenzen als Teil ihrer Professionalität verstehen, lassen den Kindern die Freiheit und binden sie gerade dadurch. Diese Kompetenz bezeichnet das russische Ehepaar Boris und Lena Nikitin in ihrem Erziehungsmodell der aufbauenden Spiele als „Kunst des Erziehens", die jeder erlernen kann, sofern er „zufrieden und glücklich ist und sich genügend Mühe gibt" (Nikitin, 1980, S. 52). Für die Nikitins besteht das Geheimnis einer fröhlich gestalteten Spiel-Lern-Situation darin, „dass sich die ganze Umgebung über die Erfolge des Kindes freut" (Nikitin, 1980, S. 54).

6.6 Zusammenfassende Anregungen für die Spielpraxis

Schaffen von Voraussetzungen für das Spiel

- Wahrnehmen und Anerkennen (Bestärken) des individuellen Lernniveaus
- ausreichend Spielraum und geeignetes Spielzeug bereitstellen
- Initiativen des Kindes aufgreifen
- Spiele für Eigeninitiative und Selbsttätigkeit anbieten
- Spieldauer unterstützen und bestärken

Kinder beim Spielen beobachten

- Welche Kinder spielen gerne zusammen?
- Welche Kinder spielen lieber allein?
- Welches Kind sucht ein bestimmtes Kind, um ins Spiel zu kommen?

- Welches Kind benötigt viel Zeit, um sich für ein Spiel zu entscheiden?
- Welches Kind benötigt einen Anstoß, um zu spielen?
- Welche Spielmittel könnten noch bereitgestellt werden?
- Wie könnte man mit dem Material noch anders zum Spielen anregen?

Kinder zum Mitspielen anregen

Die Erzieherin ist im Raum und

- beginnt zu spielen oder zu bauen,
- sucht Materialien oder sortiert Spielzeug,
- setzt sich neben ein Kind und fragt, ob sie mit ihm spielen kann.

Sobald die Kinder selbst zu spielen anfangen und sie nicht mehr benötigt wird, wird sie sich aus dem Spiel zurückziehen, weiter beobachten oder andere Kinder anregen. Sie wird auch prüfen, wie ihre verbalen Äußerungen auf das Kind mit Behinderung wirken.

- Ist die sprachliche Begleitung einfach, eindeutig und klar?
- Spricht sie nicht zu viel?
- Spricht sie nicht zu laut oder zu leise?

Kinder beim Spielen begleiten und leiten

- Kindern bei Freispielen ausreichend Zeit geben
- die Spielideen des Kindes mit Behinderung wahrnehmen, aufgreifen und (auch in der Gruppe) vertiefen
- Kinder, die nicht mitspielen in das Spiel einzubeziehen versuchen
- Kinder, die wenig spielen, zum Spielen ermuntern
- sich nicht ins Spiel drängen
- Kinder beim Spielen beobachten und ihnen bei auftauchenden Fragen Tipps zum Weiterspielen geben
- mit neuen Spielgegenständen Anregungen zum Weiterspielen geben
- wenn nötig, den Verlauf des Spiels behutsam lenken
- das geschaffen Werk würdigen (stehen lassen)
- mit den Kindern Spielräume umgestalten (Tücher, Pappkartons)

Auf dem Lernniveau des Kindes Handlungen (ein-)üben

„Die spielende Aktivität und die soziale Einbettung im Gruppenspiel sind allem direkten Üben und Memorieren, allen Lernprogrammen und Konditionierungsversuchen überlegen, weil sie eben von dort ausgehen, wo das Zentrum der kindlichen Bedürfnisse und Verhaltensweisen liegt“ (Flitner, 2002, S. 125).

Das Kind erlebt das Spiel als Sinnganzes. Es lernt seine Bedürfnisse seinen Kräften anzupassen und übt auf seinem Lernniveau unbeschwert Handlungen ein, mit denen es neue Erfahrungen machen kann. Spiel- und Lernerfolge wecken Neugierde und erhöhen die Bereitschaft zu weiteren Aktivitäten. Körperliche und sinnliche Erfahrungen, sozialen Austausch und sprachliches Begleiten der Spielhandlungen erlebt das Kind als Einheit im Spiel.

Ein Spiel kann belebend, aufregend, beruhigend oder einbeziehend wirken

Es ist darauf zu achten, dass ein

- Konzentrationsspiel durch ein einfaches Nachahmungsspiel, ein lebhaftes Spiel durch ein ruhiges Spiel abgelöst wird;
- Spiel, das ein einzelnes Kind in den Mittelpunkt stellt, durch ein Spiel abgelöst wird, das alle zum Mitmachen einlädt.

Bei Gemeinschaftsspielen ist zu überlegen,

- *wie* einem gehemmten Kind die Möglichkeit angeboten werden kann, dass es
- sich mit seinen Stärken in die Gruppe einbringen kann;
- *wie* ein Kind, das sich isoliert fühlt, in den Mittelpunkt der gemeinsamen Spielaktivitäten gerückt werden kann.

Anregungen für eine Spielstunde bei Festen und Feiern

- *Spiele, die den Anfang bilden:* Polonaise, Schlüsselspiel oder Obstkorb sind Spiele, die die Sitzordnung auflockern, eingefahrene Gruppenbildungen auflösen und alle Kinder aktivieren.
- *Spiele, die nicht alle aktivieren:* (a) Eine Gruppe steht im Mittelpunkt (zum Beispiel Fische fangen). (b) Spiele, die Untergruppen bilden (zum Beispiel Stafetten).
- *Spiele, die Einzelne in den Mittelpunkt stellen* (zum Beispiel Rate- und Suchspiele).
- *Spiele, bei denen alle mitmachen:* Diese Spiele eignen sich auch für den Anfang und Abschluss, weil alle beteiligt werden. Am Anfang sollte es immer sehr lebhaft zugehen, damit Begeisterung geweckt wird (zum Beispiel „Mein Hut, der hat drei Ecken").
- *Spiele, bei denen man nicht weiß, ob man drankommt:* Eigenschaften raten. Bei diesen Spielen wird dem Kind die Entscheidung abgenommen, ob es sich exponieren will. Oft werden dadurch Brücken für die Kommunikation geschlagen.
- *Spiele, die zum Abschluss führen:* In der Regel sollte man mit einem Höhepunkt abschließen, bei dem sich alle beteiligen können.
- *Spiele, die zu vermeiden sind:* Verschiedene Spiele können die Gruppe gefährden oder einen Einzelnen bloßstellen. Meist sind es Blamierspiele, bei denen sich alle auf Kosten eines Einzelnen amüsieren. (Zum Beispiel „Pinguin und Storch": Jedes Kind muss dabei ein Tier darstellen, das die anderen erraten sollen. Ein Kind bekommt die Aufgabe, einen Storch darzustellen. Der Spielleiter verrät dies den anderen Kindern, die dann alle möglichen Tiere raten, nur nicht den Storch, sodass das Kind im Kreis sehr lange zappeln muss). Ähnlich gewagt sind Spiele, bei denen Kinder überraschend mit Wasser überschüttet oder bespritzt werden (Klein, 2012, S. 106; Klein, 2019, S. 222 ff.)

6.7 Spiel ist Nahrung für Gesundheit und für inklusive Prozesse

**„Phantasie ist wichtiger als Wissen,
denn Wissen ist begrenzt.
Phantasie umkreist die Welt."**

(Albert Einstein, 1929, zit. n. Zimpel, 2019, S. 31)

Diese Erkenntnis des bekanntesten Physikers der Neuzeit, trifft besonders für das Kind zu. Das Kind will von Beginn an seine Phantasie und seinen Forschergeist zusammen mit anderen Menschen entwickeln. Wie das gelingt, darauf machen uns aktuelle Befunde der Humanwissenschaften aufmerksam.

Abbildung 28: Tobi – der Cowboy

Im Spiel entwickelt das Kind von Beginn an heilende Kräfte

Im vorgeburtlichen Leben ist das sich entwickelnde Kind noch gänzlich mit seiner Umgebung verwachsen. Daher können traumatisierende Erfahrungen der Mutter während der Schwangerschaft in die Ausbildung des kindlichen Organismus eingreifen. Buchstäblich alles, was die Mutter während dieser Zeit erlebt, wie Stressbelastung, Konflikte mit Partner oder Umfeld, insbesondere auch die existentielle Angst vor möglichem Verlassenwerden, beeinflussen den mütterlichen Stoffwechsel und können im Extremfall mit nachhaltigen Beeinträchtigungen auf das sich entwickelnde Kind wirken.

Nach der Geburt beginnt ein längerer Prozess, in dem das Kind durch phantasiereiches Spiel sein Inneres mit dem Äußeren seiner Umgebung in ein ausgleichendes und harmonisches Verhältnis bringen will. Offenbar liegen im Spiel heilende Kräfte.

In diesem Wechselspiel entwickelt sich das Kind, sofern es eine „Feinfühligkeit von Eltern und ErzieherInnen" erlebt (Staatsinstitut für Frühpädagogik, 2019), die

Abbildung 29

ihm seine Spielerfahrungen ermöglichen. Hier erlebt es: Ich bin nicht allein! Ich habe Menschen, die bleiben bei mir auch dann, wenn es (noch) keine unmittelbare Lösung des Problems gibt oder zu geben scheint. In diesem Miteinander von Kind und Bezugsperson(en) bildet sich ein heilender Resonanzraum aus, in dem panische Angst und/oder schwer nachvollziehbare herausfordernde Verhaltensweisen positiv beeinflusst werden. Durch diese wechselseitigen Resonanzerfahrungen erlebt das einst gefährdete Kind und sein(e) Begleiter, dass diese Momente gemeinsam ausgehalten und erfolgreich überstanden werden (Soldner, 2019, S. 60 ff.). Ein vertiefter Einblick in die Forschung ist geboten.

Spielforscher haben erkannt:

- Im Spiel des Kindes und des Erwachsenen tritt eine Willenskraft hervor.
- Spiel als ureigene Lebensform ist der Wille zum Leben, den jeder Mensch mit seinem Denken in der tiefe seines Herzens pflegen will.
- Durch rhythmische und musische Spiele entstehen Resonanzräume, die auch das scheinbar unerreichbare Kind zum gemeinsamen Weiterschreiten einladen.
- Spiel ist Dialog, in dem sich Menschen begegnen. Das Ich des Einen entwickelt sich am Du des Anderen. So kann in kleinen Lebenseinheiten eine einladende Welt gestaltet werden. Und das Kind baut sich in Kommunikation mit anderen Menschen seinen inneren Bauplan auf, der nach der Reformpädagogin Maria Montessori göttlichen Ursprungs ist (Klein, 2019, S. 151).

Eigencharakter des Spiels

Forschendes Denken beschreibt das Spiel als „Interaktion mit Objekten und Personen auf verschiedenen Umweltebenen, in deren Verlauf personal-soziale, räumlich-materielle sowie temporale Bestandteile der Umweltebenen eine fiktive Bedeutung erhalten und so zur Spielumwelt transformiert werden“ (Heimlich, 2018, S. 80). Heimlich versteht das Spiel als ganzheitliche Tätigkeit, die in die Lebensumwelt eingebettet ist und die Aneignung der Welt ermöglicht. Er weist mit Nachdruck darauf hin, dass Eingriffe in das Spiel des Kindes den Charakter dieser Lebensgrundform zerstören (Heimlich, 2019, S. 21 ff.).

Durch Gestaltung der Spiel-Lernprozesse werden allen Kindern neue Teilhabechancen ermöglicht. Das aus den veranlagten Kräften sich entwickelnde Spiel wirkt wie ein „Feuerwerk für die grauen Zellen im Gehirn“ (Hüther/Quarch, 2018, S. 15). Spiel ist für alle Kinder wie der Humus, wie der Nährboden für nachhaltige individuelle und inklusive Prozesse in der Kita. Darauf machen der Neurobiologe Gerald Hüther und der Philosoph Christoph Quarch aufmerksam.

Jedes Kind spielt aus seinem Frei-Sein sein Spiel

Beide Forscher bestätigen aus biologischer und philosophischer Sicht das bekannte Wort des Dichters Friedrich Schiller das wir im 15. Brief über die ästhetische Erziehung des Menschen finden: „Der Mensch spielt nur, wo er in voller Bedeutung des Wortes Mensch ist, und er ist nur da ganz Mensch, wo er spielt“ (Klein, 2012, S. 80). Der Sinn dieser Aussage gewann an Tiefe, als die Hirnforschung entdeckte, dass

kleine Kinder über viel mehr neuronale Verschaltungen im Gehirn verfügen als Erwachsene. Das erklärt auch, dass kein Kind dem anderen gleicht; nicht einmal eineiige Zwillinge.
Jedes Kind spielt aus seinem Frei-Sein sein eigenes Spiel und baut so seine Welt, seine ganz eigene Welt, sein individuelles Weltbild auf. Grenzt das nicht an ein Wunder, gerade dann, wenn Menschen sich untereinander verstehen, sich letztendlich – auch im Streit – auf bestimmte Tatsachen und Regeln einigen und am Ende diese Unterschiede als Bereicherung erleben und die Würde des Anderen achten lernen? Sie erleben Freiheit in mitmenschlicher Verbundenheit.

Abbildung 30: Miteinander spielen und lernen

Freiheit und Verbundenheit zeichnet das Spiel aus

Spiel richtet sich an ein Du und schafft so Gelegenheit zum Miteinander-Tätigsein, zur Partizipation. Im Spiel erleben und achten sich die Kinder mit und ohne Behinderung als gleichwertige Partner. Sie versuchen aus der Beziehung heraus mit ihren Fähigkeiten, Interessen und Bedürfnissen etwas Gemeinsames zu gestalten. Hier spielen sie miteinander, lernen sich in die Perspektive des anderen hineinzuversetzen und sie können gemeinsam neue Perspektiven entwickeln. Insofern sprechen Hüther und Quarch von „Ko-Kreativität im Spiel", weil eben aus der sozialen Beziehung das gemeinsame Lernen gelingt und etwas Neues entstehen kann (Hüther/Quarch, 2018, S. 12).

Spiel schafft inklusive Momente

Das vom Erwachsenen zu verantwortende Spiel ist besonders geeignet inklusive Momente hervorzubringen, die wir als Kern der Inklusion verstehen. Das eine Kind erlebt, dass das andere Kind nicht über das gleiche Können und Wissen verfügt, wie es selbst. Und genau diese Erfahrung ist für das phantasiereiche und kreativ-forschende Kind ein wichtiges Schlüsselerlebnis, bei dem die aufmerksam beobachtende und fühlende Erzieherin eine entscheidende Rolle spielt (Zimpel, 2019, S. 35).

Den „Spielverderbern" die rote Karte zeigen

Die beiden Forscher Hüther und Quarch versäumen nicht auf „Spielverderber", nämlich auf die Vermarktung und Kommerzialisierung des Spiels aufmerksam zu machen, die den Grundcharakter des Spiels, nämlich seine Freiheit und Gebundenheit, zunehmend beeinträchtigen und das Spiel in seinem Eigencharakter gefährden. Hier wird die Lebensgrundform Spiel als Übungsfeld für das Miteinander

der vielen unterschiedlichen Menschen und damit der Grundgedanke der Inklusion zerstört, den gerade kleine Kinder überhaupt nicht wollen: Kleine Kinder wollen allein und zusammen mit anderen Kindern im Spiel kreativ und phantasievoll ihre eigene Wirklichkeit, ihr eigenen Denken und Handeln entwickeln (Zimpel, 2016).
Im Spiel sieht das Kind Möglichkeitsräume seiner Selbstorganisation und Selbstwirksamkeit. Es will aus eigener Initiative in demokratische Spielregeln hineinwachsen, auch wenn diese zunächst als unüberwindbar erscheinen. Das Spielen als ureigene Lebensform des Kindes hat demokratischen Charakter und überwindet die Herrschaftsform, die Form des machtvollen Regierens und (Be-)Herrschens (Klein, 2018a, S. 59 ff.).

Abbildung 31

Das Kind will durch das Spiel Kontrolle über die äußere Wirklichkeit erlangen, die es ohne Spiel nicht erreicht. Seine Phantasie und Kreativität ermöglichen ihm das Aushandeln des „So-tun-als-Ob, das Vereinbaren des Spielcharakters einer konkreten Handlung" (Heimlich, 2019, S. 21). Sein Spiel ist intrinsisch motiviert, es kommt ganz ursprünglich aus seinem Inneren. Es entsteht aus sich selbst heraus, weckt Freude und Sinn, Neugierde, Wissbegierde und Achtsamkeit. Auf diesem Fundament entfalten die Kinder durch ihr freies Spiel (Freispiel) ihre Persönlichkeit im sozialen Miteinander.
Das kann die Erziehung nicht vorgeben, nicht diktieren. Doch der Einzelne kann durch sein Beispiel die Kinder auf demokratische Spielregeln aufmerksam machen, ihnen Selbstorganisation und Selbstwirksamkeit ermöglichen und sie so zu menschenwürdigen Regeln führen, auf die uns der Reformpädagoge Janusz Korczak aufmerksam macht (Klein, 2018a).

Auch Erwachsene brauchen „Zeit zum freien Spiel“

Um diese Grundtatsache des Lebens in der Grundform Spiel in seinen tieferen Zusammenhängen zu erfahren, brauchen auch Erwachsene Zeit zum Spielen. Sie können beim Begleiten viel falsch machen, wenn sie ohne Hineinversetzen in das einzelne Kind ihre feinfühlende Haltung in die Seele des Kindes vermissen lassen. Deshalb brauchen sie „Zeit zum freien Spiel“ (Zimpel, 2019, S. 36), um sich selbst und das Kind besser zu beobachten und als hilfreiche Vorbilder (Modelle) für die Kinder dazusein und „sich auf das kindliche Erleben einzulassen, die Perspektive des Kindes zu übernehmen und die Welt mit den Augen des Kindes zu betrachten“ (Staatsinstitut für Frühpädagogik, 2019, S. 12).

Das Spiel aufmerksam wahrnehmen

In ihrem ersten Kinderhaus (Case dei Bambini) im Elendsviertel „San Lorenzo“ in Rom, das am 6. Januar 1907 eröffnet wurde, beobachtet Maria Montessori ein etwa dreijähriges Mädchen, das in einem Zustand tiefer Konzentration die forschenden Spielübungen mit einem Zylinderblock über vierzigmal wiederholte, ohne sich auch nur im Geringsten von seiner Umgebung ablenken zu lassen.

Montessori beschreibt das Phänomen folgendermaßen: *„Der Ausdruck des Mädchens zeugte von so intensiver Aufmerksamkeit, dass er für mich eine außerordentliche Offenbarung war. Die Kinder hatten bisher noch nicht eine solche auf einen Gegenstand fixierte Aufmerksamkeit gezeigt. Und da ich von der charakteristischen Unstetigkeit der Aufmerksamkeit des kleinen Kindes überzeugt war, die rastlos von einem Ding zum andern wandert, wurde ich noch empfindlicher für dieses Phänomen. Ich hatte 44 Übungen gezählt; und als es endlich aufhörte, tat es dies unabhängig von den Anreizen der Umgebung, die es hätten stören können; und das Mädchen schaute zufrieden um sich, als erwachte es aus einem erholsamen Schlaf“* (zit. n. Klein, 2019, S. 155).

Abbildung 32: Ein bisschen Ruhe tut auch gut

Montessoris aufmerksame und feinfühlige Beobachtung lehrt: Das Kind versenkt sich mit höchster Konzentration in sein forschendes Spielhandeln bei gleichzeitiger Loslösung von der Umgebung. Diese „Polarisation der Aufmerksamkeit", die als Montessori-Phänomen in die Geschichte einging und der zentrale Begriff der Reformpädagogik ist, kann nicht von außen hergestellt werden, sondern ergibt sich aus der inneren Disposition des Kindes und der Anregung durch den Gegenstand, den sich das Kind durch seine veranlagte Willenskraft aneignen will (Klein 2019, S. 154 f.). Es kommt auf die Qualität des Beobachtens der Lebensgrundform Spiel an.

Auf das Beobachten kommt es an
Bei der Spielerziehung ist ein aufmerksames und fühlendes Beobachten geboten, denn Eingriffe können schnell zum Ende des schöpferischen Gestaltungsprozesses des kleinen Forschers führen. Die beobachteten Verhaltensweisen, Gewohnheiten, Leistungen und Schwächen, Fehler und Misserfolge in den verschiedenen Situationen sind so einfach wie nur möglich zu beschreiben, im Team immer wieder zu besprechen und kritisch zu hinterfragen, um dadurch Verzerrungen und Einseitigkeiten beim Deuten (Interpretieren, Urteilen) von Spielsituationen zu begegnen. Hilfreich können Videoaufnahmen sein, die gemeinsam analysiert werden.
Ebenso sollten Spielthemen und Spielregeln im Spieltagebuch und in Spielprotokollen über mehrere Wochen oder gar Monate mit Datum und Ort festgehalten werden, um sich dadurch noch besser in die Kinder hineindenken zu können und sich so vertrauter mit der kindlichen Spielwelt zu machen. Mimische, gestische und sprachliche Äußerungen des einzelnen Kindes und ebenso auch die einbezogenen Spielmittel und Spielräume sind zu beachten und für Teamberatungen zu dokumentieren (Krenz, 2020a).

6.8 Fazit

- Freies selbstgestaltetes Spiel ist das Gebot der Stunde, um die Volkskrankheit heute, nämlich den Stress durch Überforderung und damit das Burn-out-Syndrom oder den Stress durch Unterforderung (Bore-out) von vorherein in die Schranken zu weisen.
- Spiel ist eine ganz ursprüngliche Gestaltungsform des Lebenswillens von Anfang an. Das Kind bildet durch freies Spiel sein Nervensystem, seine Hirnreifung und damit seine geistig-seelisch-körperlichen Entwicklung. Bei diesem Entwicklungsprozess kann es traumatische Erlebnisse freispielen, wandeln und überwinden.
- Notwendig ist ein feinfühlender Spielbegleiter, der sich in das Kind soweit wie möglich hineinversetzen kann und mit ihm wie in einem Resonanzraum kommuniziert und kooperiert. Dieser Begleiter ist ein gebildeter Mensch, denn er sieht sich, den anderen Menschen und den ihm umgebenden Lernraum vom Standpunkt des spielenden Kindes und gestaltet Möglichkeitsräume für seine Selbstorganisation und Selbstwirksamkeit und damit für die Demokratie als Lebensform.

- Im phantasiereichen und kreativ-forschenden Spiel sammeln die Kinder wichtige Erfahrungen. Sie lernen Emotionen wie Freude, Wut, Stolz und auch Enttäuschungen zu inszenieren und zu kontrollieren. Und sie lernen in ihrer ureigenen Lebensgrundform ihre Welt zusammen mit anderen zu gestalten, loten Grenzen ihres Könnens, ihres Denkens und Fühlens aus und werden selbstbewusster. Dadurch stellen sie grundlegende Weichen für die Gestaltung ihres späteren Lebens.
- Die wohl entscheidende Wirkung des Spiels besteht darin, dass Erwachsene und Kinder lernen, andere Menschen und sich selbst besser einzuschätzen und zu verstehen. Hier „durchspielen" sie ihre eigenen möglichen Entwicklungen.
- Kinder und Erwachsene lernen ihr Leben wie ein Spiel zu gestalten und erhalten zudem ein Geschenk: Sie lernen im Spielen „viel schneller und leichter" (Zimpel, 2019, S. 35).

7. Rhythmik ist aller Bildung Anfang

7.1 Entwicklung – ein breites Spektrum

Einerseits

Jeder Mensch verfügt von Geburt an über genetische Strukturen. Das Kind ist von Beginn seines Lebens an fähig, sich die Welt aus eigener Kraft mit allen Sinnen anzueignen. Schon das neugeborene Kind lässt sich durch Hören des mütterlichen Herzschlags, durch Aufnehmen und Wiegen beruhigen und kann im Sprechfluss rhythmische und klangliche Merkmale, z. B. Silbenstrukturen oder Betonungsmuster unterscheiden (Klein, 2019, S. 262). Beim Äußern von Lauten, beim Sprechen und Singen bildet sich die Mund- und Feinmotorik aus und gleichzeitig wird der Gebrauch der Stimmbänder, der Stimme und des Atems geübt.
Auch die Höhe und Stärke von Tönen werden emotional wahrgenommen und als musikalische Sinneinheiten erlebt. Später entstehen beim Spielen eines Instruments selbst erfundene Rhythmen, Klänge und Melodien. Gleichzeitig wird eine positive Stimmung ausgelöst, die Angst überwindet – dies umso mehr, je stärker gute Erfahrungen mit anderen Menschen kommuniziert werden. Entgegen vieler Meinungen und Vorurteile ist bei Kindern mit Behinderung diese leiblich-emotionale Basis nicht gestört.
Entscheidend für die frühe Entwicklung der Kinder ist die Qualität der Beziehungsgestaltung zwischen ihnen und ihrer Umwelt. Kinder, die in einem einladenden Beziehungsraum situationsorientiert begleitet werden, bilden ihre eigenen Potenziale aus. Sie wachsen an ihren Aufgaben und erfahren inneren Halt durch rhythmische Strukturen, die sie motivieren, selbst wirksam zu werden.

Andererseits

Die amerikanische Psychologin und Ergotherapeutin Jean Ayres beobachtete bei Kindern mit Entwicklungsproblemen Störungen der Sinneswahrnehmung (sensorische Integrationsstörungen): Diese Kinder können ihre Wahrnehmungen nicht ordnen und bringen nichts zu Ende, da es zu viele Dinge gibt, die sie verwirren, ablenken, übererregen oder gar aus der Fassung bringen. Sie benötigen eine Hilfe zur besseren Selbstintegration, damit sie die verschiedenen Sinneseindrücke in ihrem Körper und Gehirn ordnen und verarbeiten können.
Bei dem von Jean Ayres ausgearbeiteten und durch neuropädiatrische Forschungen weiterentwickelten Konzept der sensorischen Integrationstherapie geht es um ein Ordnen und Zusammenführen der verschiedenen Sinneswahrnehmungen zu einem ganzheitlichen Erleben und Gestalten. Die Therapie strebt an, dass Körper und Bewegen, Denken und Handeln, Fühlen und Wollen in ein rhythmisches Gleichgewicht kommen.
Bedeutsam ist die These von Jean Ayres, dass schon durch einen Klang oder Ton von den Milliarden Neuronen des Nervensystems bis zu einer Million aktiviert werden: Aufmerksamkeit und Interesse ebenso wie Vorstellungen und Gedanken, Empfindungen und Gefühle – „alles im gleichen Moment" (Ayres, 2016, S. 38). Die sensori-

sche Integrationstherapie ist dann besonders erfolgreich, wenn das Kind von sich aus eine Tätigkeit einleitet, wenn es also selbst etwas bewirken kann.
Diese Selbstwirksamkeitstheorie trifft auch für Kinder zu, die hyperaktiv sind und häufig als „Kinder mit hyperkinetischen Störungen“ bezeichnet werden: Die Kinder sind leicht ermüdbar und emotional vermindert belastbar. Sie können in der Regel

- ihre Aktivität nicht selbst in die Hand nehmen und zu Ende führen,
- ihre Zeit nicht einteilen, sich schlecht in die Gruppe einordnen und oft wie geistesabwesend wirken,
- ihre motorische Unruhe (Bewegungsunruhe) nicht kontrollieren und sich nicht entspannen,
- häufig unüberlegte Handlungen ausführen und zu Wutausbrüchen neigen und
- in ihren Stimmungen rasch wechseln.

Die beiden gegenübergestellten Beobachtungen zur frühen Entwicklung – einerseits bei Kindern mit normaler Entwicklung und andererseits bei Kindern mit auffälliger Entwicklung – fordern zur Beachtung des Rhythmus und des rhythmisch-musikalischen Prinzips in der Erziehung heraus.

7.2 Rhythmus ist im Leiblichen verankert und setzt Entwicklungsprozesse frei

Rhythmus ist schon im vorgeburtlichen Leben bedeutsam. Rhythmik und Musik erreichen den Menschen auch dort, wo keine andere Kommunikation möglich ist. Rhythmische Klänge erzeugen inneres Mitschwingen, wirken auf hormonelle und neurophysiologische Funktionen und setzen Entwicklungsprozesse frei. Erfahrungen von Musik- und Sprachtherapeuten weisen auf eine frühe Fähigkeit zur Lautperzeption hin, bei der tiefere Frequenzen über den Magen, höhere über Kopf, Hals und Brust wahrgenommen werden. Der Kontaktvibrationssinn, ein Wahrnehmen von Schwingungen durch Berühren eines Resonanzkörpers, ist physiologisch durch auf Druck reagierende Sinnesrezeptoren in Muskeln, Gelenken, Bändern und Sehnen zu erklären (Neuhäuser/Klein, 2019, S. 129 f.).

Wie Rhythmus verstanden werden kann

Bei allen wissenschaftlichen Versuchen, den Rhythmus zu beschreiben, finden wir den Hinweis auf körperliche Funktionen und ihre Wechselwirkungen mit der personalen Mitwelt und gegenständlichen Umwelt. Rhythmus kann verstanden werden als Bewusstmachen der Leiblichkeit. Rhythmus drückt sich in Bewegungsformen mit individuellen Strukturen aus. In diesen Bewegungsformen kann sich jeder Mensch mit Hilfe des Rhythmus in Einklang mit seiner Mit- und Umwelt bringen.
Rhythmus kann als Vorgang des Weckens und Entfaltens, des inneren und äußeren Ordnens verstanden werden. Er wirkt auf den Menschen als bio-psycho-soziale Ganzheit ein und ermöglicht ein Wechselspiel zwischen Empfangen und Geben, Wahrnehmen (Empfinden) und Handeln (Sich-Ausdrücken). Rhythmus ist die Basis für Kommunikation und Interaktion.

Rhythmus – Fundament des Lebens und Lernens

Schon in der Antike ging man davon aus, dass das Leben rhythmischer Natur ist. Nach dem griechischen Philosophen Heraklit (um 500 v. Chr.) existiert in der Natur ein Grundprinzip des Lebens: alles fließt (griechisch: panta rhei). Aus dem Fließen oder Rhythmischen entsteht die Urkraft des Lebendigen.

Das rhythmische Phänomen begegnet uns überall in der Natur. Ohne Rhythmus ist das Leben nicht denkbar. Die Rhythmusforschung (Chronobiologie) achtet vor allem auf die Zeitstruktur von Lebensvorgängen: Überall da, wo es um Leben in der Natur geht, treten Rhythmen auf. Der Rhythmus wirkt als Kraft in allen Lebensvorgängen. Alle biologischen Funktionen verlaufen in einer periodischen rhythmischen Struktur. Die Dauer einer Periode umfasst ein breites Spektrum von Millisekunden bis zu Jahren.

Beim Menschen werden langsame, umweltbezogene Rhythmen (Tag-Nacht- Rhythmus, Wochen-, Monats- und Jahresrhythmus) und schnelle, autonome Rhythmen (Herzrhythmus, Atemrhythmus, Rhythmen im Bereich von Puls, Nervensystem und Sinnesorganen sowie Rhythmen der Stoffwechselorgane) unterschieden. Die wahrnehmbaren Rhythmen beginnen schon vor der Geburt und haben eine unverwechselbare individuelle Struktur und Wirkung.

Schon der Mensch im Mutterleib erlebt den Herzschlag der Mutter und die Intervalle ihres Atems. Dieses rhythmische Geschehen wird nicht nur auditiv wahrgenommen, sondern auch kinästhetisch (= auf die Muskelempfindung bezogen, bewegungsempfindlich) und kutan (= zur Haut gehörend, die Haut betreffend).

Schon in der pränatalen Lebensphase bilden sich individuelle Lebensrhythmen aus. Bereits bei den ersten reflektorischen Aktivitäten des Neugeborenen spielt die rhythmische Struktur eine große Rolle (Piaget, 2009): Aus rhythmischen Gesamtbewegungen gehen die ersten sensomotorischen Schemata hervor. Es entwickeln sich weitere Schemata durch aktive Organisation früherer Erfahrungen: Die Bewegungen der Hände werden mit dem Sehen koordiniert und es bilden sich in Wechselwirkung mit der Umwelt erste stabile Gewohnheiten aus. Die sensomotorischen Schemata und ersten Gewohnheiten von Neugeborenen entwickeln sich rasch weiter. Handlungsstrukturen gehen aus den bereits vorhandenen hervor und differenzieren sich weiter aus.

Die Psychologie zur frühen Kindheit weist eindringlich darauf hin, dass jedes Kind einen rhythmisch strukturierten Tagesablauf und stabile Gewohnheiten für seine Entwicklung benötigt. Zwischen Rhythmen und Gewohnheiten besteht ein enger Wechselbezug: Rhythmen führen zu Gewohnheiten und Gewohnheiten stabilisieren die Rhythmen.

Ein Kind mit Entwicklungsproblemen verlangt besondere Aufmerksamkeit: Es braucht ganz stabile Gewohnheiten, die ihm Lebenssicherheit, Zuversicht und Vertrauen geben. Wenn es weiß, was nun bald folgen wird, fühlt es sich sicher und zufrieden. Es bewegt sich nach seinem individuellen Rhythmus. Dadurch kann es seine gestörte sensorische Integration und sein emotional gestörtes Verhalten durch rhythmisch-musikalische Strukturen ordnen und soweit wie möglich normalisieren (Klein, 2019, S. 148 f., S. 174 ff.).

7.3 Rhythmus und Erziehung

7.3.1 Rhythmus – Urkraft des Lebendigen

In lebensphilosophischen und reformpädagogischen Betrachtungen über Rhythmus und Ästhetik, Gymnastik und Tanz wollte man zurück zu Urkräften und Urquellen des Seins. Einige Grundsätze der „Rhythmischen Gymnastik“ des Genfer Musikpädagoge Émile Jaques-Dalcroze sind noch heute beachtenswert:

- Jeder Rhythmus ist Bewegung.
- Jede Bewegung braucht Raum und Zeit.
- Rhythmus bringt Ordnung in die Bewegungen und in die Wahrnehmung.
- Durch Bewegungs- und Wahrnehmungserfahrungen bildet sich das Bewusstsein.
- Der Geist des Menschen ist von den ersten Anfängen an zum Rhythmus zu erziehen (Klein, 2003 und 2012, S. 109 ff.).

Ein Rhythmik-Konzept entsteht

1938 erschien von Elfriede Feudel das Werk „Rhythmisch-musikalische Erziehung“ (Neuauflage 1996). Die Rhythmik-Pädagogin fügte den in der Musik bisher vorherrschenden Elementen Zeit und Kraft die Elemente Raum und Form hinzu. Sie sprach von der Beziehung zwischen Musik, Geist und Körper durch das Prinzip Rhythmus. In ihrem zweiten Werk „Durchbruch zum Rhythmischen in der Erziehung“ (1949; Neuauflage 1965) zeigte Feudel auf, wie der Mensch durch freie rhythmische Bewegungen seine körperlich-seelisch-geistige Einheit finden kann.

Folgerungen für die Praxis

Es wäre gegen die rhythmisch-periodische Struktur des Kindes gehandelt, wollte man es eine Stunde nur kognitiv oder nur sprachlich oder nur bewegungsmäßig ansprechen. Wird hingegen bei der Erziehung der individuelle Rhythmus beachtet, dann erweitert und festigt das Kind seine zeitliche und räumliche Orientierung. Der Rhythmus gliedert Ereignisse in Zeit, Raum und Form.
Kehren für das Kind bestimmte Ereignisse und Tätigkeiten zu bestimmten Zeiten und in bestimmten Räumen und Gestaltungsformen wieder, dann kann es feste Gewohnheiten entwickeln, die ihm Sicherheit geben. Untersuchungen bestätigen, dass wiederkehrende periodische Zeitstrukturen beim Menschen körperlich-seelisch- geistige Selbstheilungskräfte wecken (Glöckler/Grah-Wittich, 2018).
Schon diese Erkenntnisse der Chronobiologie weisen auf die fundamentale Bedeutung des Rhythmischen für das sich entwickelnde Kind hin. Das rhythmische Prinzip ist als Sinnprinzip des Lebens, des Übens, Spielens und Lernen zu beachten. Es strukturiert die Tages-, Wochen-, Monats- und Jahresgestaltung und erleichtert das Lernen. Von besonderem Interesse ist die rhythmische Gestaltung der zeitlichen Abläufe, die Strukturierung des Übens und Lernens (Klein, 2020b, S. 12).

Rhythmische Erziehung statt Intellektualisierung

Auf die instabile Gesundheit vieler Kinder wird mit zahlreichen Bewegungs- und Körpertherapien geantwortet, die auf Beziehungen zwischen

- Körper (Körperbewegungen),
- Geist (geistige Strukturen) und
- Seele (künstlerische und bildnerische Bildungsinhalte)

achten.

Darauf weisen die Heilpädagogik von Paul Moor und die von Rudolf Steiner begründete Waldorfpädagogik nachdrücklich hin. Nach ihren Erkenntnissen benötigt jedes Kind ein „achtsames Begleiten“ (Gutknecht/Haug-Schabel 2019), eine feinfühlende situationsorientierte Hilfe, die sich an seinem Resonanzbedürfnis orientiert – und nicht Förderprogrammen folgt.

7.3.2 Rhythmische Erziehung bei Paul Moor und Rudolf Steiner

Paul Moor

Der Schweizer Heilpädagoge Paul Moor widmet in seinem Grundlagenwerk der „rhythmischen Erziehung“ ein eigenes Kapitel. Er versteht den Rhythmus als Ausdruck des Menschlichen überhaupt, der Leibes- und Gemütsbewegung. Rhythmisches Erziehen betrachtet er als einen wesentlichen Teil der musischen und ästhetischen Bildung. „Rhythmus ist die kennzeichnende Eigenschaft eines leiblichen Bewegungsablaufs, in welchem eine Gemütsbewegung unmittelbaren, von keinem Wollen oder Begehren getrübten Ausdruck findet“ (Moor, 1999, S. 152).

Die rhythmische Erziehung ermöglicht dem Kind

- das Musische und Ästhetische in seinem leiblichen Sein wahrzunehmen, zu empfangen und zu erleben;
- sich unmittelbar in Bewegungen, in individualisierten Bewegungsgestalten auszudrücken;
- sich in den Bewegungen des Leibes innerlich zu lösen, zu entspannen und sich wohlzufühlen.

Die rhythmisch-musische Erziehung spricht besonders das Gefühl an. Kinder werden dazu motiviert, sich aufmerksam im Wechsel von Spontaneität und Rezeptivität zu bewegen. Rhythmus lässt Geborgenheit und Freude, Erkenntnis und Staunen erleben. „Je tiefer und reicher der empfangene Gehalt ist, desto mehr bestimmt er den Rhythmus des Gestimmtseins des ganzen Tuns und Lassens, so dass er zum tragenden Lebensrhythmus wird“ (Moor, 1999, S. 159).

Rudolf Steiner

Nach Steiners Erkenntnistheorie und Menschenkunde ist das Leben eines Menschen Ausdruck des Guten in der Welt. Es ging ihm in der waldorfpädagogischen Erziehungskunst um eine bewusst und menschengerecht gestaltete Erziehung von Anfang an. Die Erzieherin taucht in ein Denken ein, das sie durch schöpferisches (künstlerisches) Gestalten zu verantworten hat (Klein, 2020b).

Nach Steiner lebt das Kind von Beginn an im Rhythmus von Wachen und Schlafen, Einatmen und Ausatmen, Erleben und Gestalten, Aufnehmen und Ausführen. Der klangvolle musikalische Rhythmus in Liedern und in Bewegungen hat eine organbildende Kraft. Rhythmus und Bewegung sensibilisieren und aktivieren die Sinne, insbesondere den Bewegungs- und Gleichgewichtssinn und damit das schöpferische und ordnende Denken. Indem das Kind sich unmittelbar im Rhythmus erlebt, kann es sein Denken, Fühlen und Wollen und damit sein bewusstes Ich entwickeln. Im Prozess der rhythmischen Bewegung verinnerlicht das Kind die Welt, gestaltet es seine individuelle Entwicklung und bringt sich zusammen mit anderen in die gemeinsame Welt ein.

Aspekte der waldorfpädagogischen Bewegungskunst (Eurythmie)
Steiner begründet die Eurythmie als besondere Form des Bewegungsausdrucks. Im Bild der Waage zeige sich das Wesen des Rhythmischen, im Hin- und Herbewegen zwischen den Polen werde Gleichgewicht gesucht. Ist der Mensch nicht (mehr) fähig aus der Herzmitte heraus zu schwingen, dann kann er körperlich und seelisch beeinträchtigt werden. Aufgabe der Erziehung ist das Streben nach Gleichgewicht und Ausgleich, das Suchen nach Verbindendem und Zusammengehörendem.
Dass es um einen harmonischen Rhythmus (Gleichmaß in der Bewegung) geht, soll die Silbe ***eu*** (altgriechisch für „gut“ oder „richtig“) ausdrücken. In *eu*rythmischen Bewegungen kann der Mensch als Mikrokosmos schöpferisch und künstlerisch den Makrokosmos sichtbar werden lassen. Der makrokosmische Rhythmus des Jahres- und Tageslaufs offenbart sich beim Menschen im Puls und Atem.
*Eu*rythmie ermöglicht jedem Menschen aus dem Arhythmischen und Hektischen in Einklang mit den kosmischen Rhythmen zu kommen und ins Ausgleichende zu finden: Aus dem Gleichgewicht geraten, hat er ein Bedürfnis nach Ausgleich, *eu*rythmisch ins innere und äußere Gleichgewicht zu kommen.
Bei der durchgehend rhythmisiert gestalteten waldorfpädagogischen Kita-Praxis werden folgende Inhalte und Ziele angestrebt:
— (Aus-)Bilden der Fantasie und des kreativen Denkens.
— Üben der Sinne, besonders des Hörsinns und Bewegungssinns.
— Koordinieren der groß- und feinmotorischen Bewegungen.
— Übungen der Körpergeschicklichkeit.
— Bewegungen harmonisieren durch Musik und Sprachrhythmen.
— Soziale Kräfte entwickeln und diese in den Bewegungen des Anderen und der Gemeinschaft erleben (Klein, 2020b, S. 5).

Rhythmische Gestaltung im Waldorfkindergarten
Gabriele Scholz, langjährige Leiterin des integrativen Kindergartens der Camphill-Schulgemeinschaft Föhrenbühl (am Bodensee), legt bei der inklusiven Arbeit besonderen Wert auf die Gestaltung des Lebensumfeldes „Kita“. Dabei spielen die zeitlich gegliederten, sich wiederholenden Abläufe im Tages-, Wochen- und Jahreslauf eine wesentliche Rolle:
„Beim rhythmisch gegliederten Tagesablauf (bei dem Phasen der Bewegung und Phasen der Zuwendung sich mit solchen der Ruhe abwechseln und aufeinander abgestimmt sind) bilden sich aus dem unmittelbaren tagtäglichen Erleben und Gestalten nach und nach individuelle Gewohnheiten aus, die Teil der kindlichen Persönlichkeit werden. Der Alltag in der Kita bietet zahllose Möglichkeiten zum Spielen, Einüben und Nachahmen verschiedener kleiner und großer Gewohnheiten, die als Grundlage für weitere Erfahrungen und Gewohnheiten, für Gedächtnis, Konzentrationsfähigkeit, Durchhaltevermögen, Verbindlichkeit und Verantwortlichkeit dienen. Wie tief die

Gewohnheiten in der Persönlichkeit verankert sein können, kann man besonders dann sehen, wenn mit aller Kraft – beim Kind und vor allem beim Erwachsenen – versucht wird, die eine oder andere unangenehme Gewohnheit wieder loszuwerden. Bei der rhythmischen Gestaltung des Alltags (vom Morgenkreis bis zum Zubereiten des Frühstücks) kann die Erzieherin leicht in Routine verfallen. Wenn die Gestaltung nicht innerlich mit immer derselben Freude ausgeübt wird, als wäre es eine eben neu geschaffene, dann erlischt der Quell zur Freude auch fürs Kind und die positiven Auswirkungen treten nicht ein, sondern es entsteht innere Leere und Lustlosigkeit" (Scholz, 1999, S. 12).
Durch die wiederkehrende rhythmische Gestaltung bilden sich stabile Gewohnheiten und Verhaltensweisen aus, die in der Regel „erzieherische Maßnahmen" nicht (mehr) erforderlich machen. Die Erfahrungen führten Gabriele Scholz zu vier Fragen, die für das Planen, Gestalten und Beurteilen der inklusiven Arbeit bedeutsam sind:

- Was sind immer wiederkehrende und sich wiederholende Erlebnisse?
- Was sind besondere, sich wiederholende Wochenereignisse?
- Was sind besondere einmalige, aber planbare Ereignisse?
- Was ändert sich dem Inhalt nach, bleibt aber als Prinzip erhalten? (Klein, 2019, S. 179)

7.4 Rhythmische Gestaltung in der inklusiven Kita

Rhythmik – eine grundlegende Interaktionsform
Heute wird Rhythmik als Interaktionsform mit

- Musik,
- Bewegung,
- Sprache und
- Materialien

verstanden, die alle Sinne anspricht und die Persönlichkeitsentwicklung, die Aufmerksamkeit, Kreativität, Fantasie und das Sozialverhalten der Kinder fördert (Hirler, 2019, 2020).
Agnes Modrow-Artus hat diese Gedanken in ihrem Werk „Bewegung, Rhythmik und Tanz. Kreative Bausteine für die Kita-Praxis" (2009) an nachahmenswerten Beispielen dargestellt. Ihre Themenfelder zur Bewegung, Rhythmik und zum Tanz im Verlauf des Kita-Jahres (Modrow-Artus, 2009, S. 27 ff.) sind vor allem auch für Kinder mit hyperkinetischen Auffälligkeiten hilfreich.

Beispiel
Zu Beginn des neuen Kita-Jahres hat sich die Gruppe verändert. Für die neu hinzugekommenen Kinder sind die anderen Kinder, die neuen Räume, Zeiten und Regeln noch ungewohnt. Um sich in die Gruppe hineinzufinden und sich in ihr wohlzufühlen, brauchen sie besondere Aufmerksamkeit und Unterstützung.
Die Kinder sitzen im Kreis. Es werden ihnen Bewegungsangebote mit Bällen, mit Kuscheltieren oder mit Kissen gemacht. „Kinder mögen diese Materialien. Sie helfen

ihnen, sich wohl zu fühlen, und unterstützen sie darin, sich auf fremde Situationen einzulassen und Vertrauen zu entwickeln" (Modrow-Artus, 2009, S. 29).
Mit diesen und anderen Gegenständen können Kinder üben und spielend lernen:

- *Wahrnehmungsspiele:* Gegenstände ertasten und erraten; nach einem Glocken- oder Musiksignal das andere Kind die Gegenstände ertasten oder erraten lassen.
- *Kommunikationsspiele:* Kontaktaufnahme mit einem Plüschball; einen Glockenball zum Partner rollen und sein Geräusch hören.
- *Identifikationsspiele:* Mein Kuscheltier bewegt sich gern am Rücken; das Kind bewegt sich mit seinem Lieblingstier in seinem individuellen Rhythmus frei im Raum.

Rhythmisch-musikalische Spiele und Übungen

Bewegungs- und Sprachgestaltung

- Die rhythmisch-musikalische Gestaltung ist eine ganzheitliche Arbeitsweise, die über Musik, Bewegung und Sprache auf den ganzen Menschen (Körper, Seele, Geist) wirkt, bei ihm Entwicklungsprozesse aktiviert und zur Verbesserung der gesamten Motorik, des sprachlichen und musikalischen Ausdrucks und zum bewussteren Wahrnehmen der eigenen Person sowie der Mit- und Umwelt führt.
- Diese Übung kann beim Übergang von einer Phase in eine andere, beim Wechsel der Tätigkeiten oder am Beginn und am Ende eines Kita-Tags zum Sammeln und Konzentrieren gute Dienste leisten.
- Die rhythmischen Spiele und Übungen werden von den Kindern ganz individuell gelöst. Das Resultat kann die Erzieherin in der Stimmung der Kinder, in ihrer emotionalen Befindlichkeit, Ausgeglichenheit und Ruhe (Konzentration) sowie in ihren spontanen Bewegungen und Improvisationen wahrnehmen.

Bei diesen Aktivitäten bilden Bewegung und Wahrnehmung eine Einheit, die als Kreisprozess beschrieben werden können: Wahrnehmen und Bewegen (Handeln) wirken aufeinander ein, verändern sich wechselseitig und beeinflussen die gesamte Entwicklung. So fördern zum Beispiel feinmotorische Bewegungs- und Wahrnehmungsspiele (Fingerspiele) besonders die Sprachentwicklung auch deshalb, weil das Bewegungs- und Sprachzentrum im Gehirn nahe beieinanderliegen. Bei diesen Spiel-Übungen – wie Klatschen, Gehen, Hüpfen, Stampfen oder Lautieren – kann der ganze Körper mit einbezogen werden.

Liedspiele und sensomotorische Spiele

Ebenso wird bei den Liedspielen wie „Meine Hände haben Finger" und bei sensomotorischen Wahrnehmungs- und Bewegungsspielen der ganze Körper einbezogen:

- Mit geschlossenen Augen Material taktil, kinästhetisch und akustisch wahrnehmen (spüren, fühlen, hören).
- Wahrnehmungen (akustische, kinästhetische, taktile, visuelle) setzen die Kinder in individuelle Bewegungen um und machen dadurch das Wahrgenommene hör-, spür- und sichtbar.

Rhythmische Sprachgestaltung
Die rhythmische Sprachgestaltung geht von folgenden Arten des Fortbewegens aus:

- Gehen
- Schreiten
- Laufen
- Hüpfen
- Galoppieren

Hirler und Penz zeigen aus ihrer erprobten Praxis, wie der charakteristische Bewegungsrhythmus dieser fünf Bewegungsarten über Reime, Lieder und Instrumente vermittelt und angeeignet werden kann. Im Folgenden werden Basisübungen aus ihrem Werk „Rhythmikspiele“ (1995, S. 18–21) vorgestellt:

- Rhythmische Sprachgestaltung **„Gehen“**:
  Die charakteristische Sprechweise des Gehens ist munter und fröhlich.
  Rhythmische Gestaltungsübungen: Den Reim sprechen und gleichzeitig mit Klanginstrumenten (Handtrommel, Klanghölzer oder Triangel) begleiten.
- Rhythmische Sprachgestaltung **„Schreiten“:**
  Die charakteristische Sprechweise des Schreitens ist langsam und getragen.
  Rhythmische Gestaltungsübungen: Den Reim sprechen und gleichzeitig mit Klanginstrumenten begleiten.
- Rhythmische Sprachgestaltung **„Laufen“:**
  Die charakteristische Sprechweise des Laufens ist lebendig.
  Rhythmische Gestaltungsübungen: Den Reim sprechen und gleichzeitig mit Klanginstrumenten begleiten.
- Rhythmische Sprachgestaltung **„Hüpfen“:**
  Die charakteristische Sprechweise des Hüpfens ist fröhlich und lebendig.
  Rhythmische Gestaltungsübungen: Den Reim sprechen und gleichzeitig mit Klanginstrumenten begleiten.
- Rhythmische Sprachgestaltung **„Galoppieren“:**
  Die charakteristische Sprachgestaltung des Galoppierens ist leicht und rasch.
  Rhythmische Gestaltungsübungen: Den Reim sprechen und gleichzeitig mit Klanginstrumenten begleiten.

Der Einsatz eines Klanginstruments kann beim Kind individuelle Bewegungen (Handlungen) hervorrufen, anregen, beeinflussen, Impulse zur Veränderung geben, beruhigend und harmonisierend wirken und ihm Halt in stabilen Bewegungs- und Handlungsstrukturen geben.

Struktur einer rhythmischen Übungseinheit
Beim Planen einer rhythmischen Übungseinheit (Übungssequenz, Rhythmik-Stunde) ist auf einen ausgewogenen Wechsel von

- Ruhe- und Bewegungsphasen,
- Übungen und Spielen am Platz und im Raum,
- Bewegungen der Feinmotorik und der Grobmotorik

zu achten.

Die rhythmische Übungseinheit weist drei Phasen auf:

- Phase des Einstimmens (Liedspiel, Einstimmungsspiel)
- Phase der Übung (sensomotorisches Wahrnehmungs- und Bewegungsspiel, rhythmische Sprachgestaltung)
- Phase des Ausklingens (Fingerspiel-Übungen, Verabschiedung durch Handpuppen)

Das Üben im Rhythmus bereitet aus sich heraus Freude

Bei den Übungen handelt es sich um einen Vorgang, der ganz und gar von innen her bestimmt ist. Der Vorgang der Übung entfaltet sich im individuellen Rhythmus, der sich nicht von außen aufzwingen oder reglementieren lässt. Bei diesem „Geist des Übens“ (Bollnow, 1987) bereitet das Üben aus sich heraus Freude. Die Freude wird nicht wegen eines zu erzielenden Nutzens erzeugt: Das Kind bringt durch Üben und Spielen seine spontanen schöpferischen Kräfte ins Spiel. Es setzt seine Kräfte im Rhythmus in Bewegung.

7.5 Fazit

- Die Erzieherin würde gegen die rhythmisch-periodische Struktur des Kindes handeln, wenn sie es eine Stunde nur kognitiv oder nur sprachlich oder nur bewegungsmäßig anspricht.
- Wird bei der Erziehung der individuelle Rhythmus des Kindes beachtet, dann erweitert und festigt es seine zeitliche und räumliche Orientierung.
- Der Rhythmus gliedert Ereignisse in Zeit und Raum. Kehren für das Kind bestimmte Ereignisse und Tätigkeiten zu bestimmten Zeiten und in bestimmten Räumen wieder, dann kann es feste Gewohnheiten entwickeln, die ihm Sicherheit geben.
- Das rhythmische Prinzip strukturiert die Tages-, Wochen-, Monats- und Jahresgestaltung und erleichtert das Lernen.
- Von besonderem Interesse ist die rhythmische Gestaltung der zeitlichen Abläufe, die Strukturierung des Übens, Spielens und Lernens. Dies ist kein mechanisches Wiederholen von Lernprogrammen, sondern ein freies und eigenverantwortliches Selbstgestalten im individuellen Rhythmus.
- Auf diese Weise bilden sich beim Kind sichere und zuverlässige Gewohnheiten für sein Selbstwirksamwerden aus.

8. Heilpädagogische Rhythmik nach Mimi Scheiblauer

8.1 Leben und Werk einer großen Heilpädagogin

Es gibt kein bildungsunfähiges Leben

Mimi Scheiblauer gehört zu den bedeutendsten Heilpädagoginnen des 20. Jahrhunderts (Klein, 2008). Die Rhythmik- und Musikpädagogin verstand die Heilpädagogik als vertiefte Pädagogik unter erschwerten Bedingungen. Sie hat durch ihre Arbeit gezeigt, dass es „kein lebensunwertes, kein bildungsunfähiges Leben" gibt (Klein, 2012, S. 150).
Scheiblauer lernte alles, was das Kind tun, üben oder lernen soll, zuallererst selbst zu tun. Sie war davon überzeugt, dass jeder Mensch, „der meinen Weg kreuzt, [...] mir Aufgabe sein" kann (Brunner-Danuser, 1984, S. 51).
Mimi Scheiblauer wurde mehrfach geehrt. Zu ihrem 75. Geburtstag wurde ihr für die bahnbrechende Arbeit mit schwerbehinderten Menschen die Ehrendoktorwürde der Philosophischen Fakultät I der Universität Zürich verliehen. Sie lebte bis zu ihrem Tode ihre Profession. Ihre humanistische Haltung und ihr rhythmisch-musikalisches Erziehungsprinzip überdauern jede Modeströmung.

Rhythmisch-musikalische Übungen mit allen Menschen

Scheiblauer gestaltete die rhythmisch-musikalischen Übungen nicht nur mit blinden und hochgradig sehbehinderten, gehörlosen und schwerhörigen, bewegungs-, verhaltens- und schwer mehrfach behinderten, autistischen, traumatisierten und psychiatrisch auffälligen Kindern, Jugendlichen und Erwachsenen, sondern auch mit den Schweizer Heilpädagogen Heinrich Hanselmann und Paul Moor (Klein, 2019, S. 100). Beide Professoren nahmen an ihren Rhythmik-Stunden mit schwierigen Kindern und Jugendlichen im Erziehungsheim Zürich-Albisbrunn aktiv teil, regten Scheiblauer zu neuen Übungen an und formulierten aus gemeinsamen Erfahrungen ihre Theorien über die heilpädagogische Rhythmik. Bald wurde die rhythmische Erziehung in Fachkreisen so bekannt, dass sie mit ihrem Namen verbunden wurde und die Bezeichnung Scheiblauer-Rhythmik erhielt.

Zur Herstellung der Übungsgeräte

In den Werkstätten des Heimes Albisbrunn wurden die Übungsgeräte, die als Scheiblauer-Material bekannt sind, hergestellt:

- farbige Fröbelstäbchen
- Naturholzstäbe (gedrechselt, 18 cm lang, 2 cm Durchmesser, Enden leicht konkav)
- Naturholzklötze (3,5 cm × 12,0 cm × 24,0 cm)
- Naturholzreifen (18 mm × 20 mm, Durchmesser 90 cm)
- Holzkugeln (farbig, Durchmesser 9 cm)
- farbige quadratische Tücher
- Rasselbüchsen (bunt bemalte und verschieden schwere Dosen, gefüllt mit unterschiedlichen Mengen Schrotkugeln)

Mit diesen Übungsgeräten entwickelte Scheiblauer 677 Grundübungen mit steigenden Anforderungen.

Persönliche Erfahrungen mit der Scheiblauer-Rhythmik

Bei Weiterbildungsveranstaltungen im In- und Ausland arbeitete Mimi Scheiblauer mit behinderten und nichtbehinderten Kindern ebenso wie mit Erwachsenen (Eltern, Erziehern, Therapeuten, Ärzten). Jeder war zur Teilnahme an den Übungen eingeladen. Scheiblauer verteilte nie Texte, sondern forderte die Teilnehmenden auf, die Übungen selbst zu erproben und zu reflektieren. Ihre Begründung: Rhythmik ist eine Lebenshaltung, allenfalls ein Erziehungsprinzip. Erwachsene, die die Wirkungen der Übungen selbst erlebt haben und sich dadurch ihres Wertes bewusstgeworden sind, werden verstehen die Übungen richtig anzuwenden und das Kind in seiner Ganzheit anzusprechen und zu fördern.

Abbildung 33: Mimi Scheiblauer nimmt mit Ursula Kontakt auf

1967 folgte Mimi Scheiblauer meiner Einladung und führte ein Rhythmik-Seminar bei der Erlanger Lebenshilfe für geistig behinderte Menschen durch. Gerade ihre Übungen, die sie auch mit geistig behinderten Kindern zusammen mit ihren Erzieherinnen und Erziehern machte, hatten sich so eingeprägt, dass nahezu in jeder Stunde „gescheiblauert" wurde. Elemente der Scheiblauer-Rhythmik wurden integrierter Teil der Erziehung. Die rhythmisierte und ganzheitlich gestaltete Arbeit in den Kita-Gruppen und Klassen durchzog eine freudige Gestimmtheit. Die gesamte Erziehungs-, Bildungs- und Betreuungsarbeit gewann durch die sinnvolle Verbindung von Rhythmik und Pädagogik eine neue Qualität. Begegnungen mit der Persönlichkeit Mimi Scheiblauer und ihrem Werk begleiten bis heute mein inklusionspädagogisches Denken und Handeln (Klein, 2017, S. 21f.).

Weitere Wahrnehmungen und Hinweise

Scheiblauer strahlte auch nach der Arbeit mit sehr schwierigen Patienten in Psychiatrischen Einrichtungen „eine innere Fröhlichkeit und Zuversicht aus" (Steinmann, 1991, S. 5). Diese pädagogische Haltung zeigt der Film „Ursula oder das unwerte Leben" von Reni Mertens und Walter Marti aus dem Jahre 1965 (Sprecherin: Helene Weigel); Erstaufführung im ZDF am 11.11.1969.

Der Film hat viele Menschen wachgerüttelt. Er beginnt mit den Worten: „Weil der Mensch sich entwickelt, kann man ihn erziehen. Weil die Entwicklung ein Veränderungsprozess ist, kann man sie beeinflussen. Da sich der Mensch ein Leben lang verändert, ist seine Veränderung immer beeinflussbar." Der Film kann bei den Landesfilmdienststellen ausgeliehen oder über die Langjahr Film GmbH (www.langjahr-film.ch) bezogen werden.

Ursula, als uneheliches Kind taub und blind geboren und von der Mutter im Stich gelassen, hatte schon 13 Pflegeheime hinter sich und wog acht Kilogramm, als sie mit acht Jahren und sechs Monaten in eine Familie aufgenommen wurde. Sie zeigte starke Züge des Rückzugs, Nahrung nahm sie nur mit der Flasche zu sich. Endlich durfte Ursula die lang ersehnte Geborgenheit im Kreis vertrauter Menschen (nach-)erleben: Die Scheiblauer-Methode ermöglichte dem traumatisierten und schwerbehinderten Kind, dass es sich nach seinem ursprünglichen Willen äußern, ein selbstwirksamer Mensch werden und sich in die menschliche Gemeinschaft einbinden konnte.

Heilende Erziehung
Der Arzt Johannes Neikes hat die Scheiblauer-Rhythmik als „orthagogische Rhythmik“ treffend charakterisiert (Neikes, 1998): Eine Erziehung, die rhythmische und pädagogische Grundgedanken sinnvoll miteinander verbindet, kann in der Tat aufrichten, ganz- oder heilmachen. Durch den Klang der Musik oder durch die Bewegung erlebt der Mensch das Orthagogische, Ordnende und Aufrichtende. Die Bewegung des Menschen wird in eine direkte Beziehung zur Bewegung in der Musik gebracht. Diese Bewegung in der Musik ist eine ganz ursprüngliche Einheit.

8.2 Scheiblauer-Rhythmik für die inklusive Praxis

Sechs Gruppen von Übungen
In der Praxis können sechs Gruppen von Übungen unterschieden werden:

- *Konzentrationsübungen* (Ausbilden und Üben der Kräfte der inneren Ruhe und Sammlung, der Aufmerksamkeit)
- *sensomotorische Übungen* (Ausbilden und Üben des taktilen, akustischen, visuellen und kinästhetischen Sinnes)
- *soziale Übungen* (Üben des Ein-, Über- und Unterordnens)
- *Fantasie- oder Improvisationsübungen* (freie oder an Gegenstände und Vorstellungen gebundene Übungen)
- *Begriffsbildungsübungen* (nach dem Grundsatz: vom Erleben/Tun zum Erkennen und Benennen)
- *Ordnungsübungen*

Mimi Scheiblauer schenkt den ***Ordnungsübungen*** besondere Aufmerksamkeit:

- Ordnungsübungen im freien Raum
- Ordnungsübungen im begrenzten Raum
- Ordnung in den Dingen
- Ordnung in uns selbst
- Ordnung in der Sprache

Zu den Ordnungsübungen gehören beispielsweise

- das freie Gehen im Raum mit Scheiblauer-Material,
- das Gehen mit dem konkaven Holzstab und der darauf balancierenden Holzkugel oder
- das Gehen nach einem bestimmten Rhythmus oder nach den lauten oder leisen Klängen der Musik, des Tamburins oder der Holzstäbe.

Grundlegende Handlungsweisen am Beispiel der Ordnungsübungen

„Wir können den Menschen durch die Bewegung erziehen. Erziehen heißt: ihn fähig machen, um unterbrechen, umschalten, durchhalten zu können" (Scheiblauer, 1965, S. 1). Die drei Handlungsweisen – unterbrechen, umschalten, durchhalten – treten bei allen rhythmisch-musikalischen Übungen in verschiedenen Variationen hervor. Sie fordern die Sinne, das Denken, Fühlen und Wollen heraus.
Das Kind kann folgende Grundfähigkeiten üben:

- *Unterbrechen-Können,* um zu sehen, zu hören, zu fühlen, zu spüren, zu riechen;
- *Umschalten-Können,* um sich auf neue Situationen und Anforderungen um- und einzustellen;
- *Durchhalten-Können,* um sich für ein Vorhaben mit Ausdauer einzusetzen.

Diese Grundübungen gehören in die Gruppe der *Ordnungsübungen.* Sie werden immer in der Gruppe ausgeführt. Hier spielen die Beziehungen zum anderen Menschen eine Rolle. Sie können auch als *soziale Übungen* verstanden werden:

- sich in die Gruppe einfügen,
- auf andere Rücksicht nehmen,
- den anderen führen können oder
- sich vom anderen führen lassen.

Die Übungen ***Unterbrechen-Können*** schulen die Beherrschung der Motorik. Sie sind für den Alltag bedeutsam (z. B. im Straßenverkehr) und haben noch einen weiteren Sinn: Wenn das Kind unterbricht und aufhört, wird es bereit, aufmerksam zu schauen und auf das zu hören, was ein anderer sagt.
Die Übungen ***Umschalten-Können*** sind für das praktische Leben wichtig, wenn es darum geht, von einer Tätigkeit zur anderen umzuschalten. Dazu benötigt das Kind geistige und körperliche Beweglichkeit. Diese Elastizität ist auch Voraussetzung dafür, dass der eine versteht, was der andere meint. Besonders autistischen und schwerhörigen Kindern, aber auch schwerbehinderten Kindern fällt das Umschalten besonders schwer.
Die Übungen ***Durchhalten-Können*** sind ebenfalls für das Leben bedeutsam. Das Kind lernt, einen Plan oder ein Vorhaben durchzuführen und etwas Angefangenes zu vollenden. Es lernt durchzuhalten. Die Erzieherin ist Beispiel (Vorbild) für das Durchhalten, indem sie in ihrem Handeln konsequent ist – und nicht aufgibt.

Beispiele: Ordnungsübungen im freien Raum

- Die Kinder gehen im Raum in verschiedene Richtungen und im selbstbestimmten Tempo. Es gibt nur eine einzige Aufgabe: Nicht anstoßen! Schon diese einfache Übung zeigt, wie die Kinder gehen (z. B. sich kaum bewegen, schnell gehen, absichtlich anstoßen, sich geschickt durchschlängeln, anderen aus dem Weg gehen, sich außerhalb der Gruppe bewegen).
- Die Übung kann ausgebaut werden: Das Gehen nach dem hohen oder tiefen, nach dem kurzen oder langen, nach dem lauten oder leisen Ton auf der Flöte: das Tempo beschleunigen oder verlangsamen, anhalten, wieder weitergehen, mit weit ausgebreiteten Armen wie ein Segelflugzeug dahinschweben – und nicht anstoßen!

- Nun wird jedem Kind eine Holzkugel gegeben. Die Kugel soll am Boden mit der Hand gerollt werden: Jedes Kind rollt sie im Raum vor sich her und hat auf die Ordnung (vereinbarte Regel) zu achten: die Kugel allein vor sich her rollen und nicht anstoßen!
- Die Übung kann zu Partnerübungen und zu Übungen in Kleingruppen erweitert werden.

Beispiele: Ordnung in den Dingen

- Einen Reifen drehen: Schauen und hinhören, wann er fest am Boden liegt. Die Übung wiederholen und in den sich noch bewegenden Reifen hüpfen. Einzel- oder Partnerübungen.
- Im liegenden Reifen bunte Holzkugeln rollen: Nach dem Signal (Ton) zuerst eine rote Kugel rollen; der rollenden Kugel zuhören, bis sie wieder stillsteht. Dann nacheinander eine rote und eine blaue Kugel rollen; den rollenden Kugeln zuhören, bis sie wieder still stehen. Einzel- und Partnerübungen.
- Wie können wir das Kissen im Raum tragen? Zum Beispiel: Ein Kissen auf dem Rücken durch den Reifen transportieren und dabei nicht anstoßen.

Das Kind bei den Übungen beobachten

Für Scheiblauer sind die Übungen ein wichtiges diagnostisches Mittel, denn jeder Mensch „verrät sich in der Bewegung". Die Erzieherin erhält „wertvolle Aufschlüsse über die leiblich-seelische und geistige Verfassung des Menschen, der als ein Ganzes geschaffen ist" (Scheiblauer, 1965, S. 2f.): „Wir sehen, dass

- das Gleichgewicht fehlt,
- die Koordination der Bewegung gestört ist,
- die Beherrschung des Bewegungsablaufes nicht vorhanden ist oder
- die Bewegungen nicht unterbrochen, nicht umgeschaltet, nicht durchgehalten werden können" (ebd., S. 3).

Die Übungen wirken auf das Kind in seiner Ganzheit. So lässt sich zum Beispiel keine Übung zur *Begriffsbildung* (Ton auf der Flöte spielen und danach mit den Händen die Begriffe „kurz" oder „lang" zeigen beziehungsweise einen Begriff „leise" oder „laut" sprechen) vorstellen, bei der nicht auch Konzentration, Aufmerksamkeit, Fantasie, Improvisation, Sensomotorik und Sozialverhalten geübt werden. Gleichwohl ist aus methodischen Gründen das Hervorheben der einzelnen Übungen und Fähigkeiten, Stärken und Schwächen des Kindes sinnvoll.

8.3 Hilfe für Gisela, einem Kind mit mehrfacher Behinderung

Bericht über Entwicklung und Förderung

Eine Mutter schrieb mir (vgl. Klein, 1979, S. 38 ff.): *„Unsere Tochter Gisela wurde mit einer Rötelnembryopathie geboren. Sie hatte auf beiden Augen grauen Star, der im ersten Lebensjahr mehrmalig erfolgreich operiert wurde, sodass sie heute als hochgradig sehgeschädigt gilt. Dazu kommt eine mittelgradige Schwerhörigkeit, die sich in den höheren Frequenzen auswirkt, dadurch lernte sie bis heute nicht*

sprechen. Wir Eltern suchten von vornherein Kontakt und Erfahrungsaustausch mit Eltern blinder Kinder und der Landesblindenanstalt. Ein Lehrer besuchte uns ein- bis zweimal im Jahr und hielt in der Blindenschule gelegentlich Elterntage ab, an denen sich die Eltern blinder Kleinkinder [aus der Region] trafen. Als aber der Hörschaden unseres Kindes festgestellt und uns Eltern klar wurde, dass die doppelte Behinderung seine Informationsmöglichkeiten und seine seelisch-geistige Entwicklung stark erschweren würde, hielten wir Ausschau nach Menschen, die Erfahrungen hatten mit Sorgenkindern gleicher bzw. ähnlicher Art.
Unsere Bemühungen waren jedoch ein Jahr lang vergeblich, bis wir [...] einen Taubblindenlehrer fanden, der uns wertvolle Hinweise geben konnte; aber die Möglichkeit zu einem regelmäßigen Kontakt fehlte.
Inzwischen hatte für Gisela ein Sprachunterricht begonnen (mit 2½ Jahren), der auf der Grundlage des Nachahmens von Lauten durchgeführt wurde. In 1½-jährigem Bemühen gelang es nicht, Gisela ein einziges Mal zu einer klaren Nachahmung zu bringen, obwohl sie viele Laute produzieren konnte. Der Unterricht wurde dann abgebrochen.
Auch die Beschäftigungstherapie, die wir für Gisela ausfindig machten, brachte keinen Erfolg und sprach unser Kind nicht an. Hier wurde mit der Methode des Übens an immer wiederkehrendem Material gearbeitet. Die Therapeutin vermutete eine Sensibilitätsstörung in den Händen, weil Gisela ihre Hände kaum benutzte und mehr mit den Füßen arbeitete.
Alle Bemühungen ließen bei allen Beteiligten das unbefriedigende Gefühl zurück, dass unser Kind eben nicht mit Mitteln anzusprechen ist, auf die andere Kinder reagieren. So kamen wir zur **Frühbetreuung** *der Lebenshilfe für geistig behinderte Menschen [...]. Gisela war inzwischen 3 ¾ Jahre alt und befand sich in ihrer geistigen Entwicklung – obwohl sie längst sicher lief und recht gut gelernt hatte, sich in ihrer Umwelt zu orientieren – in der zweiten Hälfte des ersten Lebensjahres. Sie war mit Musik zu erfreuen, konnte eine Spieluhr an dem Faden aufziehen, patschte mit ihren Händen auf das Klavier, konnte einen Löffel halten, aber noch nicht selbstständig essen, ertastete mit den Händen Gegenstände, wobei ihre Zunge kräftig half, strampelte mit Vergnügen im Wasser, hüpfte auf einer Stelle und erzeugte viel Krach, indem sie sich auf den Boden legte und auf Türen oder Möbel trampelte. Gegenstände irgendwie sinnvoll zu benutzen, verstand sie noch nicht.*
Mit der Frühbetreuung, die nun einsetzte, kam ein Wandel in die Art des Versuchs, Gisela zu fördern und damit auch in unsere Unsicherheit und Hilflosigkeit.
Gleich in der ersten Stunde lernte ich als Mutter zweierlei. Bisher war unser Kind überfordert worden. Die Betreuerin stellte fest: Ich traue dem Kind zu viel zu, es ist völlig gesperrt und ablehnend. Es macht den Eindruck, als ob es überfordert worden wäre.
Als Zweites lernte ich den Namen Mimi Scheiblauer kennen und damit die Methode, die in der nun einsetzenden Entwicklung von Gisela eine so große Rolle spielte.
Zum ersten Mal in einer Betreuungsstunde durfte Gisela das tun, wozu ihr Spielgegenstände und Spielsituationen Anreiz waren. Es gab keine Anspruchshaltung der Betreuerin, keine Aufgabe, die gestellt wurde und erfüllt werden sollte. Die Stunden bewegten sich auf dem Entwicklungsniveau unseres Kindes, das die Freiheit hatte, so oder anders oder gar nicht zu reagieren. Es gab keinen Zwang. Jede Stunde gab dazu Gelegenheit, anderes Material kennenzulernen und Gleiches oder Verschiedenes mit ihm zu tun.

In dieser ganz anders gearteten pädagogischen Situation begann unser bisher jeder Beeinflussung unzugängliches Kind selbst Ansätze zu eigener Initiative zu entfalten. Es lernte horchen, sich auf eine Sache zu konzentrieren, selbst die Gegenstände und ihre Funktion zu erforschen.
Wir freuten uns an dieser Stufe seiner Beteiligung, und anstelle des hilflosen Feststellens, was Gisela nicht konnte und wozu sie nicht bereit war, trat die gemeinsame Entdeckung, dass sie Interesse und Ausdauer, Willensanstrengung und Fantasie entfalten kann und auch nachdenkt.
An dem Beispiel des Umgehens und Spielens mit Klötzen möchte ich Giselas Fortschritte in einem Betreuungsjahr versuchen zu schildern, wie ich es als Mutter beobachtete: Zu dem Scheiblauerschen Spielmaterial gehören große Bausteine (gemeint sind Naturholzklötze: 3,5 cm × 12,0 cm × 24,0 cm; siehe 8.1) *die Gisela immer wieder mal angeboten wurden.*
Als die Frühbetreuung begann, waren Bauklötze für Gisela nur Dinge, die man um sich wirft. In einer der ersten Spielstunden stellten wir vier Bausteine hochkant verstreut im Raum auf. Gisela wurde durch das Singen ihres Namens aufmerksam gemacht. Sie entschloss sich aufzustehen und warf nacheinander die Klötze um und ging wieder in ihre Ecke zurück. Dieses Spiel wiederholte sich nun, aber die Klötze wurden nun etwas geordneter aufgestellt und das Umwerfen mit einem ‚Plumps' begleitet und später mit einem zusätzlichen leisen Schlag auf dem Tamburin.
Innerhalb weniger Minuten war aus dem einfachen Umstoßen der Klötze eine schon etwas geordnete Tätigkeit geworden.
Gisela ist nun auch bereit, auf einer aus Bausteinen gelegten Straße zu gehen, zunächst mit Hilfe, dann auch frei im Zusammenspiel mit anderen Kindern, ohne die Straße zu zerstören. Sie klettert auch auf eine aus Holzwürfeln gebaute Treppe mit Hilfe und springt herunter.
Besonders erstaunlich empfand ich als Mutter Giselas Bereitschaft, sich anzupassen und eine gegebene Ordnung zu respektieren, als sie an der Hand der Betreuerin zu einer Melodie im Raum herumging, in dem die Klötze verstreut als Hindernisse aufgestellt waren. Obwohl sie vorher meist Spiele gespielt hatte, bei denen die Steine umgeworfen wurden, ließ sie sie jetzt stehen und enthielt sich der Verlockung, sie umzustoßen.
Für mich als Mutter ist die Entwicklung, die bei Gisela in einem Betreuungsjahr stattfand, ganz deutlich, und ich habe erkannt, dass nicht die schwerwiegende doppelte Sinnesbehinderung meines Kindes ein Hindernis in der Förderung ist, wenn man eine solche Methode wie die musikalisch-rhythmische Erziehung nach Mimi Scheiblauer, anzuwenden versteht.“

Bewegung, Rhythmik und Spiel

Bei Gisela hat die Erzieherin folgende vier Grundelemente beachtet, die sowohl die Bewegung als auch das Rhythmisch-Musikalische kennzeichnen:

- Zeit,
- Dynamik (Kraft),
- Klang und
- Form.

Jedes Element hat eine besondere erzieherische Bedeutung:

- Mit dem *Zeitlichen* in der Musik, die als eine in Töne umgesetzte Bewegung gesehen wird, wird das motorische Nervensystem geschult.
- Mit dem *Dynamischen* werden die Ausdruckskräfte, also das Schöpferische angeregt.
- Der *Klang* wirkt auf das Seelische und Emotionale.
- Die *Form* ordnet und gestaltet das Geistige im Menschen.

Die Elemente Zeit, Dynamik und Form sind auch in den Bewegungen zu finden. Dem Außenstehenden schwer verständlich ist jedoch die Beziehung zwischen Bewegung und Klang. Darum sei in wenigen Worten darauf hingewiesen, dass die Klanghöhe der Lage der Bewegung (zum Beispiel tiefer Klang – tiefe Bewegung) entspricht.

Die Elemente Zeit, Dynamik (Kraft), Klang und Form werden im Medium der Musik und in den spielerisch gestalteten Bewegungen wirksam. Sie stehen nicht isoliert nebeneinander, sondern zueinander in einem Wechselwirkungsverhältnis.

Ganzheitliche Entwicklung ermöglichen

Gisela reagierte auf fordernde Trainingsmaßnahmen mit Abwehr, Rückzug und Untätigkeit, weil ihr Wille, nämlich von sich aus zu spielen und zu handeln, nicht beachtet wurde. Erst durch die rhythmisch-musikalische Erziehung fand sie zu sich selbst. Sie konnte sich aus eigenen Impulsen frei bewegen. Nun lernte Gisela aus eigener Initiative ganzheitlich zu handeln und sich aus ihrer ursprünglich veranlagten Kraft heraus zu entwickeln: Sie äußerte Gefühle, nahm wahr, verbesserte, erfand, probierte, verglich, ahmte nach, erinnerte sich, stellte Beziehungen her, erweiterte Vorstellungen, knüpfte Kontakte und machte sich frei von Belastendem. Die Spiel- und Lernerfolge ermutigten das Kind, weckten Neugierde und erhöhten die Bereitschaft zu weiteren Aktivitäten. Gisela konnte von sich aus auf angebotene Gegenstände zugehen, diese verändern und gestalten, Bekanntes in ähnlichen oder neuen Situationen wiederentdecken.

Die Erzieherin schuf für Gisela einen Erziehungsraum, in dem sie durch ihr situationsorientiertes Handeln zuallererst dem Kind die Möglichkeit gab, „sich von sich aus zu äußern" (Scheiblauer, 1965, S. 2). Gisela konnte mithilfe der Scheiblauer-Methode

- Eigenrhythmus entwickeln,
- ihren blockierten Antrieb überwinden und
- Störungen im emotionalen und Willensbereich ausgleichen.

Hat ein Kind eine gestörte Spielfähigkeit, dann muss der mitspielende Erwachsene als „Spielführer" (Fröbel) hervortreten und insbesondere durch Anregen, Eingreifen, Hervorlocken oder Begrenzen versuchen, die Spiel-Handlung feinfühlend und geduldig einzuüben. Dadurch kann das Kind (wieder) Vertrauen in seine eigenen Kräfte entwickeln und aus eigenem Antrieb selbstwirksam tätig werden.

8.4 Das schwer- und mehrfachbehinderte Kind besonders durch rhythmisch-musikalische Erziehung begleiten

8.4.1 Orientierende Hinweise

Impulse des Kindes unterstützen

Für Kinder mit einem besonders hohen Erziehungshilfebedarf wurden heilpädagogische und therapeutische Methoden wie basal-dialogische Kommunikation (Klein, 2017) und „Basale Stimulation“ (Fröhlich, 2020) entwickelt (siehe 6.3): Die Methoden achten die spontane Tätigkeit des Kindes, die ein guter Indikator für das Erfassen des Entwicklungsstandes sind. Es macht keinen Sinn, mit dem Kind gesellschaftlich erwünschte Fähigkeiten und Fertigkeiten zu trainieren. Nach heutigem Wissen ist es nur sinnvoll, die Impulse des Kindes so zu unterstützen, dass es gute Bedingungen für seine Entwicklung erlebt. Wie können diese Impulse durch die Haltung (Haltungsmethode) der Erzieherin unterstützt werden?

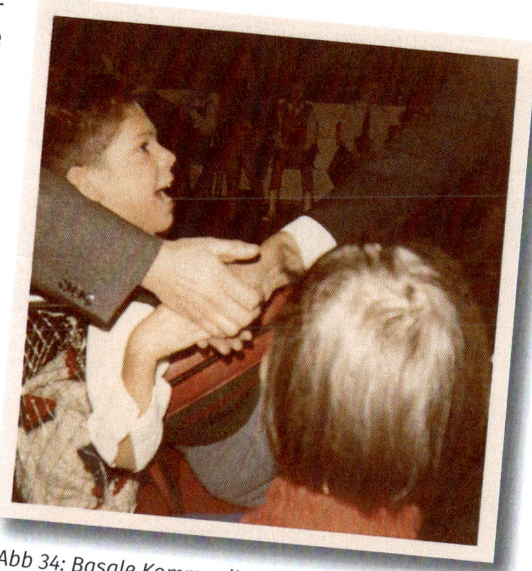

Abb 34: Basale Kommunikation – Wolfgang begrüßt und freut sich

Das Kind in seiner Leiblichkeit begleiten

Schwer- und mehrfachbehinderte Kinder sind auf eine Leib-zu-Leib-Begegnung (Leibkontakt) angewiesen. Diese basale Kommunikation ereignet sich in der unmittelbaren Begegnung von Mensch zu Mensch, von Leib zu Leib und ermöglicht das Wahrnehmen des Kindes als Mit-Subjekt auf der Ebene leiblicher Koexistenz. Im Ko-Existieren, im Sich-Leermachen von Vorstellungen und Erwartungen bildet die Erzieherin die Fähigkeit aus, auf der leiblichen Ebene mit dem Kind mitzuschwingen. Bei dieser elementaren Begegnung bietet sich die begleitende Erzieherin dem Kind als Brücke zur Welt an und gibt ihm das Gefühl, dass es sich wohlfühlen, sicher begleitet und in seinem Können erleben kann (Klein, 2019, S. 233 ff.). Wie das praktisch geschieht, darauf macht der DVD-Film „Gemeinsam im Abenteuerland“ aufmerksam (siehe Anhang 11.2).

8.4.2 Martin durch rhythmisch-musikalische Erziehung begleiten

Hilfe für Martin

Die rhythmisch-musikalische Erziehung „ermöglicht besonders bei jenen Kindern Erziehung und Bildung, bei denen andere Wege verschlossen sind“ (Scheiblauer, 1965, S. 2). Das zeigt das Beispiel Martin:

Martin kommt nach 18 Stunden Geburtsdauer auf die Welt und wird drei Tage später in einer Kinderklinik aufgenommen. Diagnose: Hochgradiger angeborener Hydrozephalus unbekannter Genese. Mit einem Monat ist eine Ventiloperation nötig, nach vier Monaten erneute Klinikeinweisung. Spastizität und Krampfbereitschaft bahnen sich an, ein Spastiker-Spezialstuhl wird verordnet. Trotz des implantierten Spitz-Holter-Ventils wächst der Kopf unproportional weiter. Mit 16 Monaten wird die Diagnose erweitert: Tetraspastik, deutlich ausgeprägte tonische Reflexe, Entwicklungsrückstand, keine Kopfkontrolle. Bald kommt als neues Problem eine hartnäckige Verstopfung hinzu. Mit zwei Jahren treten gehäuft kleine Anfälle auf, sie werden unter Kontrolle gebracht, ein Jahr später hat Martin große Anfälle. Er äußert noch kein Wort, obwohl er mit anderthalb Jahren erste Laute von sich gab. Weitere Diagnosen lauten: beginnende Kontrakturen in Fuß-, Knie- und Ellenbogengelenken; erhebliche Abduktionshemmung in den Hüften; starke Obstipation; große Anfälle; nur wenig ausgebildete geistige und statische Fähigkeiten.
Martin hat sich trotz einer rechtzeitigen umfassenden medizinisch-therapeutischen und heilpädagogischen Hilfe sowie liebevoller häuslicher Pflege so entwickelt. Die Erzieherin und Martins Mutter sind um die Durchführung eines offenen Übungsprogramms bemüht.
Martin ist nun wesentlich ruhiger, besser belastbar und kaum mehr schreckhaft. Das Programm ist in das Alltagsgeschehen eingebunden, besteht vor allem in akustischen und taktilen Sensibilisierungsübungen, im Vermitteln von Vibrationsempfindungen, in musikalisch begleiteten Bewegungsaktivitäten, auch in einem mundmotorischen, sprachvorbereitenden Training. Das Üben mit verschiedenen Gegenständen (Greifspielzeug, rollende und sich bewegende häusliche Dinge, Geräusch erzeugende Dosen, Musikinstrumente) erfolgt bei sprachlicher und körpernaher Zuwendung auf spielerisch-rhythmischer Grundlage in einer dem Kind zugewandten, liebevollen Haltung.
Die Erzieherinnen sind mit Martin in der Kommunikation: Martin hört gerne Musik – und freut sich. Er lauscht einer einfachen Melodie, klopft mit einem Schlegel, den ihm die Mutter oder die Erzieherin in die Hand gibt, zunehmend entspannt und gelockert auf ein Xylophon – zunächst unter Führungshilfe, später auch allein in seinem individuellen Rhythmus.

Wirkungen auf Martin

Fragen wir nach den Wirkungen von Musik und Rhythmik auf Martin, dann können wir davon ausgehen, dass sie ihm eine wohltuende Kommunikation in der Leiblichkeit ermöglichen. Auf dieser basalen Stufe erlebt der Mensch den Menschen in der Kommunikation. In dieser Beziehungssituation können grundlegende Prozesse der Pflege, Erziehung und Bildung in Gang kommen, von denen Paul Moor spricht: „Musische und darin eingeschlossen rhythmische Erziehung ist diejenige notwendige Hälfte aller Erziehung, welche nicht mit der Forderung der Zucht, sondern mit dem Geschenk des Rhythmus beginnt“ (Moor, 1999, S. 152). Martin fühlt sich in seinem Sein, in seinem Wollen und Tun bestärkt.

8.5 Fazit

- Dem eigenen Rhythmus des schwer- und mehrfachbehinderten Kindes hat die Erzieherin besondere Aufmerksamkeit zu schenken. Dadurch kann sie spüren und wahrnehmen wie ihr rhythmisch-musikalisches Handeln in das vorsprachliche Erleben eindringt und das Kind dort erreicht, wo zuvor keine andere Kommunikation möglich schien. Es wird durch Rhythmik und Musik in seiner Tiefensensibilität, in seinen neuronalen Strukturen angesprochen.
- Musik und Rhythmik ermöglichen dem Kind ein Erleben in der Leiblichkeit. Die gespürten rhythmischen Klänge führen zu einem inneren Mitschwingen, was zur Aktivierung hormoneller und neurophysiologischer Funktionen führt.
- Im Medium der Musik kann eine in Töne umgesetzte Bewegung in die Welt des Kindes einfließen, es anregen, fröhlich stimmen und seine Kräfte im Wechselspiel mit der Umwelt entfalten helfen.
- Musik kann aber auch „störend beeinflussen". Deshalb hat die Erzieherin mit großem Einfühlungsvermögen aufzuspüren, welche Musik der jeweiligen Situation entspricht. Die Musik muss immer improvisiert und nicht komponiert sein. Es ist dabei egal, ob die Improvisation mit der Stimme oder einem Instrument passiert. „Nie darf ein Kind [...] mit Musik, auch nicht mit improvisierter, überrieselt werden" (Scheiblauer, 1965, S. 7).
- Rhythmus, verstanden als ein strukturierender Vorgang des Weckens und Entfaltens, des Ordnens und Gliederns, wirkt auf das schwer- und mehrfachbehinderte Kind in seiner leiblichen und seelisch-geistigen Ganzheit ein.
- Rhythmus regt an und belebt, verbindet und beruhigt, ordnet und strukturiert. Dieses Geschenk des Rhythmus erlebt der Musiktherapeut Hans-Jörg Meyer: Er übt und spielt gemeinsam mit schwer- und mehrfachbehinderten Menschen: Mit einfachen spielbetonten Übungen wie rhythmisches Klatschen, rhythmisches Gehen und Laufen, gemeinsames Summen und Singen einfacher Tonfolgen und Melodien, entwickelte er mit ihnen einen „emotionalen Dialog" (Meyer, 2016).
- Auf diesen wechselseitigen Austausch weisen neurobiologische Forschungen ebenso wie die Bindungsforschung hin. Sie sprechen von zwei Grundbedürfnissen des Menschen, die zueinander in einem spannungsreichen Wechselverhältnis stehen:
  - Bedürfnis nach Bindung und Sicherheit, klaren Strukturen, Regeln und Ordnungen, Verbundenheit und Gemeinschaft.
  - Bedürfnis nach Autonomie: wachsen („über sich hinaus wachsen"), groß werden, eigenaktiv sein, selbst etwas bewirken, selbstständig werden (Klein, 2019, S. 220 ff.).
- Die Erzieherin hat dem Kind durch feinfühlende und akzeptierende Haltung das Befriedigen seiner polaren Grundbedürfnisse – Bindung und Autonomie – in einem ausgewogenen Verhältnis zu ermöglichen. Hier pflegt sie die „hohe Kunst des Erziehens", von der der Hirnforscher Ge-

rald Hüther spricht: Sie schenkt durch ihre pädagogische Haltung dem Kind das Gefühl, dass es sich „in der Liebe eingebunden erleben“ kann (Hüther, 2017, S. 8).

— Auf diese Erziehungskunst weisen das „basal-dialogische Prinzip in der unmittelbaren Begegnung mit kognitiv schwerbehinderten Kindern“ (Klein, 2017, S. 77 ff.) und das Konzept der „Basalen Stimulation“ (Fröhlich, 2020) hin. Das basal-dialogische Prinzip und das Konzept der Basalen Stimulation verbinden Haltung und Handeln zu einem fröhlich gestimmten Erziehen, Betreuen und Pflegen. In der Schriftenreihe „Basales Leben“ wird die Basale Stimulation durch praktische Hinweise mit einladenden Bildern erläutert (siehe auch www.basale-stimulation.de).
— Die Erzieherin hat sich an dem zu beteiligen, was für das Kind bedeutsam ist. Diese Beziehungsgestaltung ist durch Resonanz geprägt. Resonanz geht über das Echo hinaus, ist eine Antwortbeziehung (siehe erster Teil: 2.4). Auf der Basis dieses feinfühlenden achtsamen Begleitens können schwer- und mehrfachbehinderte Kinder ihre Selbstbildungspotenziale (aus-)bilden (Wieczorek, 2020, S. 9 ff.).

9. Bewegung, Spiel und Rhythmik bei Kindern mit Autismus und ähnlich kommunikationsbeeinträchtigten Kindern

**„Das Autismus-Spektrum hat viele Gesichter.
Mit der Kategorie ‚Störung' versperren wir nur
den Zugang zum individuellen Verständnis."**

(Fragner, 2018, S. 1)

9.1 Pädagogische Ausgangssituation: den individuellen Menschen verstehen

Stefan

Stefan (5 Jahre) ist voller Ängste. Er ist gegen seine Erzieherin aufsässig und beharrt darauf, nicht mit ihr zu kommunizieren, egal, zu welchen Konsequenzen das führt. Er scheint auch panische Ängste zu haben, wenn er Laute von sich gibt und Geräusche macht. Sein Vater findet einen Weg, wie er zum Sprechen bewegt werden kann. Etwa seit zwei Jahren spricht Stefan „in seine Hand", aber nur dann, wenn Erwachsene diese Worte zuvor in seine Hand gesprochen und die gleiche Hand an seinen Mund gehalten haben. Stefan hat noch zwei ältere Geschwister, aber er ist eindeutig das Nesthäkchen und hat „gleichzeitig die volle Kontrolle über die Familie" (Janert, 2016, S. 229).

Abbildung 35

Alfred

Die Mutter von Alfred (2 ½ Jahre) bat mich auf Anraten eines Kinderarztes um Hilfe bzw. Aufnahme in die Frühbetreuung und den Heilpädagogischen Kindergarten der Lebenshilfe Erlangen, da Alfred erhebliche Beziehungs- und Lernprobleme zeigte. Sein Blick ging ins Leere, war in sich gekehrt, nahm zu anderen Kindern keinen Kontakt auf, hielt ein rundes Holzstück fest umklammert in der Hand, mit dem er stundenlang monotone Schaukelbewegungen machte und es nicht aus der Hand geben wollte. Interesse an gemeinsamen Spielen und Bauen zeigte er nicht.
Alfred wurde mit 3 Jahren von einem Psychologen als „schwer autistisch" diagnostiziert. Er besuchte nach der häuslichen Frühbetreuung noch zwei Jahre den Heilpädagogischen Kindergarten. Mit 6 ½ Jahren wechselte er in eine allgemeine

Schule, erreichte mühelos das Fachabitur und fand sich später im Beruf als Handelskaufmann gut zurecht.

Die Beispiele lehren

- Kinder mit Autismus und ähnlich kommunikationsbeeinträchtigte Kinder bedürfen der rechtzeitigen Erkennung ihrer Auffälligkeiten und der therapeutisch-pädagogischen Begleitung.
- Durch diese Hilfe können sie ihren drohenden Autismus weitgehend überwinden oder einen bereits vorhandenen in seinen Auswirkungen mildern.
- Stets geht es um das Verstehen des einzelnen Kindes und die Gestaltung seines Lebens- und Lernumfeldes, damit es ein Höchstmaß an Eigenständigkeit, Selbstbestimmung und Lebensqualität erreichen kann.

Die Beispiele führen auch zur Frage: Ist Autismus ein definierbares Krankheitsbild oder eine Form menschlichen Seins? In jahrelanger Arbeit versuchte ich den Menschen mit Autismus soweit wie möglich zu verstehen und mir bewusst zu machen. Das legt auch die Studie über „Autismusbilder" von Katja Schwarz (2020) nahe. Das Bild des Menschen mit Autismus bzw. die Bilder des Menschen mit Autismus sind zuallererst zu verstehen und ins Bewusstsein zu heben. Dadurch können nach und nach seine Fähigkeiten und Beeinträchtigungen „annähernd richtig eingeschätzt" werden (ebd., S. 10 und S. 253).

9.2 Forschung und Praxis im Überblick

Vorbemerkungen

- Kinder mit Autismus und ihre Eltern werden in Deutschland seit 40 Jahren hauptsächlich in Autismus-Therapiezentren begleitet. Die Einrichtungen sind in der Regel im „Bundesverband **autismus** Deutschland e.V.", Dachverband von 60 Regionalverbänden, organisiert (siehe https://autismus.de). Der Elternselbsthilfeverband berät Kindergärten und Schulen, versucht das Phänomen Autismus und die Wirksamkeit der Autismustherapien weiter zu erforschen.
- Die Therapiezentren verhindern auch, dass Eltern Pseudotherapien in entlegenen Orten der Welt in Anspruch nehmen.

Erscheinungsformen

Die Bandbreite der autistischen Erscheinungsform reicht von nichtsprechenden, geistig behinderten bis zu Menschen mit intellektueller Hochbegabung. Außerdem werden zwischen Autismus und anderen Verhaltensweisen, Ähnlichkeiten und Überschneidungen beobachtet, denen unterschiedliche Ursachen zugrunde liegen können (Neuhäuser/Klein 2019). Inzwischen wird von Doppeldiagnosen (Autismus und ADHS) mit fließenden Übergängen gesprochen.

Das Rätsel Autismus ist der Wissenschaft aufgegeben

Die Kinderneurologie und Heilpädagogik kennt sehr unterschiedliche und zum Teil sich widersprechende Konzeptionen zur Ätiologie (Ursache) und Behandlung (The-

rapie) des Autismus. Einige Forscher zählen sogar über 60 Ätiologie-Theorien auf: vier genetische Verursachungstheorien, zehn psychologische und psychoanalytische und 46 organologische mit jeweils speziellen Therapieansätzen.
So unterschiedlich sich die Ursachen darstellen, so vielfältig sind die therapeutischen Ansätze. Wir kennen Methoden aus ganz unterschiedlichen Therapieschulen: Verhaltenstherapien, sensomotorische Therapien, psychoanalytisch orientierte Therapien, Festhaltetherapien, Familientherapien, medikamentöse Therapien und Kombinationen verschiedener therapeutischer Konzepte.
Trotz umfangreicher Forschungsbefunde hat sich bis heute noch kein umfassendes Erklärungsmodell herausgebildet, das die Ursachen der Entstehung der autistischen Beeinträchtigung ausreichend belegen kann. Das Rätsel Autismus ist weiterhin der Wissenschaft aufgegeben (siehe DIFGB, 2018), das auch in heilpädagogischen und medizinisch-therapeutischen Sonderheften aspektreich thematisiert wird.
Gefragt sind autobiographische Berichte. Menschen mit Autismus geben als Experten in eigener Sache Einblick in ihre Welt und ermöglichen ein Nachvollziehen ihres So-Seins. Wir kennen viele Berichte autistischer Menschen (siehe Behinderte Menschen, 2018, S. 21-62), die mit Nachdruck auf die Qualität der Beziehung zwischen Helfer und Hilfebedürftigem hinweisen.
Bis heute können wir nur sagen: Autismus ist eine komplexe und tiefgreifende Beeinträchtigung der Entwicklung und Wahrnehmungsverarbeitung, die sich besonders auf den sozialen Umgang mit Menschen auswirkt und mit psychischen Auffälligkeiten wie Ängsten, Befürchtungen, Phobien, Schlaf- und Essproblemen sowie herausforderndem Verhalten (Wutausbrüche, fremd- oder selbstverletzende Verhaltensweisen) verbunden ist. Menschen mit Autismus benötigen in der Regel eine lebenslange Hilfe.

9.2.1 Einblick in die vielseitige Diskussion

- Auffallend ist bei Kindern mit Autismus das Zurückziehen auf sich selbst. Das Kind scheint wie in einer Muschel oder unter einer Glasglocke zu leben und sich ausschließlich mit sich selbst zu beschäftigen. Es verhält sich, als wäre es eine Insel. Sein Verhalten erscheint von der Realität entrückt. Das Kind ist wie in Gedanken verloren. Dieses Verhalten drückt auch die vom Psychiater Bleuler 1911 eingeführte Bezeichnung „Autismus" aus, die auf das griechische Wort autós (selbst, selbstbezogen) zurückgeht.

- Als der in der Ukraine geborene und in Amerika tätige Kinderpsychiater Leo Kanner elf Kinder mit schweren Kontaktstörungen 1943 erstmals beschrieb, ordnete er sie dem Begriff „Early infantile Autism" zu. Kanner sprach von einer „psychotischen Störung" und von „autistischen Störungen des affektiven Kontakts". Er fand folgende Hauptsymptome:
  — Rückzug auf sich selbst (Selbstisolation) und
  — ängstliches Beharren auf räumlicher und zeitlicher Gleicherhaltung des Lebensumfeldes (Veränderungsangst). Neben den beiden Haupt-

symptomen – Selbstisolation und Veränderungsangst – können bei dieser tiefgreifenden Entwicklungsauffälligkeit zusätzliche Beeinträchtigungen der Intelligenz- und Sprachentwicklung, stereotype Bewegungen, aggressives und selbstverletzendes Verhalten in verschiedenen Formen und Ausprägungsgraden auftreten, aber auch Aufmerksamkeitsstörungen, depressive Störungen, unwillkürliches Harnlassen/Bettnässen (Enuresis), Einkoten (Enkopresis), Essstörungen und Schlafprobleme. Die Symptome bündeln sich zu einem Syndrom, bei dem Hirnschädigungen, körperliche Erkrankungen, biochemische Anomalien, neuropsychologische Defizite sowie deren Wechselwirkung von ursächlicher Bedeutung sein könnten.

Abbildung 36

- Der österreichische Kinderarzt Hans Asperger wird 1944 auf Kinder aufmerksam, die wie ohne Gefühl leben, recht intelligent sind und einen einengenden Bezug zu ihrer Umwelt haben. Einzelne besuchen später die Universität und entwickeln besondere Forschungsinteressen. Asperger bezeichnete sie als „autistische Psychopathen". – Lange Zeit wurde von Kanner-Autisten und Asperger-Autisten gesprochen.

- Kinder mit Autismus sind in ihrem Verhalten sehr verschieden. Sie zeigen zwar die Kardinalsymptome, wie sie Kanner beschrieben hat: Rückzug auf sich selbst und ängstliches Beharren auf Gleicherhaltung des Umfeldes. Aber in den Entwicklungs- und Förderbereichen
  — Bewegung,
  — Emotionalität,
  — Sprache und Kognition,
  — Interessen und Wünsche sowie
  — Spiel (Spielverhalten)

  können vielfältigste Kombinationen von unterschiedlicher Intensität und Qualität beobachtet werden.

- Seit den Erstbeschreibungen ist die Literatur zum Autismus unübersehbar. Die internationale Autismus-Biografie weist in den vergangenen drei Jahrzehnten **über 3.500** Titel aus. Allein in der Bundesrepublik Deutschland erscheinen jährlich etwa 30 Bücher zum Autismus.

- Heute trifft die frühere Unterscheidung zwischen „frühkindlichem Autismus" und „Asperger-Syndrom" nicht mehr zu. Die von der Weltgesundheitsorganisation (WHO) herausgegebene International Classification of Diseases (ICD) – Internationale Klassifikation der Krankheiten – fasst diese Entwicklungsauffälligkeiten unter dem Leitbegriff „Autismus-Spektrum-Störung" (ASS) zusammen. Damit wird ein Kontinuum gekennzeichnet, bei dem sich an dem einen Ende Formen eines frühkindlichen Autismus (Kanner-Syndrom) mit schwerwiegenden mehrfachen Beeinträchtigungen befinden. Und am anderen Ende ist das Asperger-Syndrom, bei dem in der Regel kaum sprachliche oder kognitive Verzögerungen auftreten und häufig spezielle Begabungen vorhanden sind. Zwischen den beiden Formen gibt es fließende Übergänge mit vielen Varianten.

- Die genauen Ursachen dieser Beeinträchtigung (Psychiater sprechen von Erkrankung) sind bis heute unklar. Neuere psychiatrische und neurologische Untersuchungen sprechen für eine Beteiligung genetischer Faktoren am Autismus. Aber auch Hirnschädigungen, körperliche Erkrankungen, biochemische Anomalien und neuropsychologische Störungen können von ursächlicher Bedeutung sein.

- Beim Entstehen des Autismus kann auch eine gestörte frühe Gefühlsbeziehung zwischen Kind und Mitwelt eine Rolle spielen. Dabei trifft die Eltern keine Schuld, denn die Primärerzieher haben es mit einer zunehmend technisierten und äußerlich funktionierenden Lebenswelt zu tun, die für den Kinderpsychiater Reinhart Lempp autistische Züge trägt. Lempp nimmt tiefgreifende Beziehungsstörungen zwischen den Menschen wahr. Er sieht darin eine Gefahr für die Demokratie und fordert eine Erziehung zur Verantwortlichkeit, zum Üben der Mit- und Einfühlungsfähigkeit (Lempp, 1996). Vor allem in Großstädten wird bei vielen Menschen das Vereinsamungssyndrom diagnostiziert. Bei sogenannten Naturvölkern scheint Autismus nicht zu existieren.

9.2.2 Weitere Denkanstöße

Persönliche Erfahrung
Kürzlich saß ich bei einer Benefizveranstaltung für Menschen mit Autismus mitten unter Menschen mit dieser Behinderung und ihren Freunden. Ich fühlte mich von der Atmosphäre angesprochen. Die Klaviermusik eines autistischen Menschen berührte mich. Ich erinnerte mich an erste Begegnungen mit kleinen Kindern mit Kommunikationsproblemen und ihren Eltern, die ich begleitet hatte. Mein Praxis-

und Forschungsbemühen ging in die Dissertation über die häusliche Früherziehung (1979) und in Handbücher der Sonderpädagogik ein. In zwei von mir betreuten Dissertationen und in einem Forschungsprojekt der Deutschen Forschungsgemeinschaft (DFG) wollte ich das Phänomen Autismus noch weiter ergründen und systematisch erforschen. Und ich fragte mich im Konzertsaal: Bin ich durch meine Forschung wirklich weitergekommen? Oder ist mir das Phänomen Autismus weiter entrückt – trotz weiterer Studien, Erfahrungen mit autistischen Menschen und interdisziplinärer Fachgesprächen. Je mehr ich weiß, umso skeptischer bin ich. Ist Resignation angesagt? Beileibe nicht, denn die Einsicht in die eigene Unzulänglichkeit und Fehlbarkeit tut gut (Klein, 2018a, S. 172 ff.).

Fragen und erste Antworten
Ich frage andere Forscher und Menschen mit Autismus und suche eine Antwort:

- Hat der niederländische Orthopädagoge Pieter Duker recht? Duker spricht vom „Abschied vom Autismus", weil das diagnostische Urteil das Wahrnehmen des Selbstbilds des Menschen in der intersubjektiven Situation verhindert (Duker, 2014). Wir kennen bewegende Text und Gedichte autistischer Menschen. Offenbar werden durch ein quantifizierendes und auf messbare Leistungen bezogenes Wahrnehmen ihre positiven Eigenschaften wie Authentizität, Musikalität, Originalität, Sensibilität und Spiritualität vernachlässigt. Geboten ist ein „anderer Blick" (Geist, 2017).
- Haben Menschen mit Autismus den Professionellen nicht viel mehr zu sagen als das durch den wissenschaftlichen Zugriff erkannte? Was wollen sie uns mit ihren Selbstbeschreibungen nahelegen?

9.3 Was wollen Menschen mit Autismus und ihre Mütter der Erzieherin sagen

In aktuellen Werken werden autistische Menschen nicht mehr von ihren Defiziten her wahrgenommen, sondern als Experten in eigener Sache betrachtet (Behinderte Menschen, 2018). Dabei ist nicht aus den Augen zu verlieren, dass sich Autismus als tiefgreifende Beeinträchtigung der Entwicklung lebenslang auswirken kann.

Dietmar Zöller
Dietmar Zöller möchte „Fürsprecher für autistische Menschen sein, die sich nicht artikulieren können" (Zöller, 2018, S. 54). Er gibt Einblick in sein Denken und Handeln, Fühlen und Wollen. Seine Impulse können wir als Bitte an die Professionellen verstehen. Sie können lernen ***wie*** sie ihre Arbeit gestalten und das distanzierende Verfügen über ihn in ein verstehendes Handeln wandeln. Was sagt uns Dietmar Zöller? (Zöller, 2008, S. 70):
„Wenn man ein einziges Gen für den Autismus verantwortlich machen könnte, dürfte es nach der Meinung vieler Menschen keinen Autismus mehr geben. Man würde den betroffenen Müttern raten, einen legalen Schwangerschaftsabbruch vornehmen zu lassen. Da die autistische Behinderung als eine außerordentlich schwere Behinderung gilt, die nicht heilbar ist, würde wohl kaum eine Mutter ein solches Kind aus-

tragen wollen. Glücklicherweise lässt sich die Ursache bzw. lassen sich die Ursachen für Autismus nicht auf ein Gen reduzieren. [...]
Dass ich keine verwertbare Leistung vorzuweisen habe, wie es einmal ein Schulleiter formuliert hat, ist richtig. Ich habe aber durchaus Möglichkeiten einen Beitrag für die Gesellschaft zu leisten. Ich kann helfen, für Menschen mit Autismus um Verständnis zu werben und ich kann manche genaue und sachliche Erklärung für ungewöhnliches Verhalten anbieten. Ich finde meinen Beitrag durchaus beachtenswert. Wenn nämlich mehr Menschen wüssten, warum autistische Menschen sich so verhalten, wie sie sich verhalten, dann wäre man zu mehr Konzessionen bereit, und die Verantwortlichen würden realisieren, dass diese Personengruppe nicht weniger Hilfe braucht als z. B. blinde Menschen, denen man selbstverständlich ein Blindengeld zuerkennt.
Ich bin froh, dass ich lebe und ich bin froh, dass meine Mutter nie vor der Frage stand, ob sie mich austragen soll oder nicht. Bin ich ein Schaden für meine Familie? An manchen Tagen könnte ich es verstehen, wenn meine Eltern so etwas denken würden. Es gibt nämlich Tage, an denen ich einen materiellen Schaden verursache. Anfallsartig überrumpeln mich Zustände, denen ich nicht aus eigener Kraft entkommen kann. Ich spüre meinen Körper nicht, schlage mich und springe aus Verzweiflung auf Möbeln herum. [...]
Ich zweifle manchmal am Sinn meines Lebens, aber immer wieder komme ich zu dem Schluss: Ich bin ein Geschöpf Gottes, das man nicht verachten darf.
Niemand weiß, warum das Leiden gerade ihn betroffen hat. Ich aber bin mehr und mehr überzeugt, dass mein Leiden einen Sinn hat. Ich muss es aushalten, dass die Warum-Frage unbeantwortet bleibt. Ahnungen habe ich wohl, wozu mein Leben gut ist. Eigentlich brauche ich nicht mehr.
Menschliches Leben ohne Leid ist nicht möglich. Wer den christlichen Glauben ernst nimmt, der weiß, dass nirgendwo in der Bibel versprochen wurde, dass wir ohne Leiden sein werden, solange wir leben.
Wichtig ist ein Leben in Würde für alle Menschen zu garantieren, auch für die, die mit einer Behinderung geboren werden. Darin sehe ich eine gesellschaftliche Aufgabe."
Dietmar Zöller hat zahlreiche Buchveröffentlichungen (siehe Webseite dietmarzoeller.de.tl), ist wissbegierig und möchte weitere fremde Kulturen kennenlernen. Auch als Erwachsener braucht er wegen seiner autistischen Verhaltensweisen eine ständige Begleitung: „Ohne meine Eltern kann ich nicht verreisen" (Zöller, 2018, S. 54). Er verliert auch im hohen Alter die Selbstkontrolle und ist darüber traurig, dass der „Umgang mit den Unruhezuständen schwieriger geworden ist" (ebd.).

Greta Thunberg

Greta Thunberg, ein Mensch mit Asperger-Syndrom, ist mit 16 Jahren bei der UN-Klimakonferenz im Herbst 2018 im polnischen Katowice mit ihrer berühmten Rede in das Bewusstsein der Weltöffentlichkeit getreten. Die junge Schwedin erkannte die existentielle Bedrohung des Menschen, die sie unerschrocken öffentlich begründet. Die angesehene amerikanische Zeitschrift „Time Magazine" bezeichnete sie als einen der eiflussreichsten Teenager des Jahres 2018.
Mit elf Jahren wurde Greta Thunberg durch die Beschäftigung mit dem Klimawandel depressiv, hörte auf zu sprechen und zu essen. Sie überwand ihre Behinderung dadurch, dass sie sich für eine bestimmte Aufgabe einsetzte. Was sie für gut und

richtig erkannte, verfolgt sie mit aller Konsequenz. Mit authentischer Standfestigkeit hält sie an ihren Zielen fest. Sie entfaltet als kraftvoll wirkende Persönlichkeit mit dieser Gabe eine unerwartet hohe öffentliche Wirkung. Greta Thunberg fordert: Ändert euren Sinn, ändert euer Handeln – nicht irgendwann, sondern jetzt und hier. In einem Interview sagte sie schmunzelnd: „Wenn ich nicht Asperger hätte und so komisch gewesen wäre, wäre ich in dem sozialen Spiel gefangen, in das alle anderen so vernarrt sind“ (zit. n. Denger, 2019, S. 18).

Dr. med. Christine Preißmann

Christine Preißmann, praktizierende Ärztin für Allgemeinmedizin und Psychotherapie, hat im Alter von 27 Jahren die Diagnose Asperger-Syndrom erhalten und dadurch Antworten auf viele Fragen ihres Lebens gefunden. Durch Referate und Veröffentlichungen (Preißmann, 2017, 2018) macht sie – aus der Sicht eines Menschen mit Autismus und – aus der Sicht einer therapeutisch-pädagogischen Fachkraft in eigener Sache aufmerksam und überwindet damit die in der Regel anzutreffende distanzierte klinisch-defizitäre Betrachtung.

Preißmann hatte große Schwierigkeiten beim Spielen mit anderen Kindern, war „am liebsten ganz allein“. Weil sie Sinneseindrücke sehr intensiv wahrnahm, wurde ihr der Schulalltag mit seinem Lärm zur nervlichen Zerreißprobe. Doch sie hielt durch und studierte Medizin. Die Fähigkeit schnell auswendig zu lernen, kam ihr zugute. Doch das soziale Uni-Leben überforderte sie zunehmend. Auf die fortwährende Reizüberflutung antwortete sie mit Kopfschmerzen und innerer Unruhe. Manchmal half ihr nur, sich flach auf den Boden und den Couchtisch mit der Platte nach unten auf den Körper zu legen: „Der feste Druck beruhigte mich, und was für mein Umfeld skurril ausgesehen haben mag, war für mich selbst sehr hilfreich“ (Preißmann, 2019, S. 32). Die Folgen des kräftezehrenden Kampfes machten sich im 25. Lebensjahr besonders bemerkbar. Sie wurde depressiv und ängstlich und begab sich in psychotherapeutische Behandlung. Ihr Glück war, „dass die Therapeutin sich mit Autismus-Spektrum-Störungen auskannte“ (ebd.). Nun konnte sie den Alltag mit Unterstützung der Therapeutin an ihren Bedürfnissen orientieren. Heute hat die Ärztin und Therapeutin ihr Leben im Griff und zog aus dem Elternhaus aus. Kontakte zu knüpfen und zu halten, fällt ihr aber „nach wie vor sehr schwer“. Doch inzwischen richtet sie ihr Leben so ein, „dass es nicht nur erträglich, sondern erfüllt ist“ (ebd.). „Menschen mit Autismus fühlen sich in allen Lebensbereichen ganz erheblichem Stress ausgesetzt.“ Eine Heilung ihrer „autistischen Beeinträchtigung ist nicht möglich“. Da „wir nicht wissen“, was für diesen Menschen gut ist, besteht „unsere Fachkompetenz darin, ihnen behilflich zu sein, das für sich herauszufinden“ (Preißmann, 2019, S. 29).

Da psychische Begleiterkrankungen in Form von Ängsten und Depressionen gegeben sind und einen „enormen Leidensdruck“ verursachen, wollen betroffene Menschen Hilfe

- „beim Umgang mit Stress,
- bei der sozialen Interaktion, v.a. im Hinblick auf Freundschaft und Partnerschaft, aber auch am Arbeitsplatz,
- beim Umgang mit Emotionen, mit den eigenen Gefühlen ebenso wie mit den Gefühlen anderer Menschen,

- bei den alltäglichen Anforderungen und
- im Hinblick auf die eigene Identität" (ebd.).

Menschen mit Autismus haben ein Bedürfnis nach Routinen, Ritualen und festen Strukturen. Auch wenn dieses Bedürfnis auf andere Menschen „stupide und unsinnig wirken möge", ist ihm zu entsprechen. Dadurch erfahren sie vor allem „in anstrengenden Zeiten Entspannung und Wohlbefinden, weil diese vertrauten Abläufe viel weniger Energie verbrauchen und man auf diese Weise entspannen kann. Diese immer gleichförmigen Aktivitäten sind also durchaus eine Ressource, um Überforderungen zu vermeiden" (ebd., S. 30). Veränderungen, die gerade für das Lernen wichtig sind, „sollten auf jeden Fall rechtzeitig mitgeteilt werden, damit sie nicht so viel Angst auslösen" (ebd.). Und bei Erklärungen sollte geduldig und detailliert vorgegangen werden, ebenso sind komplexe soziale Situationen zuvor zu erläutern.

Preißmann hebt hervor, dass es für autistische Menschen wichtig ist, ein „Gefühl der Wertschätzung" zu erleben, da sie in ihrem bisherigen Leben „nahezu ausschließlich Ablehnung erfahren" mussten (ebd., S. 32). Sie wollen sich persönlich in der Begleitung einbezogen fühlen und nach ihren Wünschen und Zielen gefragt werden. Dank dieser feinfühlenden Beziehung konnte sie ihr Studium und ihre Facharztweiterbildung „erfolgreich abschließen" (ebd.). Ohne diese pädagogisch-therapeutische Begleitung „wäre ich heute wohl kaum in der Lage, in meinem Beruf zu arbeiten und hätte keinen Zugang zu zwischenmenschlichen Kontakten, die diese Bezeichnung auch verdienten. Vermutlich hätte ich keine Ahnung davon, was ‚leben' tatsächlich bedeutet" (ebd.).

Im Hinblick auf die Besonderheit der Wahrnehmung hebt Preißmann hervor, dass autistische Menschen „meist überempfindlich für Sinnesreize aller Art sind, besonders problematisch ist oft das Hören" (ebd.). Es gelingt ihnen „nur schlecht störende Reize weg zu filtern, sodass alle Reize gleichzeitig nebeneinander wahrgenommen werden, wichtige Geräusche etwa ebenso wie Störgeräusche. Es kann dadurch zu einer sensorischen Überbelastung und zur Reizüberflutung kommen mit Verhaltensauffälligkeiten wie Wutanfällen oder verschiedenen Stresssymptomen, die man nicht immer richtig einschätzen kann und die zu Unverständnis führen, wenn man nicht um die Problematik weiß" (ebd.).

Preißmann erkennt: „Viele autistische Menschen empfinden ihr Dasein als ein Leben in zwei Welten. Auf der einen Seite sind sie selbst als autistischer Mensch, auf der anderen Seite ‚die anderen', ohne dass es möglich wäre, eine gemeinsame Schnittstelle zu finden. Manche Betroffenen entscheiden sich dann für ein zurückgezogenes Leben und verzichten fast vollständig auf Kontakt und auf ein Miteinander, wenngleich sie es sich nicht selten wünschen. Aber dieser stetige Rückzug führt letztlich oft zu Isolation, einem Gefühl der Einsamkeit und nachfolgend zu einer Depression. Andere autistische Menschen entscheiden sich dagegen für Kontakt und Zugehörigkeit, also für ein Leben in der ‚Normalität', sie streben permanent nach Anpassung. Das bedeutet viel Stress und mündet ebenfalls in Depressionen oder auch in weitere psychische bzw. psychosomatische Störungen. Jede der beiden Alternativen macht also auf Dauer krank" (ebd., S. 32f.).

Die Lösung dieses Dilemmas sieht Preißmann darin, dass „man zunächst die eigene Welt würdigt, mit allen Unterschieden, mit Schwierigkeiten wie auch Ressourcen. Von dieser eigenen Welt ausgehend erfolgt eine angeleitete ‚Expedition' in die Welt der anderen“ (ebd., S. 33). Durch dieses Pendeln zwischen zwei unterschiedlichen und dennoch gleichwertigen Welten wird eine „authentische Schnittmenge“ erlebt. Dieses Erleben ist „letztlich die entscheidendste und heilsamste Erfahrung“. Es werden bei aller Unterschiedlichkeit grundlegende Gemeinsamkeiten und Grundbedürfnisse“ wahrgenommen, die „allen Menschen“ eigen sind, eben deshalb, weil sie alle „Menschen sind“. Diese Erfahrung im Dialog ermöglicht „das Erleben von Verbundenheit und Zugehörigkeit ohne Selbstverleugnung“ (ebd.). Geboten ist ein rechtzeitiges feinfühlendes Begleiten und Leiten des autistischen Menschen.

Wie Gerda Thieme (Mutter und Pädagogin) Zugang zu ihrem Sohn fand

Die Mutter war bemüht, ihrem Sohn Dirk

— mit Geduld und Wärme zu begegnen,
— ihm Sicherheit und Standfestigkeit zu geben und
— ihn mit dem Blick für das augenblicklich Mögliche zu sehen.

„Immer wieder versuchte ich, Dirks augenblickliche Möglichkeiten durch Beobachten und Erspüren herauszufinden, neue Ansatzpunkte zu entdecken (alle Bereiche des täglichen Lebens bieten Ausgangsmöglichkeiten, es spielt keine Rolle, wo ich begann) und auf sein eigenes Tun einzugehen. [...] Bei Dirks Förderung war mir nur die Gegenwart wichtig. Die Vergangenheit wurde zur Vergleichsbasis und die Zukunft richtungsweisend. Dieser Einsicht habe ich es zu verdanken, dass ich mich über die ersten [...] Fortschritte freuen konnte. Diese aber waren das notwendige Fundament für die spätere aufsteigende Entwicklung“ (Thieme, 1975, S. 47f.).

Inzwischen ist die Einbeziehung der Eltern in die Therapie ihres Kindes zum festen Bestandteil der Erziehung geworden. Die Eltern werden von den Therapeuten als Partner akzeptiert. Sie können durch ihre Beobachtungen im alltäglichen Zusammensein mit ihrem Kind auch für den Erzieher oder Therapeuten neue Möglichkeiten erschließen und so den Fachkräften ihr Wissen und Können weitergeben. Professionelle Kräfte können von den Eltern viel lernen.

Ihre Einbeziehung hat aber auch den Sinn, dass die Eltern sich innerlich entlastet fühlen. So können sie ein neues Verständnis für ihr Kind gewinnen und dadurch das Gefühl der Hilflosigkeit verringern. Und sie können zunehmend besser die Fähigkeiten ihres Kindes wahrnehmen, es liebevoll annehmen und sich mit den Grenzen seiner Entwicklung aussöhnen.

Es ist unter allen Umständen zu vermeiden, dass Eltern in die Rolle des unmündigen Co-Therapeuten gedrängt werden. Therapeut und Erzieher haben darauf zu achten, dass die Bedürfnisse der gesamten Familie gesehen werden. Erst dann ist eine zufriedenstellende Kooperation mit den Eltern gewährleistet.

Hilke Osika (Mutter und Musiktherapeutin) lernt von ihren drei Kindern mit Autismus

Aus Hilke Osikas Bericht „FC und was wir von Menschen mit schwerem Autismus lernen können“ lassen sich folgende Haltungs-Kompetenzen gewinnen:

— Geduld
— selbstlose Liebe
— Dankbarkeit
— Ehrfurcht
— Demut

- Zutrauen
- Interesse

Diese Grundqualifikationen erlernte Osika mithilfe von Übungen, die Rudolf Steiner „Nebenübungen" nannte und in Schweden „grundlegende Übungen" heißen.
Es sind Übungen im meditativen Denken, die heute gegen das Phänomen der Beschleunigung angeboten werden:

- *Klares Denken üben:* Gedanken steuern und nicht wild assoziieren; gut überschaubare Gedanken in den Mittelpunkt der Aufmerksamkeit stellen; nicht nach einem Schema, sondern aus dem Augenblick heraus klare Gedanken intuitiv entwickeln.
- *Willensübungen:* Kleine Handlungen planen und regelmäßig nach dem individuellen Rhythmus üben.
- *Übungen des Gleichmuts:* „Wenn Angst oder Entzücken oder Wut mit einem durchzugehen drohen, versucht man, sich nur für einen Augenblick zu vergegenwärtigen, wie es ist, wenn man gefühlsmäßig ganz im Gleichgewicht ist. [...] Mit der Zeit kann man bemerken, dass man die Herrschaft über seine Gefühle nicht mehr verliert. Und das Gefühlsleben wird dadurch nicht ärmer, sondern reicher, nuancierter" (Osika, 2008, S. 25).
- *Positivitätsübungen:* Etwas Positives auch in dem finden, „was hässlich, abscheulich oder entsetzlich ist. Sich des Negativen einer Sache voll bewusst zu bleiben und doch, darüber hinaus, zu versuchen, etwas Positives herauszufinden" (Osika, 2008, S. 26).
- *Übung der Vorurteilslosigkeit:* Für neue Erfahrungen offen sein. „Wenigstens für einen Augenblick lang eine Hintertür offen zu halten, dafür, dass etwas ganz Unmögliches doch möglich sein könnte. Eine solche Haltung ist doch eigentlich die Voraussetzung für wahre Wissenschaft!" (Osika, 2008, S. 27).

Abschließend fragt Osika nach der Fähigkeit, sich in einen anderen Menschen und in seine Situation einzufühlen und einzuleben. Sie zitiert einen jungen Mann mit Autismus, der bei einer öffentlichen Veranstaltung auf die Frage „Wie ist es eigentlich, Autismus zu haben?" auf dem Laptop schrieb:
„Es ist wirklich fürchterlich. Man versteht, was die Leute sagen aber selber kann man nichts sagen. Sondern man macht richtig blödsinnige Sachen, ohne es verhindern zu können. Und man kann auch nichts Vernünftiges lernen. Das ist ganz entsetzlich! Das ist ganz entsetzlich" (Osika, 2008, S. 30).
Osika kommentiert die Antwort. „Ich selber war natürlich der Ansicht, dass ich für meine drei autistischen Söhne Liebe und auch Empathie habe. Da war nun doch diese Einsicht schockierend für mich. Ich begriff, dass es noch etwas anderes ist, sich wirklich in den Zustand eines solchen Menschen einzuleben. Wagt man es, wird es zu einem Leiden für einen selber: ‚Mitleid'. Nein, nicht dass es einem ‚leid' tut, nicht nur ‚verstehen', sondern für einige Augenblicke versuchen, dieses Leiden selber, als eine eigene Erfahrung, zu erleben – so gut das nun geht. Man kommt wohl nur durch ein solches wahres Mit-leiden zu einem wirklichen Verstehen und zu dem rechten Respekt vor diesen geplagten Menschen. Daraus kann dann auch

der tiefste Impuls, helfen zu wollen, entspringen und auch die beste Intuition dafür, wie zu helfen ist“ (Osika, 2008, S. 30 f.).

9.4 Was die Erzieherin von autistischen Menschen und ihren Eltern lernen kann

Die Entwicklung sozialer Fähigkeiten und Fertigkeiten des Kindes mit Autismus hat in der inklusiv arbeitenden Kita eine besondere Qualität vor allem dann, wenn die anderen Kinder angeleitet werden, wie sie mit dem Kind kommunizieren und interagieren können. Folgende Gesichtspunkte sind zu nennen, auf die autistische Menschen die Erzieherin aufmerksam machen:

- Es kann als gesichert gelten, dass autistische Kinder das Verhalten anderer – möglichst gleichaltriger – Kinder eher imitieren als das Erwachsener. Sie lernen leichter, indem sie das Verhalten anderer Kinder beobachten. Ihr Imitationslernen ist eigenaktives und schöpferisches Lernen!
- Die anderen Kinder können das Verhalten des Kindes mit Autismus beeinflussen, indem sie das Kind in die Spiele einbeziehen. Sogar sehr zurückgezogene autistische und kommunikationsbeeinträchtigte Kinder können erfolgreich lernen – allerdings nur dann, wenn die Erzieherin andere Kinder sensibel auf diese Aufgabe vorbereitet hat.
- Das Zusammensein und gemeinsame Spielen und Lernen fördert die kooperative Lernsituation, bei der ein Erfolg der Gruppe von der Zusammenarbeit aller abhängt. Es ist darauf zu achten, dass Spiele mit hohen sozialen Anforderungen das Kind mit Autismus mit Aufgaben konfrontiert, die es verwirren können. Deshalb wird die Erzieherin behutsam vorgehen und die Regeln für das Spielen und Lernen klar und eindeutig vorgeben (Sarimski, 2016).

Beispiel
Kinder sitzen um einen Tisch und reichen eine Schachtel mit Spielgegenständen herum. Jedes Kind kann sich einen Gegenstand herausnehmen und ihn benennen. Diese Aufgabe mag einfach erscheinen, sie konfrontiert die Kinder aber mit einer Reihe von Anforderungen: Sich auf die Schachtel konzentrieren – die Schachtel von einem anderen Kind annehmen – sich aus der Schachtel den gewünschten Gegenstand auswählen – diesen Gegenstand benennen – den Gegenstand aus der Schachtel nehmen – die Schachtel dem nächsten Kind weitergeben.

Kinder mit Autismus mit akzeptierender Haltung verstehen
Um autistischen Kindern zu helfen, hat die Erzieherin zu versuchen, das Kind mit einer akzeptierenden Haltung zu verstehen. Und genau das ist schwierig, denn das Verhalten der Kinder befremdet, ist oft nicht erklärlich und nachvollziehbar. Es macht hilflos und ohnmächtig. Werden Hilflosigkeit und Ohnmacht verdrängt, dann ist ein resignierender Rückzug die Folge, der sich in folgender Äußerung zeigt: „Das ist ein Autist, da lässt sich ja nichts machen.“

Deshalb besteht die erste pädagogische Aufgabe darin, das Wahrnehmen des Kindes mit Autismus auf den Prüfstand zu stellen, sich die eigene Unzulänglichkeit einzugestehen und bewusst zu machen, indem eingefahrene Beurteilungsmuster hinterfragt und folgende Gesichtspunkte beachtet werden:

- Das Bedürfnis des Kindes nach gleicher Ordnung im Raum und in der Zeit, nach einem klar geplanten und möglichst gleichbleibenden Tagesablauf gibt ihm Halt.
- Sein Bedürfnis, sich nach eindeutig vereinbarten Regeln zu verhalten, die in der Kita die gleichen sein müssen wie zu Hause, gibt ihm ebenfalls sicheren Halt.
- Seine besonderen Interessen, die als absurd erscheinen mögen, geben ihm Sicherheit.
- Auch Stereotypien können ihm Sicherheit verschaffen.
- Schrei- und Wutanfälle in unübersichtlichen Situationen sind für das Kind die einzige Strategie zum Überleben.
- Bestimmte Gewohnheiten beim Essen (zum Beispiel genaue Einhaltung der Anordnung auf dem Platz) können zur Stabilisierung des Verhaltens beitragen.
- Das Kind kann große Mühe beim Ausführen seiner Handlungen haben, wenn verschiedene Aktivitäten gleichzeitig gefordert werden (zum Beispiel einen Menschen anschauen und ihm gleichzeitig zuhören).
- Für das Kind können bestimmte Wahrnehmungseindrücke zu stark sein (zum Beispiel die verschiedenen Farben eines Kleidungsstückes).
- Zu viele Wahrnehmungseindrücke gleichzeitig können starken Stress bedeuten (zum Beispiel das Rauschen von Bäumen und gleichzeitiges Vogelzwitschern).
- Wahrnehmungseindrücke, die an sich zusammengehören, kann das Kind nicht ganzheitlich wahrnehmen, sondern nur isoliert nacheinander (zum Beispiel kann das laute Ballspielen mit mehreren Kindern verwirren und es macht keine soziale Erfahrung „miteinander Ball spielen").
- Es fällt dem Kind schwer, die Mimik, Gestik und den Tonfall der Stimme von anderen Menschen zu verarbeiten (es kann zum Beispiel der Geste und dem gleichzeitigen Sprechen keine Informationen entnehmen).
- Häufig ist auch seine Verarbeitungsgeschwindigkeit beim Aufnehmen der Sprache von anderen Menschen verlangsamt.
- Das Kind zeigt Unverständnis gegenüber ungewohnten und unerwarteten Verhaltensabläufen.

Die Gesichtspunkte verdeutlichen, dass die Erzieherin als Kommunikationspartnerin des Kindes über Möglichkeiten verfügt, seinen Lebenserschwernissen Rechnung zu tragen und es dabei unterstützen kann, sich mit seinen Fähigkeiten, Stärken und Ressourcen als gleichberechtigter Partner einzubringen. Durch ihre wohlwollende Grundhaltung gibt sie dem Kind das Gefühl, es in seinem Verhalten zu verstehen und von ihm nichts Bestimmtes zu erwarten. Sie ist einfach für das Kind da. Dadurch kann es sich eingeladen fühlen, eine Beziehung herzustellen (Sautter, 2004, S. 75; Schwarz, 2020).

9.5 Gestützte Kommunikation (FC-Methode)

Birger Sellin lernt mit der FC-Methode zu kommunizieren

Birger entwickelte sich bis in die letzten Monate des zweiten Lebensjahres unauffällig. Er „war ein aufgeschlossenes, vergnügtes und allseits beliebtes Kind, das sehr früh zu sprechen begann". Dann verschwand „er in einer anderen Welt, aus der für ihn bis heute kein Weg zurückführte" (Sellin, 2015, S. 19). Sein Wortschatz wurde immer kleiner und eines Tages verstummte er. Er wich dem Blickkontakt mit seiner Mutter und seinem Vater aus. Die Eltern sahen hilflos zu, wie sich ihr Kind von ihnen zurückzog. Sie waren ratlos und verzweifelt, hatten aber das Gefühl, dass Birger sie genau beobachtete und verstand. Hinter seiner Mauer schien doch eine geistige Kraft zu schlummern, die vieles wahrnahm.

Nun schweigt Birger. Er zieht sich immer weiter zurück und lebt in seinem „autistischen Kerker". Sein Blick ist unstet. Er schaut ins Leere, geht keine uns vertraute Kommunikation ein, macht monotone Schaukelbewegungen, nimmt Murmeln in seinen Plastikbecher und lässt sie zum Boden fallen. Das wiederholt er unendlich oft. Wird er angesprochen, schlägt er sich mit seinem rechten Handballen ins Gesicht und fängt an zu schreien. Birger lebt in ständiger Hektik, rennt ziellos im Haus umher und ist scheinbar desinteressiert.

Zur Methode der gestützten Kommunikation

Birger schien ein „hoffnungsloser Fall" zu sein, bis die Eltern die Gestützte Kommunikation (englisch: „Facilitated Communication", abgekürzt FC) kennenlernten. Die FC-Methode ist der australischen Pädagogin Rosemary Crossley zu verdanken, die sie für spastisch gelähmte Menschen entwickelt hatte, um mit ihnen zu kommunizieren. Die Methode geht davon aus, dass ein Kind sich aufgrund sozialer und kommunikativer Blockierungen sprachlich nicht äußern kann. Um diese Blockaden zu überwinden, benötigt es eine leichte physische, verbale und emotionale Hilfestellung, sodass neuromotorische Probleme des Kindes zumindest temporär überwunden werden (Crossley, 1997, S. 22).

FC ermöglicht es dem Kind mit beeinträchtigter Kommunikation und mit gestörten hand- und fingermotorischen Bewegungen, dass es sich durch Zeigen auf Gegenstände, Fotos, Symbole, Wörter oder Buchstaben mitteilen kann. Die Mutter oder eine andere vertraute Person stützt seinen Unterarm, z. B. beim Zeigen auf ein Symbol oder einen Buchstaben auf dem Computerbildschirm. Die geringe Hilfe genügt, um mit dem Zeigefinger die Tasten zu drücken und sich schriftlich zu äußern. Anfangs erfolgt die Unterstützung gezielt, teilweise wird auch die Schreibhand leicht geführt. Diese Beziehungsaktivitäten werden durch ermutigende Worte und Gesten begleitet. Sie geben dem Kind emotionale Sicherheit. Nach und nach wird die Stütze reduziert.

Birger tippte anfangs nur Wortfetzen. Die Eltern ließen ihn Fotos und Bilder aus seinem Erlebnisfeld lesen, die er fehlerfrei beantwortete. Und am 13. Tag seiner Schreibzeit schrieb er für seine Mutter: „Ich hab dich lieb" (Sellin, 2015, S. 51). Als 19-Jähriger verfasste er mit dem Laptop Texte aus seiner Welt, die eine große innere Not mitteilen. In seinem Buch „ich will kein inmich mehr sein. botschaften aus einem autistischen kerker" schrieb er: „ich will so gerne aus meinem isolierten leben herausfinden aus dekadenten Verhaltensweisen, in die ich mich einpanzere ich erfahre nur frustration tagein tagaus ohne hoffnung es ist wie lebendig begraben sein die einsamkeit eines autisten ist wie ein wuchernder erdklumpen auf der seele“ (Sellin, 2015, S. 12 f.).

Die FC-Methode wird inzwischen weltweit angewandt. Kinder mit Autismus können das System der Schreibsprache oft schon im Kita-Alter lernen. Diese Leistung zeigt, dass sie über ein reiches geistiges Innenleben verfügen, das im krassen Widerspruch zu ihrem Verhalten steht.

9.6 Erste Merkmale wahrnehmen und am Bedürfnis orientieren

Kinder mit Autismus unterscheiden sich erheblich voneinander. Bei einigen ist bis zum Ausbruch des Autismus nichts Außergewöhnliches zu beobachten, sie entwickeln sich ganz normal und kommunizieren mit einer altersgemäßen Sprache. Plötzlich bricht die Entwicklung ab. Dieser Abbruch wird häufig durch ein besonderes Ereignis oder Erlebnis ausgelöst.

Über diesen plötzlichen Ausbruch von Autismus gibt es vor allem psychologische, hirnorganische, genetische und biochemische Vermutungen, die bei einem Kind ganz oder teilweise und beim anderen gar nicht zutreffen können. Welche Faktoren wirklich ausschlaggebend sind, hat die Wissenschaft bis heute nicht klären können. Die Vermutung liegt nahe, dass es den typischen Autismus gar nicht gibt und stattdessen sehr viele Faktoren eine Rolle spielen, die zu einer Autismus-Spektrum-Störung mit individuellen Ausprägungen führen.

Die folgenden Merkmale haben sich nach und nach herauskristallisiert. Dabei ist zu beachten, dass es sich um Wahrnehmungen und Deutungen außenstehender Menschen handelt. Wie und was ein Kind mit Autismus aber wirklich fühlt und denkt und was es will, das wissen wir im Grunde nicht. Warum meidet es den Blick- und Körperkontakt? Warum reagiert es auf Annäherung mit Ablehnung, Rückzug oder Abkapselung? Wir sind auf Vermutungen angewiesen, die von Vorurteilen nicht zu trennen sind. Aber wir kommen nicht umhin, etwas, das nicht beschreibbar ist, zu beschreiben, damit die Hilfe rechtzeitig erfolgen kann.

Erste Erkennungszeichen können schon vom 6. Lebensmonat an und dann in zunehmendem Umfang deutlich hervortreten: *Das Kind*

- zeigt fehlende oder mangelnde Kontaktaufnahme,
- nimmt wenig oder keinen Blickkontakt auf,
- lehnt Liebkosungen ab,
- reicht einer vertrauten Person nicht die Hände entgegen, um in die Arme genommen zu werden,
- hat ritualisierte Verhaltensweisen,
- hat geringe Eigenaktivität und ist häufig auffallend ruhig,
- hantiert oder spielt mit stereotypen Bewegungsfolgen,
- äußert sich sporadisch lallend und leise-monoton,
- hat geringes oder kein Interesse an Ereignissen seiner Umwelt,
- hat Störungen beim Ein- oder Durchschlafen,

— erscheint häufig schwerhörig bis taub oder sehbehindert bis blind.

Diese Symptome, die nicht in ihrer Gesamtheit aufzutreten brauchen, bedürfen der medizinisch-psychologischen Abklärung. Durch rechtzeitige fachliche Beratung und Begleitung können drohende Verfestigungen der Verhaltensweisen verhindert werden (Notbohm/Zysk, 2019). Da wir die Ursachen des Autismus nicht hinreichend kennen, ist für die pädagogische Bildbarkeitsdiagnose die Früherkennung notwendig. Die mir bekannten Berichte, die von großen Fortschritten sprechen, beziehen sich auf Kinder bei denen die Hilfe vor dem 4. Lebensjahr begann.

Am Bedürfnis orientieren

Kinder mit Autismus haben ein elementares Bedürfnis nach

- räumlicher Ordnung in der Umwelt (Struktur),
- zeitlicher Ordnung, Vorhersehbarkeit und auch Gleicherhaltung der alltäglichen Abläufe,
- einfacher visueller Gestaltung der Umwelt sowie
- eindeutiger Kommunikation und Interaktion (Voigt, 2020).

9.7 Gestaltung der strukturierten Erziehungssituation

Für einen erfolgreichen Lernprozess ist die Strukturierung des räumlichen Umfeldes und der Zeit eine wichtige Voraussetzung. Die Erzieherin hat sich darauf zu konzentrieren, die Mit- und Umwelt für das Kind so zu strukturieren, dass es in die Kommunikation (mit Menschen) und Interaktion (mit Gegenständen) eintreten kann. Bei der Gestaltung der pädagogischen Situation benötigt das Kind einen feinfühlenden, vertrauenswürdigen, verlässlichen und konsequent-haltgebenden Kommunikationspartner, der auch in schwierigen Situationen nicht versagt.

Wie ist nun die Erziehungssituation konkret zu gestalten, die dem Kind Gelegenheit gibt

- die Isolation aufzugeben,
- in die entwicklungsfördernde Beziehung mit Menschen und Gegenständen einzutreten und
- Strukturen des Handelns aufzubauen?

Das zeigt das Beispiel Stephen.

„Stephen, ein sieben Jahre altes Kind mit Autismus, weigert sich, am kunsttherapeutischen Programm teilzunehmen. Er läuft umher, hält weiten Abstand von der Therapeutin, sucht immer wieder die Ecken im Raum auf, wirft kurze Blicke zur Therapeutin, schaut in andere Richtungen, in die Raumecken oder einfach vor sich hin und versteckt sich hinter einem Gardinenvorhang. Die Therapeutin nimmt ein großes Blatt Papier, legt es in der Nähe des Vorhangs auf den Boden und schraffiert mit Kreidestiften ein einfaches abstraktes Farbgebilde.

Stephen wirft einen kurzen Blick auf das Papier und zur Therapeutin, bleibt aber hinter dem Vorhang. Die Therapeutin setzt sich an ihren Arbeitstisch und wartet. Bald kommt Stephen aus seinem ‚Versteck' hervor und nähert sich der Therapeutin. Er begibt sich unter ihren Tisch. Langsam bewegt die Therapeutin ihren rechten Arm unter den Tisch und bietet Stephen einen Kreidestift an. Er ergreift die Kreide.

Daraufhin reicht sie ihm ein Blatt Papier, das er auch annimmt. Die Therapeutin hört, dass Stephen unter dem Tisch malt. Bald streckt Stephen seine Hand mit der Kreide sichtbar aus. Die Therapeutin spürt, dass dies ein Signal für einen anderen Kreidestift ist. Sie tauscht den Stift aus. Ihre Vermutung ist richtig: Stephen ergreift den Stift und malt weiter. Bald kommt es zu einem mehrfachen Austausch der Stifte" (Theunissen, 2009, S. 341).

Das Beispiel lehrt:

— Die Therapeutin oder Erzieherin wird bemüht sein, die Umgebung des Kindes klar und überschaubar so zu gestalten, dass es sich angesprochen fühlt, auf ein Ziel hin tätig zu werden.
— In der strukturierten Erziehungssituation müssen die Angebote für Kommunikation (mit Menschen) und Interaktion (mit Gegenständen) klar und eindeutig sein.
— In dieser pädagogisch-therapeutischen Situation kann das Kind Kontakt wünschen und es können erste Kommunikationen und Interaktionen angebahnt werden.

9.8 Der TEACCH-Ansatz

Der Name TEACCH leitet sich von den Anfangsbuchstaben der wichtigsten Komponenten des Ansatzes ab: **T**reatment and **E**ducation of **A**utistic and Related **C**ommunication handicapped **CH**ildren (Behandlung und pädagogische Förderung autistischer und in ähnlicher Weise kommunikationsbehinderter Kinder). Der Ansatz wurde von Eric Schopler und Robert Reichler in der psychiatrischen Abteilung der Universität von North Carolina (USA) entwickelt. Er verbindet Forschung und Praxis, umfasst alle Lebensalter und ist inzwischen weltweit verbreitet.

Der TEACCH-Ansatz ist ein ganzheitliches Konzept, das die Besonderheit des Kindes mit Autismus achtet und sich auf die Entwicklung individueller Hilfen zur Unterstützung des Lernens und zur selbstständigen Bewältigung des Alltags konzentriert (Häußler, 2016, 2018; Daun/Tuckermann, 2019).

Die Methode geht davon aus, dass autistische und ähnlich kommunikationsbeeinträchtigte Kinder sich im Raum und in der Zeit nicht so gut orientieren können wie andere Kinder. Sie benötigen beim Lernen klare Strukturen, die ihnen helfen,

— Zusammenhänge zu erkennen,
— Ereignisse vorhersehbar zu machen,
— Abläufe und Anforderungen zu durchschauen.

Die Methode ist an den Bedürfnissen und Fähigkeiten des Kindes orientiert und beachtet das Strukturieren und Visualisieren des Lernens in allen Bereichen der Entwicklung.

TEACCH gibt kein festes Behandlungs- und Erziehungskonzept vor, sondern eine Struktur bzw. einen strukturierten Handlungsrahmen. Dieser Rahmen ist eine gute Grundlage für die Erzieherin, um zu mehr Handlungssicherheit zu kommen. Ihr Handeln hat das Strukturieren und Visualisieren des Lernens zu beachten, das sich auf autismusspezifische Schwierigkeiten bezieht. Ein Kind mit Autismus kann visuelle Informationen häufig leichter verarbeiten als sprachliche Reize und soziale Anregungen, die es oft gar nicht wahrnimmt. Seine Aufmerksamkeit ist oft auf Details gerichtet, während es Schwierigkeiten hat, Zusammenhänge herzustellen und zu erkennen. Und wenn etwas seine Aufmerksamkeit erregt hat, fällt es ihm schwer, sich wieder davon zu lösen und auf etwas Neues zu orientieren.

Strukturierung und visuelle Gestaltung des Lernraums und der Lernzeit bieten Orientierung und erleichtern das Lernen

- *Strukturierung und Visualisierung des Raumes:* Die Orientierung im Raum fällt dem Kind leichter, wenn ihm klar ist, was an welchem Ort erwartet wird und was es dort tun kann. Schon mit einfachen Hilfsmitteln wie Klebeband, Schildern, Bildern, Fotos, Piktogrammen oder Symbolen kann ihm bei seinen Bewegungen im Raum eine nützliche Orientierungshilfe gegeben werden. Auch vertraute Gegenstände wie Spielsachen von zu Hause können dem Kind helfen, sich in neuen oder fremden Räumen zurechtzufinden.
- *Strukturierung und Visualisierung der Zeit:* Kinder fühlen sich in vorgegebenen Zeitstrukturen wohl. Sie wollen wissen, wann etwas beginnt, wann es aufhört und was danach kommt. Es gibt viele Möglichkeiten mit einfachen Hilfsmitteln die Zeitverläufe im strukturierten Raum visuell darzustellen.

Im strukturierten Raum und in der strukturierten Zeit können Aufgaben in kleinere Handlungsschritte gegliedert werden. So kann zum Beispiel die Darbietung einer kleinen Geschichte durch eine Abfolge von gut unterscheidbaren Bildern oder Zeichnungen unterstützt werden.

Abwandlungen des TEACCH-Ansatzes

TEACCH wurde mehrfach abgewandelt. Die Psychotherapeutin Sibylle Hartl versucht mit einer feinfühlenden Haltung dem Kind im Spiel Hilfen zum Erleben einfacher Zusammenhänge zu geben. So kann zum Beispiel auf der Basis des Spiels mit dem Kind (ein)geübt werden:

— Wo ist der Gegenstand?
— Wo bin ich jetzt?
— Was machst du jetzt?
— Was machst du dann?
— Was machst du am Abend?

Die Psychotherapeutin hebt abschließend hervor, „dass die meisten Autisten außergewöhnliche Persönlichkeiten sind und der Umgang mit ihnen etwas Besonderes ist. Sie bittet und ermutigt die Erzieherin:

— Lassen Sie beim Umgang mit Problemen Ihrer Fantasie freien Lauf!
— Haben Sie Geduld, manches braucht seine Zeit!
— Versuchen Sie Probleme zu hinterfragen und beachten Sie dabei den Inhalt!
— Trauen Sie den autistischen Menschen mehr zu!
— Gehen Sie von dem aus, was der autistische Mensch kann, auch wenn dies sehr wenig sein sollte, und fangen Sie dort an!“ (Hartl, 2003, S. 38).

Ein anderes am TEACCH-Ansatz orientiertes Konzept zur Förderung der sozialen Kompetenz hat seinen Schwerpunkt dahingehend verschoben, dass Freude am sozialen Kontakt Vorrang vor allem anderen hat. Das Ziel besteht darin, das Leben der Menschen durch positive und bedeutungsvolle (Spiel-)Erfahrungen mit Gleichaltrigen zu bereichern. Vorrangig geht es um das Wecken der Bereitschaft und Freude am sozialen Kontakt. Dies wird durch das Gestalten von Situationen erreicht, in denen die Gruppenmitglieder sich wohlfühlen können.

Hier bildet das positive Erleben und Verstehen sozialer Situationen die Grundlage für das Lernen. Eingebettet in Situationen und Aktivitäten, die für das Kind ansprechend, nachvollziehbar und bedeutungsvoll sind, werden dann soziale Umgangsformen und Verhaltensweisen hervorgelockt und geübt. Die Förderung in der Gruppe läuft im Wesentlichen über das rhythmisch gestaltete Spiel und über die Gestaltung von natürlichen Situationen, die sich aus dem Zusammensein mit anderen Kindern ergeben.

Da Kinder mit Autismus häufig Schwierigkeiten haben, das Gelernte aus einer Situation auf eine andere zu übertragen, liegt das Hauptgewicht darauf, soziale Situationen beim Spiel so zu gestalten, dass sie gemeinsame Lern- und Übungsmöglichkeiten bieten.

Beispiele für solche Hilfen sind

- Pläne und Uhren,
- visuelle Instruktionen und Gestaltung des Materials,
- eine übersichtliche Anordnung der Materialien,
- Markierungen auf dem Boden oder eine eindeutige Abgrenzung verschiedener Bereiche in der Kita.

Die angebotenen strukturierten Spiele, die Freude am sozialen Kontakt ermöglichen, können in vier Gruppen eingeteilt werden:

- Kooperatives Partnerspiel
- Kooperatives Gruppenspiel
- Spiele zum Abwechseln
- Kommunikationsspiele

Der TEACCH-Ansatz hat sich inzwischen weiter zu einer ganzheitlichen Erziehungsmethode gewandelt. Er achtet nun stärker das Miteinander in strukturierten Spiel- und Lernsituationen. Dieser Wandel basiert im Grunde auf dem „Situationsorientierten Ansatz im Kindergarten in der sozialpädagogischen Praxis", den Armin Krenz mit feinem Gespür für die heutige Lebenssituation des Kindes konzipiert hat (Neuhäuser/Klein, 2019, S. 145 ff.): Durch feinfühlende Entwicklungsbegleitung

- das Kind auch wirklich verstehen wollen,
- das Kind verlässliche Beziehungen erleben lassen und
- ihm klare und verbindliche Orientierungshilfe geben,

kann es seine Erfahrungen in strukturierten Spiel- und Lernsituationen machen und in der inklusiven Gruppe seine Identität nach und nach aufbauen.

Aufgabe der Erzieherin ist es, für Kinder mit Autismus und für Kinder mit Kommunikationsproblemen eine haltende Umgebung zu schaffen, in der sie

- ihren Weg selbst finden,
- Sinnvertrauen entwickeln,

- weniger oder fast keine Angst und Einsamkeit verspüren,
- Beziehungen zu Personen und Gegenständen herstellen,
- ihr Selbstwertgefühl und ihre Ich-Identität aufbauen können (Klein, 2019, S. 206 ff.).

9.9 Mit Musik, Rhythmik und Spiel das Kind zum Handeln einladen

Musik und Rhythmus berühren „Kopf, Herz und Hand"

Mit einem Kind zusammen sein, das die Hilfe um interaktive Begegnungen mit einem Starren in die Luft beantwortet, kann die Erzieherin auf die Palme bringen. Aber das Bemühen, all das, was um das Kind passiert, sprachlich zu beschreiben, eröffnet eine andere Perspektive: Es hilft dem Erwachsenen, lebendig zu bleiben, sein Denken zu pflegen und „erinnert das Kind an die freundliche Gegenwart des anderen und hilft ihm seine Welt, seine Handlungen und sein Denken zu strukturieren" (Janert, 2016, S. 63).

Bei diesem kreativen Vorgehen ist das Sprechen und Singen hilfreich. Singen meint nicht nur, dass mit dem Kind bekannte Kinder- und Volkslieder gesungen werden. Singen wird in einem viel weiteren Sinne verstanden: „Sie können sich fast durch den ganzen Tag hindurch singen, indem Sie Ihre fortlaufenden Kommentare einfach singen. Bei unseren Bemühungen, im autistischen Kind ein Interesse an der sozialen Kommunikation zu wecken, können wir wahrscheinlich keinen besseren Verbündeten finden als die Musik" (Janert, 2016, S. 64).

Musik ist eine rein emotionale Sprache, die ursprünglich ist und direkt zu Herzen geht. Die Kombination von Rhythmus und Melodie berührt körperlich, geht unter die Haut, in die Hände und in die Beine. Die Musik dringt in die körperliche und sinnliche Ebene des Kindes ein. Ein lebhafter Rhythmus erreicht selbst das „abgekapselte Kind, ohne ihm das Gefühl zu geben, bedrängt, überrannt oder bedroht zu werden" (ebd.).

Musik und Rhythmus ruft ein Gefühl der Sicherheit hervor

Musik und Rhythmus, eine Botschaft ohne Worte, haben unvermittelt einen Sinn und werden von Menschen aller Kulturen verstanden. Musik und Rhythmus teilen dem Kind etwas ohne Worte mit und haben doch einen Sinn – und machen darüber hinaus Spaß. Die Kontinuität einer Melodie, die wie ein Fluss fließt und die Erwartung der rhythmischen Gestalt rufen ein Gefühl der Sicherheit hervor. Erzieherin und Kind können ein Gefühl dafür entwickeln, dass jeder für sich spürt: Ich bin im Rhythmus und der Rhythmus ist in mir.

Der Rhythmus schafft eine Motivation auch da, wo zuvor keine war. „So wie ein Magnet Metallspäne in einen engen Kreis geordnet anzieht, so zieht der Magnetismus von Musik, Melodie und Rhythmus unsere Sinne in eine ganzheitliche Erfahrung zusammen. Die akustische Stimulation setzt sich in Form von Schwingungen fort, die durch den ganzen Körper gehen und körperliche Empfindungen mit emotionalen Gefühlen und geistiger Wachheit vereinigen" (Janert, 2016, S. 64).

Eine lebhafte Melodie kann Interesse wecken und ein zurückgezogenes Kind zum Mitmachen anregen. Und ein ruhiges Lied kann ein erregtes Kind beruhigen. Mit Sin-

gen, Musik und Rhythmus können viele emotionale Zustände ausgedrückt werden, ohne den anderen zu bedrohen oder zu erschrecken. Das einfachste und natürlichste Instrument ist die menschliche Stimme, die in der kommunikativen Situation mit den Augen begleitet wird.
Die Erzieherin braucht keine Musikerin zu sein, wenn es darum geht, etwas zu sagen und in eine ganz einfache und natürliche – selbsterfundene – Melodie zu kleiden.

Eine Melodie summen oder singen und dadurch das Kind zum Mitmachen einladen
Um ein Kind mit Autismus davon abzuhalten ständig im Raum herumzurennen, wenn es Zeit ist mit der Gruppe herauszugehen, kann die Melodie eines bekannten Kinderliedes wie „Meister Jakob, schläfst du noch" genutzt werden, um wiederholt zu summen und zu singen: „Hallo Rudi, hallo Rudi, kommst du mit, kommst du mit ..."
Auch ein Lied aus der rhythmischen Sprachgestaltung kann gewählt werden, bei dem die charakteristische Sprechweise des Gehens (munter, fröhlich) bei dem Vers „Wir wollen jetzt spazieren geh'n" zum Tragen kommt: Der Vers kann rhythmisch gesprochen und gleichzeitig leise mit einem Klanginstrument (Klangholz, Triangel) begleitet werden.
Selbst erfundene kleine Melodien und Rhythmen oder Melodien bekannter einfacher Lieder können mit eigenen Worten an die Situation angepasst und immer wieder gesungen werden. Die Melodie hüllt Kind und Erzieherin in eine „geteilte Aufmerksamkeit" ein und hält sie in guter Stimmung. Beide Partner werden durch die Tonfolge zusammengehalten. Es ist, als ob der Ton ganz instinktiv weiß, wohin er geht: „Der Fluss der Musik reißt den singenden und zuhörenden Menschen einfach mit, wie das Wasser das Flussbett" (Janert, 2016, S. 67). Singen und fließendes Wasser haben für viele autistische Kinder eine beruhigende und einladende Wirkung.

Mit einer erfundenen Melodie mit dem Kind in Kontakt kommen
Wenn es um das Aufräumen der Spielsachen geht, kann mit einer spontan erfundenen Melodie „Wir räumen jetzt auf, wir legen alles auf seinen Platz" das Kind zum Mitmachen eingeladen werden. Die singende Person kann das Kind beobachten und sich ganz auf das Kind, das mit seinem Auto noch in sich versunken spielt, einstimmen. Sie kann schnell oder laut singen, den Rhythmus verlangsamen oder beschleunigen und versuchen, das Interesse des Kindes zu wecken.
Das Singen sollte für die Erzieherin kein Problem sein, denn irgendeine vertraute Melodie mit passenden Worten zur Situation lässt sich leicht finden. Und wenn das Kind zum Beispiel das Lied „Backe, backe Kuchen" gerne hört, dann kann dies natürlich als Einstieg genommen werden, um mit ihm in Kontakt zu kommen.
Wenn ein Lied dem Kind bereits vertraut ist, dann kann es ihm vorgesummt oder -gesungen und plötzlich abgebrochen werden, ehe es zu Ende ist. Das in sich versunkene Kind erwartet das Weitersingen und kann sich eingeladen *fühlen* spontan einen Ton von sich zu geben oder gar die Melodie zu Ende zu singen.
Hier wird im Medium des Singspiels, der Musik und des Rhythmus das Kind aus seinem „autistischen Gefangensein" herausgelockt. Das plötzliche Schweigen kann es überraschen und es fühlt sich innerlich gedrängt, zur Erzieherin zu schauen, um zu sehen, wo die Melodie geblieben ist. Es sucht nach Orientierung und schaut in

die Richtung, aus der die Töne kommen: Das Kind schaut in ein einladendes und freundliches Gesicht. Das kann der Beginn eines Kommunikationsspiels sein.

Durch Singen das Kind in die gemeinsame Welt holen

Singt die Erzieherin dem Kind ein vertrautes Lied vor (zum Beispiel „Häslein in der Grube"), das sie dann plötzlich abbricht, dann erzeugt sie eine Erwartung beim Kind. Sie wartet in aller Ruhe ab, ist aber auf das Kind konzentriert. Sie ermuntert mit ihrem fröhlichen Gesicht und stillen Nicken (Bewegungsgeste) das aufschauende Kind – und setzt das Lied wie ein Gespräch fort. Hat nun das Kind einen Teil des Liedes übernommen, und sei er auch noch so klein, dann greift sie diesen Part auf und singt das ganze Lied noch einmal. Und dann später ein anderes, das dem Kind ebenfalls vertraut ist. Auf diese Weise kann das autistische Kind in die gemeinsame Welt hineinfinden.

Bei diesen Kommunikationsspielen, die für alle Kinder der Gruppe interessant sind, vor allem für jene, die Störungen in der Kommunikation und Emotion zeigen, wird eine Erwartungshaltung angeregt und aufgebaut: Was kommt als Nächstes und was kommt danach? Dem, was kommen kann oder kommen wird, gibt das Kind einen Sinn, auf den es sich hin orientiert. Es will bei seinen rhythmisch gestalteten Spielaktivitäten mit Lerngegenständen einen Sinn erfahren!

Miteinander spielen: „Ich komm und ich krieg dich"

Es gibt ein einfaches Spiel, um mit dem autistischen Kind zu kommunizieren: Es ist das Spiel mit der Stimme, das die Aufmerksamkeit herauslockt. Das Spiel mit der Stimme „ist das grundlegendste aller sozialen Spiele und einfühlsame Erwachsene spielen es bereits spontan mit Babys im Alter von nur zwei Monaten. Es hilft, die Grundsteine für die spätere Sprachentwicklung zu legen" (Janert, 2016, S. 119). Jedes Kind spielt gerne „Fang mich". Es läuft vor Freude vom Erwachsenen weg, der ihm droht „ich komme und ich krieg dich". Erwachsene, die sich darauf einstellen wie mit einem Baby zu spielen, entwickeln ganz natürlich Spielabläufe, die sie mit den Kindern gemeinsam genießen.

Bemerkt der Erwachsene, dass ein Kind dieses Spiel gerne will, dann wird eine Atmosphäre der Freude und Erwartung, der Anspannung und Lösung aufgebaut. Wird keine Erwartungshaltung wahrgenommen, dann kann durch ein tiefes Einatmen versucht werden, die Neugier des Kindes zu wecken und einen Augenkontakt hervorzurufen.

Das skizzierte basale Spiel ist aufregend. Der zeitliche Verlauf kann nicht vorausgesehen werden. Der Erwachsene nähert sich dem Kind und entfernt sich von ihm. Kommt er oder kommt er nicht? Er hält die Beziehung offen, in der Schwebe. Das Kind erlebt sich in einer emotionalen Balance, es bewegt sich zwischen Lust und Angst hin und her. Das fordert seine ganze Aufmerksamkeit. Das Kind fühlt sich bei diesem Spiel genötigt, in das Gesicht des Erwachsenen zu sehen, um zu prüfen, was nun wirklich geschehen könnte. Hier kann auch das autistische Kind einen wirklichen Kontakt von Auge zu Auge aufnehmen.

Dieses kommunikative Spiel hat eine klare Struktur, in die das autistische Kind seine Fähigkeiten und Fertigkeiten einbringen kann. Bei diesem Interaktionsspiel geht es nicht mehr um das Verhalten des Kindes und um das Verhalten der Erzieherin,

denn es handelt sich hier vielmehr um ein bewegliches und sich fortwährend „veränderndes Netz zwischenmenschlicher Ereignisse, die stets aufeinander reagieren" (Janert, 2016, S. 120).
Die Begegnung im Spiel berührt tiefere Schichten der emotionalen Erfahrung des Kindes: Seine Angst vor der Kommunikation und gleichzeitig seinen Wunsch nach dieser Kommunikation. Das Gefühl der körperlichen Bedrohung regt seine Aufmerksamkeit und sein Interesse an. Diese Anregung ist grundlegend für seine kognitive und soziale Entwicklung.

Im Kommunikationsspiel einander begegnen und Kontakt herstellen
Beispiel
„Adrian läuft im Raum hin und her. Er scheint um sich herum nichts wahrzunehmen. Als die Erzieherin ihm folgt und spielerisch leicht sagt: ‚Ich krieg dich schon', dreht sich Adrian um, um zu sehen, ob sie das wirklich tut. Dabei macht er zwei Entdeckungen, die er nicht erwartet hat: Statt der angenommenen Bedrohung findet er ein ermutigendes Lächeln und einen erwartungsvollen Blick. Er hält inne und geht einen Schritt zurück. Bald schauen sich Adrian und Erzieherin in die Augen. Danach läuft er kichernd weg und wirft immer wieder einen Blick zur Erzieherin, um die Spielsituation richtig einzuschätzen. Nun berührt ihn die Erzieherin kurz und gleich zieht sie sich mit einem Lächeln zurück. Das Berühren und Zurückziehen wiederholt sich ein paar Mal. Durch dieses wechselseitige Geschehen wird Adrian in Spannung gehalten. Das Spiel ‚Ich krieg dich – oder ich tue es doch nicht' geht hin und her. Hier wird das Thema ‚Spiel' gemeinsam geteilt. Darüber hinaus teilen beide, das Kind und seine Erzieherin, ein Verständnis füreinander. Das ist für die Entwicklung eines sozialen Interesses wichtig. Adrian genießt dieses Spiel, solange nach den Regeln – ich krieg dich, ich krieg dich nicht – gespielt wird. Die Regeln sind wie ein festes Gerüst, in dem das Hin und Her ausbalanciert wird" (Janert, 2016, S. 121).
Der Balanceakt hilft dem Kind sein Denken auf einen Menschen in seiner Umgebung zu konzentrieren. Es entwickelt ein Erwartungsverhalten: Seine Sinne des Hörens und Sehens verbinden sich miteinander. Diese sensorische Integration ermöglicht die Entwicklung seines Denkens, seiner kognitiven Funktionen.

Das Kind in Bewegungslieder und Rhythmen einbinden
Singen macht nicht nur Freude. Singen ist auch ein bedeutsames Mittel, um dem Kind mit Autismus zu helfen das nachzuholen was es in seiner bisherigen Entwicklung versäumt hat. Lieder, die viel Fantasie brauchen, um Worte und Gedanken zu verstehen, sind weniger geeignet. Bei einfachen vertrauten Liedern dagegen kann man erleben, dass die Kinder erstmals Laute bilden oder Worte sagen. Das Lied ist dann geeignet, wenn die Erzieherin erlebt, dass sie die Aufmerksamkeit des Kindes in seinen Bann zieht, dass das Kind sich hinsetzt und mitmacht. Ein Lied, das die Aufmerksamkeit und das Interesse des Kindes weckt, zeichnet folgende Merkmale aus:
— Bewegungen (Handlungen), bei denen das Kind etwas bewirken kann,
— Rhythmus, der in die Beine und Hände geht,
schafft Erwartungen, die die Aufmerksamkeit wecken und aufrechterhalten.

Für ein Kind mit Autismus sind weniger die Worte oder Geschichten eines Liedes bedeutsam, sondern vielmehr der Rhythmus und die Melodie selbst. Die Worte eines Liedes erregen die Aufmerksamkeit eines Kindes dann am ehesten, wenn sie mit bestimmten Handlungen verbunden sind. Als Beispiel sei das bekannte Lied „Hoppe, hoppe Reiter" genannt. Es regt das Kind spontan zum Mitmachen an, sofern ihm die Erzieherin genügend Zeit gibt, sich auf die nachahmenden Tätigkeiten einzulassen.

Mit Gegenständen spielen – den „autistischen Gegenstand" festhalten
Viele autistische Kinder klammern sich an ein Spielzeug (kleines Auto, Figur, Holzstäbchen). Sie halten den Gegenstand fest und geben ihn nicht aus der Hand. Der Versuch, ihn wegzunehmen, kann große Probleme verursachen. Das Kind zeigt panische Ängste. Offenbar erfüllt der Gegenstand eine lebenswichtige Aufgabe.

Beispiel
Als Hans das erste Mal in die Kita kam, klammerte er sich an ein hölzernes Puzzleteil. Er spielte damit nicht, steckte es immer wieder in den Mund. Sobald es im Mund war, schien es, als schalteten seine Augen ab. Er rannte, in sich versunken, im Raum hin und her. Später wechselten die Gegenstände. Besonders von einem kleinen Auto konnte er sich nicht trennen. Das hielt er mit seinen Händen und mit seinen Zähnen fest. Er spielte damit nicht, sondern schaute nur seinen Rädern zu, wie sie sich drehten – oft stundenlang.
Die genannten Gegenstände haben ein gemeinsames Merkmal: Sie sind hart und fördern keine Fantasie. Versucht man dem Kind seinen „autistischen Gegenstand" wegzunehmen, dann beantwortet es dies mit lautem Schreien oder Wutanfällen, die sonst bei ihm nicht vorkommen. Es will seine Aktivitäten mit dem harten Gegenstand ganz abgesondert ausüben und ignoriert, was in seiner Umgebung vor sich geht. Neugierde, die Kinder sonst auszeichnet, ist nicht vorhanden. Es scheint, als ob das Kind nichts von Veränderungen, Entwicklung und Wachstum wissen will. Das Kind lebt auf sich selbst bezogen in seiner Welt und möchte sich den Herausforderungen der Welt nicht stellen. Diese typische autistische Verhaltensweise kann so verstanden und gedeutet werden: Das Kind erlebt den Gegenstand nicht als ein „getrenntes Objekt, sondern als ein Teil von sich, wie der Panzer der Schildkröte, die Stacheln des Igels oder das Haus der Schnecke" (Janert, 2016, S. 199).
Die Lebenserfahrungen des autistischen Kindes sind von tiefgreifenden Ängsten geprägt, von Ängsten, dass sein Körper und seine Sinne nicht zu ihm gehören. Die Ängste vermitteln dem Kind das Gefühl, dass etwas von ihm abfallen könnte. Das Kind ist sich seiner Existenz unsicher und klammert sich an etwas Festes, an dem es sich festhalten kann.
Obwohl das Festhalten seines Gegenstandes das Kind schützen soll, verstärkt es in Wirklichkeit seine panische Angst vor Veränderungen. Es versucht dadurch, mit seinen Ängsten allein fertig zu werden und sucht Trost bei seinen sinnlichen Körperempfindungen. Diese Empfindungen kann es kontrollieren. Spürt es den harten Gegenstand in seiner Hand oder zwischen den Zähnen, den es drehen und rhythmisch bewegen kann, dann spürt es sich in seinem Gefühl bestätigt, einen Körper von draußen in seinem eigenen Körper zu haben. Es empfindet mit seinen Sinnen

etwas dauerhaft Festes und Stabiles. Hält es den Gegenstand fest, umklammert und beißt es daran, dann sind seine Augen oft leer („leerer Blick"). Es spinnt sich mit dem Gegenstand in seine Welt ein und wiederholt mit ihm fortwährend Aktivitäten (schnelles Laufen, Springen oder Drehen mit flatternden Händen). Das kann bald zu einer zwanghaften Gewohnheit werden, auf die es seine ganze Energie und Aufmerksamkeit verwendet, sodass keine Kraft mehr für neue Lernerfahrungen bleibt. Das Kind schottet sich von der Außenwelt ab, sieht und hört nichts.
Der „autistische Gegenstand" beansprucht die Neugierde und ganze Lernenergie des Kindes. Seine Entwicklung wird ganz grundlegend gehemmt und blockiert. Der Gegenstand absorbiert völlig seine Fähigkeit zu lernen, sich die Welt aus eigener Kraft anzueignen. An diesem Punkt hat nun die Erziehung anzusetzen.

Das Kind aus seiner Welt, in der es mit dem „autistischen Gegenstand" lebt, herauslocken

Noch ehe sich beim Kind diese Verhaltensweisen zu Gewohnheiten verfestigen, sollte versucht werden, durch Spiel, Rhythmik und Musik Wege zu finden, es aus seiner Welt herauszuholen und in die Kommunikation und Interaktion hereinzuholen. „Dies erfordert einen sanften und besonnenen Ansatz, der mit Wärme sowie mit Entschlossenheit und Disziplin angewendet werden muss. Man darf nicht herausreißen, was das Kind als einen Teil von sich selbst empfindet" (Janert, 2016, S. 201). Die Aufgabe besteht darin, das Kind in einfache gemeinsame Spiele zu involvieren. Bei diesen interaktiven Spielen kann der „autistische Gegenstand" mit hineingenommen werden, er kann in das Spiel einbezogen und mit ihm wie bei einem einfachen Rollenspielwechsel mehrfach geübt werden: weggeben – zurückgeben, weggeben – zurückgeben, weggeben – zurückgeben. Das Kind kann auch ermutigt werden, seinen Gegenstand nach vorher vereinbarten Regeln zwischen ihm und einem anderen Kind hin- und herzubewegen, zu rollen oder zu schieben.

Beispiel
Der Betreuerin von Fritz gelang es bei diesem einfachen Interaktionsspiel, seine Aufmerksamkeit zu gewinnen. Mit ihrer feinfühlenden Haltung schaffte sie es, in ihm eine Erwartungshaltung auszulösen. Dem Spiel, das dem Muster „Auf die Plätze, fertig los" folgte, konnte Fritz nicht widerstehen. Er rollte sein Auto zu Sigrid und diese rollte es wieder zu ihm zurück. Bald machten andere Kinder mit. Alle hatten beim Spielen Spaß.

Neben diesem Rollenwechselspiel kann die Erzieherin oder ein Kind auch ein interaktives Spiel anstreben, indem sie aus der Schachtel mit den Lieblingsgegenständen dem Kind nacheinander einen Gegenstand in die Hand gibt. Das Kind übt das Loslassen und es richtet sein Interesse auf den nächsten Gegenstand, den es sensorisch empfindet. Bei diesem Spiel „geben und nehmen" kann die Erzieherin mit dem Kind reden. Ihre Chance, es durch Sprache zu erreichen, ist hier groß. Ein anderes Kind verlangt weniger nach dem sensorischen Empfinden eines harten Spielzeugs. Es spricht mit seinem körperlichen Empfinden auf rhythmische Bewegungen an, um sich ein Gefühl der Sicherheit zu verschaffen. Es wedelt, kreist oder dreht einen Gegenstand im Rhythmus. Diesen wiederholenden Aktivitäten gibt es sich wie elektrisiert hin und kann offenkundig nichts anderes in seiner

Umwelt wahrnehmen. Es verharrt in diesen rhythmischen Aktivitäten, die es endlos wiederholt.
Hier schafft das Kind sich eine vertraute Situation, die immer gleichbleibt. Die Kraft des Rhythmus pulsiert durch seinen ganzen Körper. Seine Aufmerksamkeit ist auf diesen Rhythmus fixiert, der die gleiche Funktion hat wie die feste Sinnesempfindung bei den harten „autistischen Gegenständen“. Es konzentriert sich auf diese körperlichen Empfindungen, die ihm Ruhe verschaffen. Offensichtlich fühlt es sich in den rhythmischen Sinnesempfindungen wohl.

Die leere Welt des Rhythmus' in eine Welt wandeln, in der das Kind etwas Sinnvolles erlebt
Der ständig sich wiederholende „geistlose“ Umgang mit einem Gegenstand kann in ein interaktives Tun eingebunden werden, dessen Grundlage der Rhythmus ist. Die Erzieherin versucht, den Rhythmus des Kindes widerzuspiegeln, indem sie ihm in seinem Rhythmus auf die Schultern klopft, seinen Rücken oder seine Hände reibt. Sie kann auch einen anderen Gegenstand nehmen und ihn im selben Rhythmus wie das Kind hin- und herbewegen. Zu diesen gemeinsamen rhythmischen Bewegungen kann gesungen oder gesummt werden.
Genau in dieser Situation wird das Kind aufmerksam: Es bemerkt, „dass sein Rhythmus außerhalb von ihm wiederholt wird!“ (Janert, 2016, S. 206). Das Kind erlebt seinen Rhythmus in seinem Inneren und in seiner Außenwelt. Hier wird es aufmerksam und neugierig – und sei es auch nur für einen Augenblick.
Bald versucht die Erzieherin das Kind zu gemeinsamen rhythmischen Aktivitäten einzuladen und anzuregen. Bei diesen Übungen hat die Erzieherin sensibel und spielerisch-flexibel zu sein: Sobald das Kind in seiner Körpersprache Angst erkennen lässt, hat sie sich zurückzunehmen und geduldig zu warten.

Beispiel
Eines Tages bat die Betreuerin Georg, es auch mal versuchen zu dürfen: die beiden Holzstäbe in rhythmischer Folge gegeneinander zu schlagen. Sie bekam die Gegenstände, schlug diese genauso gegeneinander wie das Georg getan hatte. Sie gab ihm die Stäbe gleich wieder zurück. Das ging eine Weile hin und her. Auch der Rhythmus änderte sich und sie begleitete ihr Tun sprachlich mit „klipp, klapp, klipp, klapp“. Nach etwa zwei Wochen bot Georg von sich aus seiner Erzieherin an, es ihm wieder nachzumachen.
Die Spielaktivitäten in diesem zwischenmenschliche mitschwingenden Raum (Resonanzraum) auf gleichem Lernniveau machten beiden sichtlich Spaß. Bei diesem Rollenwechsel kam eine erste spontane Kommunikation zustande. Ein erster Schritt in die Welt der Kommunikation war getan.

Situationen schaffen, die dem Kind gemeinsames Spielen ermöglichen
Beispiel
In einer inklusiven Kita in Ungarn schaukeln Kinder auf der Wippe. Sie verlassen diese, wenn Emma, ein Kind mit Autismus, mitschaukeln will. „Die Erzieherin ermahnt die Kinder nicht, dass sie Emma vom Spiel nicht ausschließen sollen, sondern sie zeigt sich sehr erfreut, nun Emma beim Schaukeln Gesellschaft leisten zu können“

(Kron/Papke/Windisch, 2010, S. 50). Bald sammeln sich einige Kinder um die Erzieherin. Sie wollen mit Emma schaukeln.

Bei diesem Beispiel ist die Erzieherin ein Rollenmodell für das Kind. Sie zeigt, wie man mit einem Kind zusammen etwas tun und wie sich die Kinder aufeinander einlassen können. Gerade bei Sing- und Bewegungsspielen fühlt sich das autistische Kind eingeladen mitzumachen. Durch diese rhythmischen Spielübungen werden Brücken zum „unerreichbaren Kind" gebaut.

Das Kind für Handlungssituation interessieren

Beispiel

Harald wurde erst vor einigen Wochen in die Gruppe aufgenommen. Häufig scheint er ziellos im Raum umherzulaufen. Zwei Mädchen spielen mit einem Spielzeug-Toaster. Sie toasten Brot. Das Gerät summt und klickt und das Brot springt nach oben. Harald beobachtet die Spielsituation. Nun nimmt er den Toaster und versucht, Brot zu toasten. Er rennt weg und beobachtet, was passiert. Doch es geschieht nichts. Bald rüttelt Harald an der Schulter eines Jungen, der gerade am Tisch spielt. Er unterbricht sein Spiel, weiß aber nicht, was Harald von ihm will. Er spielt weiter. Harald setzt sich an einen anderen Tisch. Er geht zur Erzieherin, spielt mit ihrer Halskette und setzt sich auf ihren Schoß. Die Erzieherin schaukelt ihn auf ihrem Schoß. Er lacht und steht dann wieder auf und rennt davon. Bald kommt er mit dem Toaster in der Hand. Er drückt die Hand der Erzieherin auf den Toaster und deutet an: drücken. Die Erzieherin drückt den Hebel. Harald versteckt sich hinter ihr und wartet ab. Es passiert nichts. Die Erzieherin zeigt ihm, wie der Toaster funktioniert. Er beobachtet und kommt immer näher heran. Die Erzieherin ermutigt ihn es selbst zu probieren. Harald versucht es. Vergeblich. Die Erzieherin nimmt seine Hand und sie bedienen zusammen den Hebel. Nach einiger Zeit kann Harald den Toaster allein bedienen. Nun spielt er „toasten".

Harald versucht Kontakt zu einem Spielkameraden aufzunehmen und fasst ihn an der Schulter an. Dieser kann die Bedeutung der Geste jedoch nicht entschlüsseln.

Die Kinder verstehen häufig nicht, was Harald von ihnen möchte, weshalb es zu keinen Kontakten kommt. Harald ist vom Toaster fasziniert, hat aber gleichzeitig Angst vor dem, was mit ihm geschieht. Er kann das, was kommt, nicht vorhersehen (Erwartungsangst). Er sucht bei einer vertrauten Person Hilfe. Die Erzieherin respektiert sein Bedürfnis und zeigt ihm, wie der Toaster funktioniert.

Die Erzieherin versteht seine Initiative und nimmt mit dem Kind so den Kontakt auf, dass es sein Bedürfnis (Interesse, Wunsch) ausdrücken kann. In dieser Situation lernt Harald auf seinem Niveau mit dem „Toaster" umzugehen, zu spielen und zu lernen. Er lernt aber auch seine Angst, die er in dieser Situation hatte, zu reduzieren und nach und nach zu überwinden.

Wenn ein autistisches Kind etwas mit seinen Augen sehen und Händen begreifen kann, dann wird durch dieses bewusste Wahrnehmen und Handeln seine Angst reduziert und allmählich überwunden. Die Erzieherin greift in der Begegnungssituation die Signale des Kindes auf und ermöglicht ihm durch ihre situationsorientierte Haltung und Handlung seine Selbstwirksamkeit zum kommunikativen Handeln zu wandeln.

9.10 Fazit

Achtsame Gestaltung der pädagogischen Situation

- Ein Kind mit Autismus und ein ähnlich kommunikationsbeeinträchtigtes Kind ist in seinem So-Sein anzunehmen, wertzuschätzen, zu begleiten und zu leiten.
- Sein Bedürfnis nach
  - räumlicher Ordnung in der Umwelt (Struktur),
  - zeitlicher Ordnung und Vorhersehbarkeit der alltäglichen Abläufe,
  - bildlich-anschaulicher Gliederung und Gestaltung der Lernumgebung,
  - einfacher und klarer Kommunikation und
  - Rückzug aus sozialen Situationen

  ist zu achten.
- Das Kind bedarf der Gegenwart einer vertrauten, Halt gebenden und aushaltefähigen Erzieherin, die es gelassen, geduldig und nachsichtig zum (Mit)Handeln einlädt. Norm ihrer Haltungsmethode, ihrer Haltung und Handlung, ist das individuelle Kind mit seinen Bedürfnissen, seinen Stärken, Ressourcen und Kompetenzen – und nichts anderes (Klein, 2019, S. 266). Diese Haltungsmethode ermöglicht dem Kind aus seinen geschlossenen Handlungsräumen, in denen Rituale und Stereotypien dominieren, in gemeinsam gestaltete Beziehungsräume hineinzufinden.
- Notwendig ist die Strukturierung der Umwelt und die visuelle Verdeutlichung der Strukturen von Raum, Zeit, Arbeitsorganisation und Material. Die Strukturierungshilfen sind individuell zu gestalten und immer wieder an die neuen Lernbedingungen anzupassen.

Abbildung 37

- Bei der strukturiert gestalteten Erziehungssituation ist darauf zu achten, dass die Angebote für Kommunikation (mit Menschen) und Interaktion (mit Gegenständen) einfach und eindeutig sind, die es dem Kind ermöglichen in seinem Körper (Leib) zu erspüren, zu sehen, zu hören und zu tasten und zu einer sinnvollen rhythmischen Lebens- und Spielgestaltung zu verbinden.
- Bei der achtsamen Gestaltung der Lern-, Spiel- und Übungssituation in einem freudigen und lebendigen Miteinander benötigt das Kind eine
  - vertrauenswürdige,
  - verlässliche und
  - konsequent-haltgebende

  Begleitung und Leitung.

Das Kind zum freudigen Miteinander einladen

- Das lebendige und freudige Miteinander im zeitlich, räumlich und visuell strukturierten Erziehungsraum Kita bedarf einer aufmerksamen und feinfühlenden Haltung, die dem Kind mit Autismus hilft
  - in die reale Welt einzutreten,
  - andere Menschen und
  - die Welt um es herum

  wahrzunehmen und zu entdecken.
- In der Begegnung mit dem Kind bewährt „sich oft eine unreflektierte Spontaneität, eine positive, aber nicht festgelegte Erwartungshaltung und die Bemühung, Handlungsimpulse des Kindes wahrzunehmen [...]. Diese Offenheit bedarf als Gegengewicht einen flexiblen Plan, den Erzieherin, therapeutische Fachkraft und Eltern konzipieren und verantworten“ (Janert, 2016, S. 215).
- Mit dieser offenen und freudigen Erwartungshaltung kann die Erzieherin dem Kind beim Überwinden seiner Ängste und Schwierigkeiten helfen. Hat es durch eine ruhige und konsequente Hilfe die kritische Schwelle des Widerstandes überwunden, dann fühlt es sich wohl und zufrieden und kann Freude am Lernen entwickeln. Der alte Widerstand lebt in zwei Situationen zunächst wieder auf: In völlig neuen Situationen und bei der Auseinandersetzung mit Inhalten, die dem Kind noch schwierig erscheinen.
- Diese Erwartungshaltung ermöglicht der Erzieherin ein Verständnis dafür zu entwickeln, was das Kind beispielsweise mit der Bewegung, der Gestik oder dem Blick ausdrücken will. Sie kann versuchen das Kind näher zu verstehen. Die Erzieherin ist hier einem Menschen nahe, von dem man sagt, er sei ein „unheimlicher Fremdling“. Mit ihm teilt sie die gemeinsame Situation und sie kann diese im Hinblick auf die sich neu stellenden Erziehungs-, Bildungs- und Betreuungsaufgaben reflektieren.
- In diesem zwischenmenschlich mitschwingenden Raum (Resonanzraum) sind Kind und Erzieherin (Eltern, therapeutische Fachkräfte) zum gemeinsamen Weiterschreiten eingeladen. Dieser Weg erschließt sich im Gehen, bei dem durch die „Kunst des Erziehens“ weitere Brücken zum scheinbar unerreichbaren Kind gebaut werden können.

10. Zusammenfassende Thesen: Praxis zeigt den Weg

- Nach meinen Erkenntnissen und Einsichten ***will*** sich das Kind mit Autismus oder das Kind mit einer Kommunikationsbeeinträchtigung in gleicher Weise wie alle anderen Kinder nach seinem ursprünglich veranlagten Bedürfnis entwickeln. Es will durch bewegungserfüllte und rhythmisierte Übungen und spielbetonte rhythmische Bewegungen mit anderen Kindern in die gemeinsame Welt hineinwachsen.
- Das autistische oder das entwicklungsbeeinträchtigte Kind ist wie jedes andere Kind in seinem individuellen Menschsein und in seiner positiven Entwicklung zu sehen (siehe Vorwort). Es benötigt rechtzeitige Hilfe, also eine Hilfe noch ehe sich die Auffälligkeit (Behinderung) verfestigt hat.
- Eine Erzieherin, die es versteht, ihre Haltungsmethode, ihre Haltung und ihr Handeln feinfühlend situationsorientiert zu gestalten, kann jedes Kind in die gemeinsame Welt hereinholen, es in der inklusiven Kita zusammen mit anderen Kinder begleiten und leiten.
- Diese Praxis antwortet einer Wissenschaft, die sich durch ihre lineare Logik den Weg zum Verstehen des autistischen oder kommunikationsbeeinträchtigten Kindes in seinem unversehrten menschlichen Kern versperrt. Geboten ist das Wahrnehmen des Kindes als Variante menschlicher Existenz, als Form menschlichen Seins – und nicht das definierte Krankheitsbild. Bei diesem intuitiven Verstehen des Kindes braucht sich der Wissenschaftler nicht als Wissender und Prophet aufzuspielen und Lebenszusammenhänge mit imponierenden und Sicherheit gebenden Begriffen zu überwölben. Dadurch bleibt die lebendige Praxis weitgehend auf der Strecke.
- Wissenschaft und Praxis sind auf dem Weg der Wahrheitssuche – und nicht der Sicherheitssuche. Es geht um einen bescheidenen Weg zwischen Versuch und Irrtum, der nicht Sicherheit sucht, sondern Wahrheit. Davon spricht der Freiheits- und Friedensforscher Karl Popper in seiner Erkenntnistheorie (siehe erster Teil: 1.4).
- Sollte nicht die Wissenschaft von Kindern mit Autismus und allen anderen Kindern lernen, dass sie mit Freude beim Bewegen, Spielen und rhythmischen Gestalten ihre Welt entdecken wollen und was sie bei ihrer Erziehung brauchen: „Beispiel und Liebe, sonst nichts!" (Fröbel, zit. n. Klein, 2017, S. 17). Auf diesen Kernsatz der Pädagogik macht heute die Neurobiologie und Hirnforschung aufmerksam und der Seelenarzt und Pädagoge Janusz Korczak hatte ihn mit seinen Waisenhauskindern im Warschauer Ghetto gelebt (siehe erster Teil: 1.5).
- Friedrich Fröbel, Begründer des Kindergartens, den er auch „Lebensgarten für Kinder" nannte, hatte dieses Herz-Denken mit Kindern gepflegt. Fröbel war aus dem innersten Kern seines Wesens heraus Pädagoge, nichts als Pädagoge (Bollnow, 1987). Seine Kernaussage „Erziehung ist Beispiel und Liebe, sonst nichts" kann das Denken, Handeln und Wollen der Erzieherin begleiten: Ihr Sein ist das erste Wirkende, ihr Tun steht an zweiter Stelle und zuletzt kommt erst das, was sie redet (Klein, 2017, S. 18).

11. Anhang

11.1 Menschen-Rechte für behinderte Frauen, Männer und Kinder auf der ganzen Welt – UN-Konvention über die Rechte von Menschen mit Behinderungen (Inklusion in leichter Sprache)

Zitiert nach Bundeszentrale für gesundheitliche Aufklärung;
https://www.bzga.de/leichte-sprache [Zugriff: 04.10.2020]
Die UN-Konvention

UN ist die **Kurz-Form für Vereinte Nationen**.
Die **Vereinten Nationen** sind die Versammlung
von sehr vielen Ländern auf der Welt.

Quelle: © *Lebenshilfe Bremen*

Diese Länder machen manchmal **Verträge** miteinander.
Die **Verträge** nennen sie: **Konvention**.
Wir sprechen: **Kon-wen-zion**.

Hier geht es um einen Vertrag,
der Menschen mit Behinderung helfen soll.

Quelle: © *Valuing people*

Auf der Welt leben ungefähr 650 Millionen
Menschen mit Behinderung.
Den meisten Menschen mit Behinderung
auf der Welt geht es schlecht.
Ihr Staat unterstützt sie nicht.

Nur 45 Länder unterstützen die Menschen
mit Behinderung bei ihnen.
Sie schützen die Rechte von Menschen
mit Behinderung.

Quelle: © *Lebenshilfe Bremen*

Deshalb haben die Vereinten Nationen im Jahr
2001 beschlossen:
Wir möchten Menschen mit Behinderung schützen.
Wir möchten dafür einen Vertrag
mit allen Ländern machen.
Im Dezember 2006 hat die Versammlung
von den Ländern in den Vereinten Nationen
den Vertrag gemacht.

Der Vertrag hat den schweren Namen:
Über-ein-kommen der Vereinten Nationen
über die Rechte von Menschen
mit Behinderungen

Wir sagen kurz: **UN-Konvention**.

Quelle: © *Lebenshilfe Bremen*

Menschen mit Behinderung haben das Recht
auf Teilnahme am Leben in ihrer Gesellschaft.
Sie müssen nicht darum bitten.
Es ist kein Geschenk.
Es ist ihr Recht.
Das steht so auch in der UN-Konvention.

Alle Menschen haben die gleichen Rechte:
Das Recht zu leben,
das Recht zu lernen,
das Recht zu arbeiten.
das Recht zu wohnen, wo sie möchten.
Zu diesen Rechten sagen wir auch:
Menschen-Rechte.

Quelle: © *Lebenshilfe Bremen*

In der UN-Konvention steht:
Die Menschen-Rechte gelten auch für Menschen
mit Behinderung.
Menschen mit Behinderung haben das Recht
überall hin zu kommen.

Quelle:© *Lebenshilfe Bremen*

Sie haben das Recht zu lernen,
das Recht zu arbeiten,
das Recht in der Politik mit zu arbeiten.
Menschen mit Behinderung haben
die gleichen Rechte
wie alle anderen Menschen.

Sie müssen genau so behandelt werden.

Quelle: © *Lebenshilfe Bremen*

Ganz wichtig ist:
Menschen mit Behinderung
gehören von Anfang an mitten in die Gesellschaft.

Dazu sagt man auch: **Inklusion**.

Hier lesen Sie mehr:

- Aktion Mensch: Die UN-Konvention kurz und knapp
- Deutsches Institut für Menschenrechte: Informationen zur UN-Konvention in leichter Sprache

11.2 Inklusion konkret – Film: „Gemeinsam im Abenteuerland" – Integration von Kindern mit und ohne Behinderung neu gelebt

Der DVD-Film (26 Minuten) entstand im Auftrag der AWO-Kindertagesstätte „Abenteuerland" Jena. Er veranschaulicht in lebensnahen Sequenzen, wie die inklusive Praxis als Prozess und Ziel gelebt und gestaltet werden kann.
Bezug des Filmes: Uwe Germar, Brunnengasse 4, 07745 Jena (Tel. 03641/82 12 19; Mobil: 0151-230 280 08; E-Mail: post@m4medien.eu; Webseite: m4medien.eu).

11.3 Ratgeber für gutes Spielzeug – „spiel gut"

Spielzeug ist häufig darauf ausgerichtet, den Kindern in trügerischer Weise das Gefühl zu geben, sie würden ihre Spielwelt wirklich selbst gestalten. Oft werden die Spiel- und Bildungsmittel zu Lerngegenständen verkürzt und für die Erwachsenen steht dann nicht mehr die Spielfreude im Vordergrund, sondern die Frage, was Kinder mit dem Gegenstand lernen können. Jährlich werden allein auf der Nürnberger Spielwarenmesse über 300.000 (!) Artikel angeboten, darunter meist technische Fördermaterialien. Seit 1954 gibt es den gemeinnützigen Verein „Arbeitsausschuss Gutes Spielzeug e.V." Anschrift: Neue Straße 77, DE-89073 Ulm, Tel. +49(0)731-65653 [Zugriff: 04. 10. 2020].
Dem Gremium gehören Praktiker und Wissenschaftler aus Medizin, Psychologie, Pädagogik, Kunst und Kultur an. Ziel des Vereins ist die Förderung des guten Spiel-

zeugs, damit die Kinder positive Erfahrungen im Umgang mit „ihrer Welt“ machen können. Das Expertengremium berät Eltern, Erzieher und alle, die Rat suchen. Der von Spielwarenindustrie und -handel unabhängige Arbeitsausschuss erprobt jährlich etwa 600 neu auf den Markt kommende Spielsachen in Familien und Kindergruppen und beurteilt sie nach den „Kriterien für gutes Spielzeug“. Er erteilt denjenigen, die den Kriterien genügen, das Siegel ***spiel gut***.
Der ***spiel gut*** Arbeitsausschuss Kinderspiel und Spielzeug e. V. gibt Bücher und Broschüren zu Spielzeug und zu Spielen heraus; nähere Informationen unter: www.spielgut.de/sicherheit.shtml.

11.4 Gesichtspunkte für die Beurteilung von Spielzeug

Die folgenden Beurteilungskriterien für die Auswahl eines Spielzeugs gehen auf die heilpädagogische Spielpraxis des Autors zurück.

Selbstwirksamkeit ermöglichen

- Ist das Spielzeug dem Spielbedürfnis, dem Spielinteresse und der Spielfähigkeit des Kindes bzw. der Gruppe angemessen?
- Kann es Bereitschaft zum Spielen, Neugierde, spontanes Handeln und Spielfreude wecken?
- Hat es eine klare Struktur und regt es die Fantasie an (automatisch funktionierende und komplizierte Materialien sind zu vermeiden)?
- Ermöglicht es sprachliche Kommunikation?
- Ermöglicht es das Zusammenspiel mit anderen?

Vertrauen und Sicherheit in die eigenen Kräfte geben

- Ist es weich, warm oder griffig und vermag es, angenehme Gefühle auszulösen?
- Kann das Kind durch dieses Spielzeug Vertrauen in seine eigenen Kräfte (wieder) entwickeln?
- Ermöglicht es das Üben der Aufmerksamkeit, Ausdauer und Konzentration?
- Motiviert es zu selbstständigem Spiel?

Einem Spielzweck folgen

- Welche Inhalte kann das Kind oder die Gruppe mit diesem Spielzeug lernen?
- Welche Wahrnehmungs- und Bewegungsübungen ermöglicht es?
- Welche sprachlichen und sozialen Übungen ermöglicht es?
- Welche Gewohnheiten, Fähigkeiten und Fertigkeiten kann das Kind oder die Gruppe einüben und ausbilden?

Kindgerechte Beschaffenheit

- Genügt das Spielzeug in Farbe, Form und Größe ästhetischen Ansprüchen?
- Lässt es sich gut reinigen?
- Ist es nicht zu gefährlich?

Literatur

Anti-Bias-Netz (Hrsg.) (2016): Vorurteilsbewusste Veränderungen mit dem Anti-Bias-Ansatz. Freiburg, Lambertus

Affolter, F. (2006): Wahrnehmung, Wirklichkeit und Sprache. Villingen-Schwenningen, Neckar Verlag

Ayres, A. J. (2016): Bausteine der kindlichen Entwicklung sensorische Integration verstehen und anwenden. 6. Auflage. Berlin/Heidelberg, Springer

Bartosch, U. (2017): Natur-Gott-Mensch. Eine theoretische Verortung der konstitutionellen Pädagogik. In: Steiger, S./Maluga, A./Bartosch, U. (Hrsg.): Der Blick ins Freie. Im Diskurs mit Korczak. Bad Heilbrunn, Klinkhardt, S. 12–27

Becker, H. (1989): Auf dem Weg zur lernenden Gesellschaft. Stuttgart, Klett

Beck-Neckermann, J. (2015): Bewegung durchdringt alles. Die schöpferische Realität von Bewegung. In: Theorie und Praxis der Sozialpädagogik. Leben, Lernen und Arbeiten in der Kita. Heft 6, S. 8–11

Behinderte Menschen (2018): Themenheft der Zeitschrift für gemeinsames Leben, Lernen und Arbeiten – Mein Autismus, 41. Jg., Nr. 2

Bienstein, Ch./Fröhlich, A. (2003): Basale Stimulation in der Pflege. Die Grundlagen. Seelze-Velber, Kallmeyer

Bodenburg, I./Kollmann, I. (2018): Frühpädagogik – Arbeiten mit Kindern von 0 bis 3 Jahren. Ein Lehrbuch für sozialpädagogische Berufe. 4. Auflage. Köln, Bildungsverlag EINS

Bollnow, O. F. (1987): Vom Geist des Übens. Eine Rückbesinnung auf elementare didaktische Erfahrungen. Freiburg, Lambertus

Brunner-Danuser, F. (1984): Mimi Scheiblauer – Musik und Bewegung. Zürich, Atlantis Musikbuch-Verlag

Crossley, R. (1997): Gestützte Kommunikation. Ein Trainingsprogramm, Weinheim und Basel, Beltz

Daun, K./Tuckermann, A. (2019): Autismus-Spektrum-Störung: Herausforderungen und unterrichtliche Möglichkeiten. In: Schäfer, G. (Hrsg.): Handbuch. Förderschwerpunkt geistige Entwicklung. Weinheim/Basel, Beltz, S. 291–313

Denger, J. (2019): Gretas Gabe. In: Zeitschrift INFO3. Januar-Ausgabe, S. 13

DIFGB (2018): Evidenzbasierung. Kontroverse im Kontext von Autismus-Spektrum-Störungen und geistiger Behinderung. In: Dokumentation der Jahrestagung der DIFGB (Deutsche Interdisziplinäre Gesellschaft zur Förderung der Forschung für Menschen mit geistiger Behinderung), Band 8 (siehe http://difgb.de)

Dörner, K. (1988): Tödliches Mitleid. Zur sozialen Frage der Unverträglichkeit des Lebens, Mit einem Beitrag von Fredi Saal. Gütersloh, Verlag Jakob von Hoddis

Duker, P. (2014): Abschied von Autismus und ADHS. Wie Unterschiede zwischen Menschen zu psychiatrischen Krankheiten geworden sind – und der Weg zurück. Bitthoven, Notitia

Feudel, E. (1965): Durchbruch zum Rhythmischen in der Erziehung. Stuttgart, Klett

Feudel, E. (1996): Rhythmisch-musikalische Erziehung. Wolfenbüttel, Möseler Verlag

Flitner, A. (2002): Spielen – Lernen. Praxis und Deutung des Kinderspiels. Weinheim, Beltz

Fragner, J. (1989): Der gute Pädagoge aus der Sicht der Eltern. In Bäuerle, S. (Hrsg.): Der gute Lehrer. Empfehlungen für den Umgang mit Schülern, Eltern und Kollegen. Stuttgart, Metzler, S. 230–244

Fragner, J. (2018): Intro. In: behinderte **menschen**. Themenheft der Zeitschrift für gemeinsames Leben, Lernen und Arbeiten – Mein Autismus, 41. Jg., Nr. 2, S.1

Fröhlich, A. (2020): Basales Leben. Texte zur Arbeit mit schwer beeinträchtigten Menschen. Schriftenreihe. Herausgeber: Internationaler Förderverein Basale Stimulation e.V., Kiefernweg 11, D-67691 Hochspeyer

Fromm, E. (2000): Authentisch leben. 7. Auflage. Freiburg, Herder

Fuchs, T. (2012): Das Gehirn – ein Beziehungsorgan. Eine phänomenologisch-ökologische Konzeption. 4. Auflage, Stuttgart, Kohlhammer

Geist, U. (2017): Mit einem anderen Blick. Zur geistigen Dimension des Autismus. Frankfurt a.M., INFO3

Geist, U. (2019): Von der Sehnsucht nach Schnee. In: INFO3: Bewusst leben – Gesellschaft gestalten, Heft Juli/August, S. 27–29

Glöckler, M./Grah-Wittich, C. (Hrsg.) (2018): Die Würde des kleinen Kindes. Was erhält das kleine Kind gesund? 5. Auflage. Dornach, Verlag am Goetheanum

Gutknecht, D./Haug-Schnabel, G. (2019): Windel adé – Kinder in Krippe und Kita achtsam begleiten. Freiburg, Herder

Häußler, A. (2016): Der TEACCH Ansatz zur Förderung von Menschen mit Autismus: Einführung in Theorie und Praxis. Dortmund, verlag modernes lernen

Häußler, A. (2018): Sehen und Verstehen. Visuelle Strategien in der Förderung von Menschen mit Autismus-Spektrum-Störung. Stuttgart, Kohlhammer

Hartl, S. (2003): Sozialtraining für Menschen mit Autismus. In: Autismus macht Schule, hrsg. v. Bundesverbandes zur Förderung von Menschen mit Autismus e. V. und Fachverband für Behindertenpädagogik, Hamburg, S. 31–38 (Bezug: https://www.autismus.de)

Heimlich, U. (2018): Einführung in die Spielpädagogik. 3. Auflage. Bad Heilbrunn, Klinkhardt

Heimlich, U. (2019): Spiel als Inklusion – Inklusion als Spiel. In: behinderte **menschen**, 42. Jg., Heft 6, S. 21–28

Hirler, S. (2019): Musik von Anfang an. Berlin/Düsseldorf/Mannheim, Cornelsen

Hirler, S. (2020): Handbuch Rhythmik und Musik. Freiburg, Herder

Hirler, S./Penz, E. (1995): Rhythmikspiele. Hand und Fuß, die können tanzen. Seelze-Velber, Kallmeyersche Verlagsbuchhandlung

Hüther, G. (2016): Etwas mehr Hirn, bitte: Eine Einladung zur Wiederentdeckung der Freude am eigenen Denken und der Lust am gemeinsamen Gestalten. Göttingen, Vandenhoeck & Ruprecht

Hüther, G. (2017): Raus aus der Demenz-Falle! Wie es gelingen kann, die Selbstheilungskräfte des Gehirns rechtzeitig zu aktivieren. München, Arkana

Hüther, G. (2018): Was uns stark macht – als Einzelne und als Gesellschaft. München, Knaus

Hüther, G./Quarch, Ch. (2018): Rettet das Spiel! Weil Leben mehr als Funktionieren ist. München, Hanser

Hunt, N. (1974): Die Welt des Nigel Hunt. Tagebuch eines mongoloiden Jungen. München, Reinhardt

Jaffke, F. (2004): Spielen und arbeiten im Kindergarten. 3. Auflage. Stuttgart, Verlag Freies Geistesleben

Jaffke, F. (2019): Rhythmen und Reime. Arbeitsmaterial aus den Waldorfkindergärten. 3. Auflage. Stuttgart, Verlag Freies Geistesleben

Janert, S. (2016): Autistischen Kindern Brücken bauen. Ein Elternratgeber. 4. Auflage. München, Reinhardt

Kast, V. (2020): Schreiben Sie ihre Freudenbiografie. In: Stratmann, B. (Hrsg.): Die Lust am Guten. Ethik als Quelle für Mut und Inspiration. München, Scorpio

Keller, H. (1997): Mein Weg aus dem Dunkel. Blind und gehörlos – das Leben einer mutigen Frau, die ihre Behinderung besiegte. Bern/München/Wien, Scherz

Klein, F. (1979): Die häusliche Früherziehung des entwicklungsbehinderten Kindes. Ein Beitrag zur pädagogischen Praxis. Bad Heilbrunn, Klinkhardt

Klein, F. (2003): Heilpädagogische Aspekte der rhythmisch-musikalischen Entwicklungsbegleitung von Kindern. In: Handbuch für ErzieherInnen (Hrsg. A. Krenz), 24. Lieferung. München, OLZOG

Klein, F. (2005): Erziehung taubblinder Kinder am Beispiel von Anne Sullivan und Helen Keller. In: Handbuch für ErzieherInnen (Hrsg. A. Krenz), 34. Lieferung. München, OLZOG

Klein, F. (2008): Mimi Scheiblauer und ihre heilpädagogische Rhythmik für das Kind mit Behinderung. In: Handbuch für ErzieherInnen (Hrsg. A. Krenz), 46. Lieferung. München, OLZOG

Klein, F. (2012): Inklusion von Anfang an. Bewegung, Spiel und Rhythmik in der inklusiven Kita-Praxis. Köln, Bildungsverlag EINS

Klein, F. (2017): Heilpädagogik im Dialog. Berlin, BHP

Klein, F. (2018a): Mit Janusz Korczak Inklusion gestalten. Göttingen, Vandenhoeck & Ruprecht

Klein, F. (2018b): Inklusive Erziehung in Krippe, Kita und Grundschule. Heilpädagogische Grundlagen und praktische Tipps im Geiste Janusz Korczaks. München, BurckhardtHaus

Klein, F. (2019): Inklusive Erziehungs- und Bildungsarbeit in der Kita. Heilpädagogische Grundlagen und Praxishilfen. 3. Auflage. Köln, Bildungsverlag EINS

Klein, F. (2020a): Handlungsbezogenes Handeln verbessert die pädagogische Kompetenz. In: KiTa aktuell 28. Jg., Heft 3, S. 77-79

Klein, F. (2020b): Einblick in die Arbeit des Waldorfkindergartens. Erscheint in vier Folgen in ZUKUNFTS-Handbuch Kindertageseinrichtungen. Walhalla Verlag, Regensburg, 1/2021, 2/2021, 3/2021, 4/2021

Korczak-Bulletin (2015): 24. Jg., Heft 1, S. 2

Korczak, J. (1978): Verteidigt die Kinder! Erzählende Pädagogik. Gütersloh, Gerd Mohn

Korczak, J. (1979): Von Kindern und anderen Vorbildern. Gütersloh, Gerd Mohn

Korczak, J. (1992): Tagebuch aus dem Warschauer Ghetto 1942. Göttingen, Vandenhoeck & Ruprecht

Korczak, J. (2018): Wie man ein Kind lieben soll. Herausgegeben von Sabine Andresen. 17., überarbeitete Auflage. Göttingen, Vandenhoeck & Ruprecht

Krenz, A. (2008): Konzeptionsentwicklung in Kindertagesstätten – professionell, konkret, qualitätsorientiert. Troisdorf, Bildungsverlag EINS

Krenz, A. (2012): Kinderseelen verstehen. Verhaltensauffälligkeiten und ihre Hintergründe. München, Kösel

Krenz, A. (2016): Ethischer Umgang bei Teamdifferenzen aufgrund der aktuellen Flüchtlingskrise, Manuskript

Krenz, A. (2018): Der Situationsorientierte Ansatz – auf einem Blick. München, BurckhardtHaus

Krenz, A. (2020a): Beobachtung und Entwicklungsdokumentation im Elementarbereich. 2. Auflage. Kulmbach, Mediengruppe Oberfranken, Fachverlag

Krenz, A. (2020b): Das kindliche Spiel als Selbsterfahrungsfeld und Bildungsmittelpunkt für Kinder: https://www.kindergartenpaedagogik.de/fachartikel/freispiel-spiele/2100 [Zugriff: 08. 08. 2020]

Krenz, A./Klein, F. (2012): Bildung durch Bindung. Frühpädagogik: inklusiv und beziehungsorientiert. 2. Auflage. Vandenhoeck & Ruprecht, Göttingen

Kron, M./Papke, B./Windisch, M. (Hrsg.) (2010): Zusammen aufwachsen. Schritte zur frühen inklusiven Bildung und Erziehung, Bad Heilbrunn, Klinkhardt

Kruppa, H. (2008): Das Leben hat täglich Geburtstag. Münster, Coppenrath

Kühn, M. (2018): Trauma und behindertes Leben – Grundlagen pädagogischer Intervention. In: behinderte menschen, 41. Jg., Heft 1, S. 55–59

Kühn, M./Bialek, J. (2017): Fremd und kein Zuhause: Traumapädagogische Arbeit mit Flüchtlingskindern. Göttingen, Vandenhoeck & Ruprecht

Lang, M./Thiele, M. (2017): Schüler mit Sehbehinderung und Blindheit im Unterricht. München, Reinhardt

Lempp, R. (1996): Die autistische Gesellschaft. Geht die Verantwortlichkeit für den anderen verloren. 5. Auflage. München, Kösel

Mehringer, A. (2008): Eine kleine Heilpädagogik. Vom Umgang mit schwierigen Kindern. 12. Auflage. München, Reinhardt

Meyer, H. (2016): Musikbasierte Kommunikation für Menschen mit schwerer Behinderung. Freiburg, Lambertus

Michl, W./Seidel, H. (Hrsg.) (2018): Handbuch Erlebnispädagogik. München, Reinhardt

Modrow-Artus, A. (2009): Bewegung, Rhythmik und Tanz. Kreative Bausteine für die Kita-Praxis. Köln, Bildungsverlag EINS

Moor, P. (1999): Heilpädagogik. Ein pädagogisches Lehrbuch. Studienausgabe, Luzern. Schweizerische Zentralstelle für Heilpädagogik

Neuhäuser, G./Klein, F. (2019): Therapeutische Erziehung. Resiliente Erziehung in Familie, Krippe, Kita und Grundschule. München, BurckhardtHaus

Neikes, J. L. (1998): Scheiblauer-Rhythmik. Überarbeitet und neu herausgegeben von Elisabeth Danuser-Zogg. 4. Auflage. Sankt Augustin, Academia Verlag

Nikitin, B. und L. (1980): Aufbauende Spiele. Die Spiele zum Erziehungsmodell der Nikitins. Köln, Kiepenheuer & Witsch

Notbohm, E./Zysk, V. (2019): 1001 Ideen für den Alltag mit autistischen Kindern und Jugendlichen. Praxistipps für Eltern, pädagogische und therapeutische Fachkräfte. Freiburg, Lambertus

Oelkers, J. (2017): „War Korczak Pädagoge?“. Ein Nachtrag. In: Steiger, S./Maluga, A./ Bartosch, U. (Hrsg.): Der Blick ins Freie. Im Diskurs mit Korczak. Bad Heilbrunn, Klinkhardt, S. 157–158

Opp, G./Fingerle, M./Suess G. J. (Hrsg.) (2020): Was Kinder stärkt. Erziehung zwischen Risiko und Resilienz. 4. Auflage. München, Reinhardt

Osika, H. (2008): FC und was wir von Menschen mit schwerem Autismus lernen können. In: Seelenpflege in Heilpädagogik und Sozialtherapie. 27. Jg., Heft 3, S. 20–31

Piaget, J. (2009): Nachahmung, Spiel und Traum. Die Entwicklung der Symbolfunktion beim Kinde. 6. Auflage. Stuttgart, Klett

Popper, K. R. (1994): Alles Leben ist Problemlösen. Über Erkenntnis, Geschichte und Politik. 2. Auflage, München/Zürich, Piper

Preißmann, U. (2017): Autismus und Gesundheit: Besonderheiten erkennen – Hürden überwinden – Ressourcen fördern. Stuttgart, Kohlhammer

Preißmann, U. (2018): Psychotherapie und Beratung bei Menschen mit dem Asperger-Syndrom. 4. Auflage. Stuttgart, Kohlhammer

Preißmann, U. (2019): Therapie bei Autismus-Spektrum-Störungen: Persönliche Erfahrungen. In: behinderte menschen, 42. Jg., Heft 2, S. 29–34

Röhrs, H. (1991): Das Spiel – ein Urphänomen des Lebens. Wiesbaden, Akademische Verlagsgesellschaft

Römer, F. (2011): Arme Superkinder. Wie unsere Kinder der Wirtschaft geopfert werden. Stuttgart, Beltz

Rosa, H. (2019): Unverfügbarkeit. Wien/Salzburg, Residenzverlag

Rosa, H./Endres, W. (2016): Resonanzpädagogik. Weinheim/Basel, Beltz

Saal, F. (1992): Warum sollte ich jemand anders sein wollen? Erfahrungen eines Behinderten – biografischer Essay. Gütersloh, Verlag Jakob von Hoddis

Saal, F. (1998): Behindertsein – Bedeutung und Würde aus eigenem Recht oder: „Die Unantastbarkeit des menschlichen Lebens als Postulat der Vernunft“. In: Behinderte in Familie, Schule und Gesellschaft, 21. Jg., Heft 4 und 5, S. 55–78

Sarimski, K. (2016): Soziale Teilhabe von Kindern mit komplexer Behinderung in der Kita. München, Reinhardt

Saßmannshausen, W. (2019): Erziehung ist Begegnung. Menschen zwischen Werden und Sein. Frankfurt, INFO3-Verlag

Satir, V. (2007): Selbstwert und Kommunikation. Familientherapie für Berater und zur Selbsthilfe. 18. Auflage. Stuttgart, Klett-Cotta

Sautter, H. (2000): Pädagogisch-psychologische Diagnostik und Intuition. In: Buchka, M. (Hrsg.): Intuition als individuelle Erkenntnis- und Handlungsfähigkeit in der Pädagogik. Luzern: Schweizerische Zentralstelle für Heilpädagogik, S. 83–95

Sautter, H. (2004): Achtung vor der Andersheit. In: Beiträge zu einer Pädagogik der Achtung, hrsg. von Sautter, H./Stinkes, U./Trost, R.: Heidelberg, Universitätsverlag Winter, S. 65–76

Schäfer, G. E. (Hrsg.) (2005): Bildung beginnt mit der Geburt. 2. Auflage. Weinheim, Beltz

Scheiblauer, M. (1965): Bewegung und Musik als Erziehungs- und Bildungshilfe in der Heilpädagogik. In: Lobpreisung der Musik, Heft 2, 24. Jg., S. 1–2

Scholz, G. (1999): Der Jahreslauf im Föhrenbühler Kindergarten als Grundlage rhythmischer Gestaltung. In: Zeitschrift lernen konkret, 18. Jg., Heft 1, S. 12–18

Schopenhauer, A. (1859): Die Welt als Wille und Vorstellung. Leipzig, Brockhaus (Neuausgabe 2019)

Schwarz, K. (2020): Autismusbilder. Zur Geschichte der Autismusforschung. Weinheim/Basel, Beltz/Juventa

Sellin, B. (2015): ich will kein inmich mehr sein. botschaften aus einem autistischen kerker. Köln, Kiepenheuer & Witsch

Soldner, G. (2019): Trauma bei Menschen mit Assistenzbedarf. In: Jahresbericht Brachenreuthe 2019 (Camphill Schulgemeinschaft Brachenreuthe, 88662 Überlingen), S. 60–62

Staatsinstitut für Frühpädagogik (2019): Feinfühligkeit von Eltern und ErzieherInnen. Beziehungen mit Kindern im Alter von 3 bis 6 Jahren gestalten. Herausgeber BKK Landesverband Bayern, Züricher Str. 25, 81476 München (siehe www.ifp.bayern.de)

Steiger, S. (Hrsg.) (2018): Janusz Korczak. Kinder lieben und achten. Geschrieben und illustriert von Itzchak Belfer, Zögling von Janusz Korczak. Bezug: Siegfried Steiger, Imhofstraße 1, 89312 Günzburg (E-Mail: s.steiger@t-online.de)

Steinmann, B. (1991): Mimi Scheiblauer – zu ihrem 100. Geburtstag am 7. Mai 1991. In: Rhythmik in der Erziehung, 18. Jg., Heft 1, S. 3–8

Strömstedt, M. (2001): Astrid Lindgren. Ein Lebensbild. Hamburg, Oetinger

Theunissen, G. (2009): Kunstunterricht mit autistischen Schülerinnen und Schülern, in: Zeitschrift für Heilpädagogik, 60. Jg., Heft 9, S. 338–346

Theunissen, G. (2018): Autismus und herausforderndes Verhalten. Ein Leitfaden für positive Verhaltensunterstützung. 2. Auflage. Freiburg, Lambertus

Thieme, G. (1975): Leben mit unserem autistischen Kind. Lüdenscheid, Gerda Crummenerl Verlag

Tschöpe-Scheffler, S./Tschöpe, H. (2012): Spiritualität im Zusammenleben mit Kindern. Ostfildern, Patmos

Voigt, F. (2020): Frühdiagnostik und Frühtherapie bei Autismus-Spektrum-Störungen. Mit 7 Checklisten als Online-Material. München, Reinhardt

Wagner, St. (2017): Förderung bei kulturellen Differenzen. Stuttgart, Kohlhammer

Weiß, H. (2009): Kinder in Armut – eine weitere Herausforderung inklusiver Bildung und Erziehung. Vortrag bei der Tagung „Gleich – Verschieden – Inklusiv" am 18.09. 2009 an der Universität Siegen (Manuskript)

Wieczorek, M. (2020): Bildung bei schwerer Behinderung durch Beteiligung und Dialog. In: Schweizerische Zeitschrift für Heilpädagogik, 26. Jg., S. 9–15

Wilken, E. (2019): Sprachförderung bei Kindern mit Down-Syndrom. Mit ausführlicher Darstellung des GuK-Systems, 13. Auflage. Stuttgart, Kohlhammer

Zenker, G. (2011): Sarah hat Heimweh. In: heilpaedagogik.de, Heft 1, S. 25–26

Zimmer, R. (2020): Handbuch der Bewegungserziehung. Grundlagen für Ausbildung und pädagogische Praxis. Freiburg, Herder

Zimpel, A. F. (2016): Lasst unsere Kinder spielen! Der Schlüssel zum Erfolg. Göttingen, Vandenhoeck & Ruprecht

Zimpel, A. F. (2019): Spiel und Förderung. In: behinderte menschen, 42. Jg., Heft 6, S. 31–36

Zöller, D. (2008): Ein Kind als Schadensfall? In: behinderte menschen, 31. Jg., Heft 2, S. 70

Zöller, D. (2018): Möglichkeiten der Stressbewältigung. In: behinderte menschen, 41. Jg., Heft 2, S. 52–54

Zulliger, H. (2007): Heilende Kräfte im kindlichen Spiel. 8. Auflage. Eschborn, Verlag Dietmar Klotz

Bildquellenachweis

Ferdinand Klein: Abbildungen 1, 2, 3, 4, 8, 12, 13, 14, 16, 17, 27, 28, 30, 32, 33, 34

Günter Pütz: Abbildungen 18, 22, 23

stock.adobe.com

Claudia Paulussen: Abbildung 5

oksix: Abbildung 6

LIGHTFIELD STUDIOS: Abbildung 7

sushytska: Abbildung 9

Halfpoint: Abbildung 10

Viacheslav Iakobchuk: Abbildung 11

Monkey Business: Abbildung 15

Berty: Abbildung 19

image'in: Abbildung 20

Oksana Kuzmina: Abbildung 21

Jacob Lund: Abbildung 24

Oksana Kuzmina: Abbildung 25

lisalucia: Abbildung 26

Oksana Kuzmina: Abbildung 29

Andrey Kuzmin: Abbildung 31

altanaka: Abbildung 35

freshidea: Abbildung 36

sushytska: Abbildung 37

Raum für Notizen:

Raum für Notizen:

Raum für Notizen:

Raum für Notizen:

Raum für Notizen:

Mit allen Sinnen fördern

Irina Pendorf

Einladung zum Dialog

Über eine Pädagogik des Vertrauens

Vorworte von Mariele Diekhof (Kita KITOPIA) und Prof. Dr. Jörg Zirfas

Dieses Buch lädt Sie ein. Zum Dialog, zur Begegnung und zum Vertrauen. Es stellt Fragen, und (ver-)sucht Antworten, die helfen, den pädagogischen und persönlichen Handlungsspielraum zu erweitern. Dabei geht es um existenzielle Erziehung und Bildung, um Werte und Sinn, um gelingendes Leben und Sterben, um Haltung und Verhalten, um Menschsein und Welt. Auf ganz unterschiedlichen Ebenen lockt die Autorin zum „Denken, Abtauchen, Philosophieren, Wundern, Lernen, Studieren, Auseinandersetzen, Grübeln, Ausprobieren, Kommunizieren, zum Freuen und Staunen" (Mariele Diekhof).

Und zum Vertrauen. „Vertrauen trotz oder wegen der Unsicherheit des pädagogischen Handelns, Vertrauen trotz oder wegen der Intransparenz des pädagogischen Gegenübers, Vertrauens trotz oder wegen der Fraglichkeit der zu vermittelnden Lerninhalte, Vertrauen trotz oder wegen der Pluralität an diversen und ggf. auch widersprüchlichen Sinnangeboten. Das pädagogische Vertrauen ist Vertrauen in das Unverfügbare. Erziehung und Bildung gehen nur so." (Prof. Dr. Jörg Zirfas)

Sept. 2021, ca. 288 S., 2-farbige Gestaltung, Format 16x23cm, Klappenbroschur

ISBN 978-3-8080-0900-0 | Bestell-Nr. 1329 | 22,95 Euro

Bettina Hugger

Alle Kinder lieben die Giraffe Giri

Bewusst zuhören und spielerisch lernen
29 Mitmachgeschichten

„Es gilt, sich mit den übrigen Tierkindern auseinanderzusetzen, Freunde zu finden und auf andere Rücksicht zu nehmen. Das ist nicht immer einfach und führt gelegentlich sogar zu Reibereien, denn die Tierkinder haben alle einen unterschiedlich ausgeprägten Charakter und versuchen, von Zeit zu Zeit ihren Willen durchzusetzen. Aber bald vertragen sich alle wieder, widmen sich wieder dem Spielen und Lernen, und haben so teil an den vielen kleinen Freuden, die auch unsere Kinder in der ‚realen' Kita täglich erleben. Eingebettet in die Geschichten bietet das Buch außerdem Anregungen für unzählige Aktivitäten: Spielen, Singen, Tanzen, Reimen, Musizieren, Basteln und Kochen. Die Geschichten werben zudem für die Akzeptanz sprachlicher und kultureller Unterschiede. Während sich die Giri-Geschichten zum Lesen und Vorlesen eignen und damit vor allem das bewusste Zuhören der Kinder fördern, bieten die Aktivitäts- und Kreativangebote Gelegenheit zum aktiven Erleben, das in unserem mediengeprägten ‚digitalen' Zeitalter mehr denn je bedroht ist." Dieter Bach, lehrerbibliothek.de

2020, 144 S., farbige Abb., Beigabe: Kopiervorlagen zusätzlich als Download, Format 16x23cm, Klappenbroschur | Alter: 4-9

ISBN 978-3-8080-0870-6 | Bestell-Nr. 1315 | 18,95 Euro

Andrea Erkert

Lasst uns an einem Strang ziehen

Teambuilding-Spiele für Kinder im Alter von 5 bis 8 Jahren

„Dieses Teambuilding-Spiele-Buch leitet Kinder an, um Teamarbeit spielerisch zu trainieren, denn im späteren Leben sind heute Softskills wie Teamfähigkeit auch im Berufsleben unbedingt notwendig. Eltern, Erzieher, Lehrer und andere Bezugspersonen sind maßgeblich daran beteiligt, wenn es darum geht, Kinder fit für die Zukunft zu machen. Dieses Buch zeigt, worauf es bei teambildenden Maßnahmen in Form von Teambuilding-Spielen ankommt, wie Teams wirklich funktionieren und was Sie dabei tun können, damit Kinder vom ‚Ich' zum ‚Wir' kommen. Bei den 140 Teambuiding-Spielen und Spielvarianten handelt es sich um eine Form von teambildenden Maßnahmen, bei denen das Teamerlebnis, das mit ganz viel Spielspaß verbunden ist, eindeutig im Vordergrund steht, indem alle für die gemeinsame Sache brennen, wird so ganz nebenbei mehr Vertrauen aufgebaut und Freude an Teamarbeit entwickelt. Die Spiele sind übrigens so aufgebaut, dass sie alleine nicht zum Erfolg führen. Vielmehr lernen die Kinder, näher zusammenzurücken, mehr Vertrauen aufzubauen und im wahrsten Sinne des Wortes an einem Strang zu ziehen, sodass sie sich als einen wichtigen Teil im Team erleben." Oliver Neumann, lehrerbibliothek.de

2020, 176 S., farbige Abb., Format 16x23cm, Klappenbroschur | Alter: 5-8 | **ISBN 978-3-8080-0872-0 | Bestell-Nr. 1316 | 18,80 Euro**

NEU

Andrea Erkert

Im Morgenkreis den Teamgeist wecken

Teamspiele für Kindergartenkinder leicht gemacht

Der Morgenkreis ist geradezu ideal, um den Tag gemeinsam zu begrüßen, sich gegenseitig auf höchst vielfältige Weise zu erleben, voneinander und miteinander zu lernen. Die Kinder erleben sich von Anfang an als Teil der Gruppe und somit dazugehörig. Die Autorin zeigt, wie bereits Kinder im Alter von 3 bis 6 Jahren jede Menge Spielspaß im Morgenkreis haben und dabei ohne viel Zutun gemeinsam an einem Strang ziehen, um miteinander ein vereinbartes Ziel zu erreichen. Die Teamspiele aus diesem Buch sind praxiserprobt und nahezu überall schnell umsetzbar. Sie enthalten jeweils eine Altersangabe als Orientierungshilfe, einen Hinweis zu den Materialien, der Sozialform, zum Zeitaufwand und Spielort. Darüber hinaus wurden die Praxisideen je nach ihrem Schwerpunkt den sechs Kapiteln zugeordnet, sodass Sie relativ schnell die Teamspiele finden, die Sie gerade im Morgenkreis für Ihre Klein- oder Großgruppe brauchen.

Ein Buch randvoll gefüllt mit Praxisideen für den Morgenkreis.

2021, 176 S., farbige Abb., Format 16x23cm, Klappenbroschur | Alter: 3-6

ISBN 978-3-8080-0890-4 | Bestell-Nr. 1321 | 18,80 Euro

verlag modernes lernen

Schleefstraße 14, D-44287 Dortmund
Telefon 02 31 12 80 08, Fax 02 31 12 56 40
E-Mail: info@verlag-modernes-lernen.de
Leseproben und Bestellen im Internet: www.verlag-modernes-lernen.de

Ausgezeichnete Bücher für Ihre Praxis ...

vml Perspektiven

die schönsten deutschen bücher · shortlist 2016

Mariele Diekhof

Kita KITOPIA

Eine Reise ins Land der spannenden Pädagogik für PädagogInnen und Eltern
Ein Abenteuer-Fachroman der ganz besonderen Art

Dieses Buch beschreibt in faszinierend ungewohnter Art und Weise, wie gute Pädagogik in Kitas gelingen kann: mit erfolgreicher Bildungsarbeit, fernab vom Überaktionismus und der allgemein verbreiteten Angebotspädagogik. Es ist eine Einladung zu einer abenteuerlichen und spannenden Reise, die in ein aufregendes Land führt, in ein Land voller Phantasie, Zauberei, Bildung und Lebenslust. Alles spielt in der „KITOPIA", in einer virtuellen Kita, in der die Kinder Kind sein dürfen und von herzlichen und professionellen ErzieherInnen begleitet werden. Das Buch schenkt unzählige Einblicke hinter die Kulissen, weckt die Neugier und eröffnet völlig neue Denkansätze.

24 Türen warten darauf geöffnet zu werden: Hinter jeder Tür verbergen sich bunte Bilder, Begegnungen und inspirierende Geschichten, die zum Staunen, Lachen und Nachdenken anregen. Die Leser werden kleinen und großen Menschen begegnen, von ihren Träumen, Wünschen und Visionen erfahren und sie im alltäglichen Tun begleiten. Sie sind mittendrin im pulsierenden Alltag, spüren die Lebenslust und die Leichtigkeit.

(2016 in der Shortlist der Stiftung Buchkunst, als eines der schönsten Bücher Deutschlands.)

„Freiheit, Abenteuer, Lebenslust statt Förderwahn und Leistungsfrust! Es gibt noch viele interessante Ideen in dem Buch, z.B.: Die Tür zum Büro der Leitung, Die Tür zur Kinderkonferenz, Die Tür zur Eltern-Klön-Ecke. Ich bin so begeistert von diesem Konzept, dass ich jedem nur empfehlen kann, das Buch zu lesen und zu spüren, wie viel Leichtigkeit und Spaß die Arbeit in einem Kindergarten beinhalten kann." Britta Fichert, Theraplay – Schwierige Kinder Journal

„Es ist wohltuend, in der aktuellen Menge frühpädagogischer Literatur genau dieses Buch in den Händen zu halten. Es theoretisiert nicht herum, konzentriert sich von Anfang an auf die Praxis, folgt keinen dogmatischen Pädagogiktrends, läuft keiner bildungspolitischen Strömung hinterher und bringt stets das Wesentliche, ohne Umschweife, auf den Punkt." Dr. Armin Krenz, KiTa aktuell

4. Aufl. 2021, 320 S., zweifarbig, Format 16x23cm, Klappenbroschur

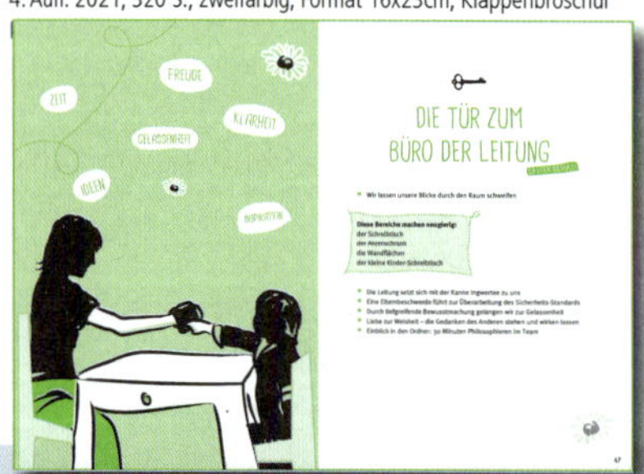

Isolde Albers / Anja Reincke

Zwei kleine Kreise gehen auf die Reise ...

Mal-Reime: Wie Hand und Mund sich helfen – Mit kognitiven Strategien und Kreativität zum Erfolg

Dies ist ein Buch für alle, die Kinder und Enkelkinder zum Malen verführen wollen. Das Besondere der Mal-Reime ist, dass zeitgleich gesprochen und gemalt wird. So entsteht Schritt für Schritt „mit Hand und Mund" ein schönes Bild, das mit Phantasie und Kreativität weiter ausgeschmückt werden kann. Ein wunderbares Buch, das kleine und große Künstler erfolgreich und stolz machen wird. Spaß und Freude am Prozess und am Ergebnis der Mal-Reime sind garantiert!

„Die Zeichnungen und Texte sind ganz einladend, ansprechend und liebevoll gestaltet. Da bekommt man sofort Lust loszuzeichnen!!! So ein Buch hat uns wirklich gefehlt. Endlich einmal sinnvoll und nicht so langweilige Grafomotorikblätter ..." Britta Winter, Ergotherapeutin

„Meine Enkelin (3) und ich haben einen Riesenspaß mit den 'Strich-Malereien'. Mein Sohn (Logopäde) ist ebenfalls begeistert." Leserstimme

„Ich bin begeistert von diesem Buch! Schon lange habe ich mir so etwas gewünscht. Herzlichen Dank den Autorinnen!" Erzieherin

3. Auflage 2019, 116 S., farbige Abb., Format DIN A4, Ringbindung, Alter: 4-99, **ISBN 978-3-8080-0734-1 | Bestell-Nr. 1606 | 18,80 Euro**

Ursula Hahnenberg / Daniela Diephaus

Das große Förder-Spiele-Buch 1

2-4 Jahre

Eltern, Erzieher und Therapeuten haben ein gemeinsames Ziel: sie wollen Kinder optimal auf die vielfältigen Anforderungen, mit denen sie heute täglich konfrontiert werden, vorbereiten. In diesem Buch werden fachkundig und verständlich Spiele, Basteleien und Beschäftigungsmöglichkeiten aufgezeigt, mit denen Wahrnehmung, Grob- und Feinmotorik, Kognition, Kreativität, Sprache und Persönlichkeit gefördert werden. In diesem ersten Teil werden einfache und kostengünstige Ideen für Kinder ab 2 Jahren vorgestellt, die ergotherapeutisch kommentiert und in der Praxis erprobt sind. Übersichtliche Darstellungen helfen dabei, schnell die richtige Beschäftigung für jede Gelegenheit zu finden. Ein unentbehrlicher Ideenratgeber für ErzieherInnen, TherapeutInnen und die ganze Familie!

„Das Buch ist meiner Meinung nach ideal geeignet für Eltern mit Kindern zwischen 2-4 Jahren. Alle Spiel- und Beschäftigungsideen kann man mit sehr geringem Material- und Zeitaufwand umsetzen.

Für alle Eltern, angehende Erzieherinnen und Krippenpersonal kann das Buch durch die Fülle und die Angebotsbreite eine sehr sinnvolle Ideensammlung sein." Daniela Pfaffenberger, Erzieherin

3. Aufl. 2019, 176 S., farbige Abb., 16x23cm, Klappenbroschur, Alter: 2-4
ISBN 978-3-938187-68-5 | Bestell-Nr. 9417 | 16,95 Euro

Schleefstraße 14, D-44287 Dortmund
Telefon 02 31 12 80 08, Fax 02 31 12 56 40
E-Mail: info@verlag-modernes-lernen.de
Leseproben und Bestellen im Internet: www.verlag-modernes-lernen.de